'품질분임조 경진대회' 최고 분임조의
발표문집 집중 연구

| '품질분임조 경진대회' 최고 분임조의 발표문집 집중 연구 |

최고의 분임조는
어떻게 성과를 창출할까 ver.2

양희중·김광수·송재근·현완순 지음

한국표준협회미디어

우리나라에 분임조활동이 도입된 지 벌써 50년이 넘었다. 그동안 분임조활동을 통해 현장의 혁신은 끊임없이 진화해 왔으며, 이는 직접 또는 간접적으로 우리 기업의 성장에 영향을 끼쳤다. 또한 기업의 분임조활동에 참여한 분임원들은 혁신을 위한 문제 해결 과정을 통해 자기 분야에서 더 많은 기술과 지식을 습득할 수 있는 기회를 가졌다. 이는 궁극적으로 제품이나 서비스에 고스란히 녹아들어 고객을 만족시키는 요소로 작용했다.

분임조활동이 이렇게 지속될 수 있었던 것은 이 활동에 깊은 관심을 가지고 있는 모든 사람들이 노력한 결과이다. 매년 기업과 공공기관 등에서 수많은 분임조활동을 추진하고 있으며 그 과정과 성과를 조직 내에서 먼저 공유한다. 그 가운데 우수한 사례는 산업통상자원부 산하 국가기술표준원에서 주관하고, 한국표준협회에서 매년 개최하는 '전국 품질분임조 경진대회'에서 자웅을 겨루기도 한다. 이와 같은 대회가 범국가적으로 활성화되이 지속적으로 개최되고 있는 나라는 아마도 우리나라뿐일 것이다.

그러나 전국 대회에 참가하는 목적은 활동 내용의 화려함이나 다른 현장에서 잘 사용하지 않는 어려운 고급 기법을 적용하여 문제를 해결하였다는 것을 과시하고자 하는 것은 아닐 것이다.

이 책의 저자들은 최근에 한국표준협회의 연구 용역 프로젝트를 수행하면서 그동안 전국 품질분임조 경진대회에 참여한 탁월한 분임조들의 활동 사례가 온전히 기록된 문집을 조사할 기회가 있었다.

이 문집은 한국표준협회의 '국가품질망'에 등록되어 공개된 것으로써 최근 분임조활동의 동향을 반영하고 있으며, 저자들은 전국 품질분임조 경진대회 전국 결선에서 금상을 수상한 문집들을 심층 분석하였다.

여기서 집중적으로 살펴본 것은 분임조가 설정한 문제 해결 단계 (QC-Story)에 맞는 개선 프로세스 추진 여부와 적용한 문제 해결 기법의 적합성이었으며, 일부는 적용된 기법이 과연 분임조의 여건에서 최적화된 내용인지도 검토하였다.

그 결과 분임조활동에서 개선되어야 할 점을 발견하였고, 같은 문제를 해결해야 하는 사람들에게 조금이라도 도움이 될 수 있도록 알려 주어야 한다는 것을 깨달았다. 즉, 문제 해결 기법의 오용과 남용은 결국 분임조활동을 할 때, 그 해결 방향의 설정 오류를 범하게 하거나 더 좋은 결과의 도출을 방해할 수 있으며 불필요한 시간을 낭비하게 하는 원인이 될 수 있기 때문이다.

그리고 분임조활동을 처음 도입하는 기업은 우수 분임조 사례를 벤치마킹하게 되는데, 만약 시작부터 부적절한 사례를 배워서 적용한다면 나중에 바로잡기가 상당히 어려울 것이다. 따라서 이 책을 통해서 분임조활동이 도입 단계에 있는 조직이나 확산기 또는 정착기에 있는 조직에서 모두 성과 창출을 위해 활용할 수 있도록 집필하였다.

내용은 크게 두 가지로 구성하였다.

첫째, 제1장, 제2장 및 제3장은 도입기 단계에 있는 분임조도 활용할 수 있도록 분임조활동의 개요, 활동 단계별 추진 기법, 그리고 세부 추진 절차 등으로 구성하였다. 둘째, 제4장과 제5장은 저자들이 그동안 분임조활동에 대한 강의, 지도 및 심사 시에 자주 접하게 되는 부적절한 사항들을 찾아서 그 원인을 제시함으로써, 독자들과 함께 생각해보고 바람직한 방향으로 나아갈 수 있도록 구성하였다.

이러한 내용을 통해서 분임조활동의 목적은 기법의 적용이 아니라 단지 수단일 뿐이며, 정작 중요한 것은 문제 해결 기법을 올바르게 적용하여 그에 적합한 성과를 극대화하는 것이라는 점을 제시한다.

무엇보다 이 책을 많은 분임조들이 활용하여 분임조활동이 앞으로 더욱더 발전하고 성과를 향상시키는 데 도움이 되기를 바라는 마음이다.

2018년 4월
저자 일동

차 례

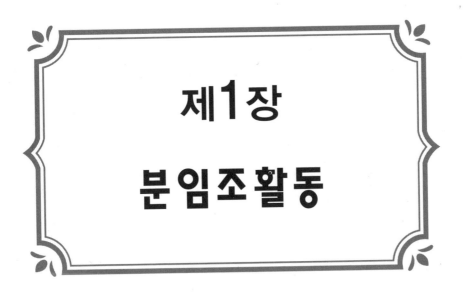

제1장
분임조활동

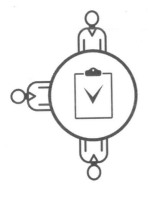

제1장 　분임조활동

1 　분임조활동의 유래

분임조활동을 꾸준히 추진하는 기업들이 늘고 있다. 또한 매년 개최되는 전국 품질분임조 경진대회에 참가하는 기업, 공기업 및 군부대 등의 분임조 수도 계속 증가하는 추세이다.

2017년도 전국 품질분임조 경진대회는 충북 청주에서 개최되었는데, 지역 예선 대회를 거쳐 전국 결선 대회에 진출한 분임조의 수는 총 295개 팀이나 되었다. 참가한 조직을 살펴보면, 규모별로는 중소기업, 대기업, 공기업, 업종별로는 기계 금속, 전기 전자, 화학, 분야별로는 현장, 설비(TPM/EAM), 안전품질, 개선 기법별로는 QC-Story, 자유 스타일, 6시그마 등의 다양한 분야에 참가하고 있다.

그렇다면, 이와 같은 분임조활동은 언제, 어떻게 우리나라에 도입되었을까? 우리나라에 품질분임조가 도입된 시점은 미국 국방성에서 '무결점 운동(Zero Defects Program)'이 실시되는 것을 보고 한국 공군이 1965년에 도입한 것이 최초라고 한다. 이후 태광산업이 일본의 아사히카세이, 한국 나일론이 일본의 도레이로부터 각각 기술 지도를 받기 시작하면서 여러 기업으로 확산되었다.

일본은 1962년에 일본과학기술연맹(JUSE : Japanese Union of Scientists and Engineers)이 주최가 되어, 〈현장과 QC〉라는 책자를 통해 'QC 서클(Quality Control Circle)'의 결성을 제창한 후, 1963년 제1회 '품질 관리 서클 대회'를 개최하였다.

우리나라 정부는 1974년 품질 관리 분임조의 결성을 제창하고 1975년에 품질 관리 등록 제도를 실시하였다. 같은 해에 제1회 '전국 품질 관리 서클 경진대회'를 개최하여 2018년 현재까지 44회째 '전국 품질분임조 경진대회'가 지속되고 있다.

2 분임조활동의 개요

분임조활동을 정확하게 이해하는 것은 분임조활동의 목적을 달성하는 데 있어서 무엇보다 중요하다. 분임조활동을 통해서 좋은 성과를 내었을 때 받는 인센티브나 인사 고과 상의 혜택도 중요하지만, 무엇보다도 중요한 것은 분임조활동의 추진 과정을 통해서 얻게 되는 지식과 경험, 그리고 성취에 따른 문제 해결 능력을 키우는 것이라고 생각한다.

그리고 분임조활동으로 지금보다 더 편안하고 안전하며 생산성이 높은 업무 환경을 만들 수 있다. 이는 제품이나 서비스에 직접적인 영향을 주어서 고객 만족도를 높이는 데에도 큰 역할을 하고 있다.

2.1 분임조활동의 의의

분임조란 같은 직장 내에서 품질 관리 활동을 자주적으로 행하는 집단의 작은 그룹이다. 이 작은 그룹이 TQM 활동의 일환으로 자기 계발과 상호 개발을 하면서 직장의 관리 개선을 위해 전원이 지속적으로 실시하는 것이 분임조활동이다.

2.2 분임조활동의 기본 이념

1) 기업의 체질 개선 및 발전에 기여한다.
2) 인간성을 존중하여 보람 있고 명랑한 직장을 만든다.
3) 인간의 잠재능력을 개발하여 무한한 가능성을 창출한다.

2.3 분임조활동의 원칙

1) 자주성과 계속성을 유지하여야 한다.
2) 자기 계발과 상호 개발을 하여야 한다.
3) 전원 참가의 작은 그룹 활동이다.

2.4 분임조활동의 목적

1) 전사적 혁신 활동을 통해 품질과 생산성을 향상시킨다.
2) 계층 간 일체화를 통해 조직의 체질을 강화하고 사기를 앙양한다.
3) 자주적이고 지속적인 개선 활동을 통한 조직 개개인의 잠재능력을 계발한다.
4) 조직 구성원 전체의 의식을 전환하고 혁신을 추구하는 태도를 함양한다.
5) 개개인의 자기 계발 실천 의지를 회사 전체에 확산시킨다.

3 분임조활동의 도입 및 추진 방법

분임조를 처음 도입하는 조직의 경우, 처음부터 그 의의나 추진 방법을 제대로 알고 도입하는 것이 무엇보다 중요하다. 만약 이를 소홀히 하는 경우에는 조직 구성원의 참여가 저조하여 이름뿐인 분임조활동이 될 수 있으며, 성과가 없는 분임조활동으로 머지않아 활동이 중단될 수도 있기 때문이다. 이렇게 되면 다시 도입하는 데에 상당한 시간이 소요되거나 어쩌면 불가능하게 될지도 모른다.

아울러 분임조활동을 도입한 지 오래된 조직인데도 불구하고 활성화가 되지 않는 경우에는, 추진 방법에서 중요한 요소를 놓친 경우가 많이 있다. 따라서 여기서는 분임조 도입과 활성화에 도움이 되는 분임조활동 도입의 요점, 분임조활동 추진 방법, 분임조 성장 단계별 주제, 분임조 회합의 진행 방법 및 분임조의 학습에 대해서 알아본다.

3.1 분임조활동 도입의 요점

1) 분임조란 무엇인가를 학습한다.
2) 분임조를 자주적으로 만들어 활용하여 본다.
3) 경영자, 관리자 혹은 스태프와의 관계를 조정한다.
4) QC 기법을 학습하고 사용해 본다.
5) 활성화 및 영속화를 위한 방법을 강구한다.
6) 분임조의 조직 운영을 도모한다.

3.2 분임조활동 추진 방법

1) 무엇인가를 자신이 납득할 때까지 철저하게 조사한다.
2) 분임조 대회나 교류회 등에 참가하여 동기부여를 한다.
3) 우리들의 직장에서 추신한다면 어떤 모습일지 생각해 본다.
4) 실력자를 분임조 팬이 되게 한다.
5) 다른 분임조장과 이야기를 나눈다.
6) 분임조 회합을 가져 본다.
7) 주제는 전원이 참가할 수 있는 것으로 정한다.
8) 분임조원과 충분히 이야기하여 자주적으로 진행하도록 한다.
9) 분임조원의 반대나 의문, 무관심 등의 의견을 잘 듣고 납득시킨다.

3.3 분임조 성장 단계별 주제

단계 구분	주요 대상 주제
제1단계(도입기)	정리, 정돈, 청소, 청결, 습관화, 안전에 관한 주제
제2단계(성장기)	해당 작업 성과에 직결되는 부적합품, 모순점 등 단발적으로 일어나는 주제
제3단계(정착기)	상사의 방침에 직결되는 주제로 수평 전개가 가능한 주제, 또는 전후 공정에 도움이 되는 주제

3.4 분임조 회합의 진행 방법

3.4.1 회합의 진행 방법

1) 사전에 주제의 목적을 전원에게 알린다.
2) 회합은 정기적으로 개최한다.
3) 결석자는 사전에 메모로 참가한다.
4) 반드시 회합 기록을 남긴다.
5) 회합 내용은 다양하게 취미, 등산, 스포츠 등도 가미한다.

3.4.2 회합 출석자의 마음가짐

1) 즐겁게 진행한다.
2) 서슴없이 발언한다.
3) 형식에 얽매이지 않는다.
4) 회합의 목적을 전원에게 이해시킨다.
5) 구분을 짓는다(의견 일치가 된 것, 안 된 것, 숙제 등).

3.4.3 분임조장의 회합 진행 방법

회합에는 전원이 참여하여 주제를 해결하기 위해 노력하여야 한다. 즉, 분임조장이 회합을 잘 운영하고 조원이 이에 잘 따라주는 것이 필요하다. 이때 많이 사용되는 방법이 바로 브레인스토밍(Brain-storming)인데, 간략하게 소개하면 다음과 같다.

1) 의미

① 미국의 A. F. Osbon에 의해서 창안된 기법이다.

② 아이디어를 창안하고 독특한 원칙으로 회의를 진행하는 방법이다. 즉, 이를 통해 '머릿속의 벽을 집단의 힘으로 부순다'라는 것을 의미한다.

2) 브레인스토밍의 원칙

① 자유 분방 : 자유롭게 발상하고, 발언한다.

② 비판 금지 : 다른 사람의 발언에 대해 비판, 반대하지 않는다.

③ 다수 환영 : 아이디어는 많을수록 좋다.

④ 결합 개선 : 다른 사람의 아이디어에 편승하여 결합, 개선을 유도하는 아이디어를 환영한다.

3.5 분임조의 학습

1) 분임조와 관련된 서적이나 우수 분임조의 활동 사례를 읽고 연구한다.

2) 분임조활동이 활발히 전개되는 공장을 견학한다.

3) 분임조활동이 활발한 공장 추진 담당자에게 교육을 받는다.

4) 분임조 대회, 교류회 및 분임조 연수회 등에 참석한다.

5) 활성화 및 영속화를 위한 방법을 강구한다.

6) 분임조의 조직 운영을 연구한다.

◑ 분임조 계층별 교육

1) 분임조 리더의 교육

　① 분임조 본질을 이해한다.

　② QC적 사물의 접근 방법, 사고 방식 및 QC 기법을 이해한다.

　③ 테마의 발견 방법, 관리 개선의 단계를 이해한다.

　④ 분임조활동의 개념을 이해한다.

　⑤ 리더십을 향상시킨다.

　⑥ 문제 의식과 창의력을 향상시킨다.

2) 분임조 멤버의 교육

　① 일상 생활에서 리더가 교육을 시킨다.

　② 추진 사무국의 집합 교육을 받는다.

　③ 분임조활동을 통해서 체득한다.

3) 교육 방법

　① 리더 연수회를 사내에서 개최한다.

　② 분임조 경진대회에 참관 및 참가한다.

　③ 분임조 교류회에 참가한다.

　④ 사내 학습회를 개최한다.

　⑤ 사외 교육 기관을 활용한다.

● 분임조 주요 교육 항목

1) 데이터 잡는 법
2) 데이터 정리 법
　① 평균값 구하는 방법 / 표준편차를 구하는 방법
　② 산포의 고찰 방법 / 분포의 형태를 분석하는 방법
3) 층별의 고찰 방법
4) 특성요인도의 고찰 및 작성 방법
5) 파레토도의 작성과 사용 방법
6) 히스토그램의 작성과 사용 방법
7) 체크시트
8) 각종 그래프 그리는 법과 사용 방법
9) 산점도 작성과 사용 방법
10) 작업 표준의 제정·개정 방법
11) 관리(PDCA)의 방법
12) 공정 관리 방법 : 제조 공정두 / QC 공전도
13) 관리도 작성과 사용 방법
14) 개선의 방법
15) 품질 보증의 의의와 활동 방법
16) 검사의 종류 및 방식
17) 계측기 관리 방법 등

4 　분임조활동을 위한 계층별 역할

　분임조활동을 잘 하기 위해서는 분임조만의 노력으로는 어렵다. 우선, 분임조 지원 제도가 잘 구축되어야 한다. 그 중에서도 조직 내에서 계층별로 적절한 역할의 분담과 실행이 중요하다.

　분임조장은 활동을 이끌어 나가는 중요한 역할을 하고 있지만, 분임조가 어려움에 처했을 때 조직 내에서 도와주고 지원해 주는 역할을 수행하는 사람이 필요하다.

　따라서 여기서는 경영자의 역할, 추진 사무국의 역할, 지도 사원(또는 위원)의 역할에 대해서 알아본다.

4.1 경영자의 역할

1) 분임조가 성장하는 풍토를 조성한다.
2) 분임조에 대한 방침을 제시한다.
3) 분임조활동에 대해 올바르게 평가한다.
4) 분임조 성과 발표회 등에 참여하여 관심도를 표명한다.

4.2 추진 사무국의 역할

1) 경영자에게 분임조활동을 충분히 이해시킨다.
2) 분임조활동 추진을 위한 조직 및 시스템을 정비한다.
3) 자주적으로 활동할 수 있는 분위기를 조성한다.
4) 분임조의 상담역이 된다.
5) 분임조 편성의 산실이 되어야 한다.
6) 분임조활동의 계획 수립 및 지도와 조언을 한다.
7) 직제 활동과 분임조활동과의 조정 역할을 한다.

8) 분임조 리더를 위한 교육을 통해 능력을 향상시킨다.
9) 분임조 리더 회의 등에서 상호 의견 조정과 지도, 조언을 한다.
10) 분임조활동이 타 부문에 관련되는 경우 조정하여 추진한다.
11) 사내외 분임조 대회나 활동 발표회 등을 개최할 때는 분임조와
    협의하여 계획을 수립 및 추진하고 평가함과 동시에, 사외 대회
    파견 계획도 같은 방식으로 추진한다.
12) 사내외 분임조 교류회를 계획하고 실시한다.
13) 활동 결과에 대해 옳게 공헌한 것을 평가하고 확인한다.

4.3 분임조장의 역할

1) 분임조장 스스로 실천한다.
2) 분임조원에게 영향을 주며 실천하게 한다.
3) 분임조장 간의 협력과 상호 개발을 한다.
4) 분임조 스태프와 일체가 되어 진행한다.
5) 상사와 일체가 되어 진행한다.
6) 리더를 중심으로 하여 조직적으로 추진하고 전개한다.
7) 분임조 능력을 양성한다.
   ① 자주적인 연수회를 개최한다.
   ② 자주적인 분임조를 편성한다.
   ③ 분임조활동 계획을 작성하고 실시한다.
   ④ 자주적으로 분임조 회합을 갖는다.
   ⑤ 분임조원에 대한 고유 및 관리 기술을 교육한다.
   ⑥ 활동 결과를 상사에게 보고하기 위한 보고회를 개최한다.

4.4 지도 사원(또는 위원)의 역할

지도 사원은 분임조가 소속되어 있는 부서의 분임조활동 경험을 가진 경력자로서, 대부분 간부 또는 중견 사원이 선임되며 다음과 같은 역할을 주로 한다.

1) 분임조활동에 대한 전반적인 조언 및 지원을 한다.
2) 분임조활동에 있어서 타 부서의 협조가 필요할 때 이에 대한 추진을 지원한다.
3) 분임조원의 부족한 고유 기술을 지원한다.
4) 분임조 기법에 대한 교육 및 적용 시 지원한다.

5 / 분임조활동의 기대 효과

분임조활동을 통해서 얻는 가장 큰 효과는 바로 분임조활동에 참여한 개개인의 성장이다. 활동 시에 습득한 기술이나 지식을 통해 노하우가 축적되고 문제를 해결할 수 있는 능력이 높아지기 때문이다. 그리고 이것은 조직의 성과로 연결되기 때문에 분임조활동의 효과는 매우 중요하다고 할 수 있다.

따라서 여기서는 분임조활동의 기대 효과로서 회사에 기여하는 기대 효과와 개인 또는 분임조가 얻는 기대 효과를 살펴보도록 한다.

5.1 회사에 기여하는 기대 효과

1) 시장과 고객이 요구하는 제품을 만들 수 있다.
2) 신뢰받는 제품을 만든다.
3) 철저한 합리화에 의해 원가를 낮춘다.

4) 생산기술을 높인다.

5) 협력 공장과의 동반 성장을 실현시킨다.

6) 밝은 직장을 만든다.

7) 기술 노하우의 전수 및 공유가 활성화된다.

8) 직장의 환경을 향상시키고 안전 위생을 철저히 한다.

5.2 개인 또는 분임조가 얻는 기대 효과

1) 개선 활동의 성과 도출에 의한 자신감을 갖게 된다.

2) 활동 결과에 대해 인정받을 수 있으므로 분임조활동에 자발적이고 적극적인 참여가 가능하다.

3) 활동 단계별로 관련 기법의 습득 및 실제 적용에 따른 문제 해결 능력이 향상된다.

4) 팀 활동의 필요성을 이해하게 되어 분임조원 간의 협력도가 증진된다.

---

6 / 전국 품질분임조 경진대회 발표문집 활용 방법

분임조활동을 하다 보면 다른 회사의 분임조는 어떻게 추진되고 있는지 궁금한 경우가 많을 것이다. 우수한 분임조의 추진 방법과 적용 기법, 효과 산출 방법을 배우고 어떤 수준인지 비교하여 좋은 점을 자신의 분임조활동에 반영하고 싶을 것이다.

이럴 경우에 가장 좋은 방법은 현재 자기 분임조의 추진 주제와 유사한, 동종 또는 이종 업계에서 기존에 추진했던 사례를 찾아서 참고하는 것으로 이를 통해 많은 도움을 얻을 수 있을 것이다.

이와 같은 필요성 때문에 한국표준협회에서 운영하고 있는 '국가품질망(www.q-korea.net)'에 많은 사례를 등록하여 공유할 수 있도록 제공하고 있다. 여기서는 전국 품질분임조 경진대회에 참가한 분임조의 발표 원고와 발표 시의 동영상을 데이터베이스(DB)화하여 제공하고 있다. DB의 구축 범위는 2002년부터 현재까지의 원고와 동영상에 해당되는 자료이며, 분임조가 소속되어 있는 업종별, 개선 형태별, 활동 종류별로 분류되어 있다.

원하는 분류 항목들을 조합하여 찾고 싶은 사례의 발표 원고와 동영상을 내려 받아 활용할 수 있다.

한국표준협회 홈페이지(www.ksa.or.kr)를 이용하여 DB를 찾아 들어가는 순서를 설명하면 다음과 같다.

1) 인터넷 포털에서 한국표준협회의 홈페이지에 접속하면 아래와 같은 화면이 나타난다.

[참고] 한국표준협회 홈페이지

2) 한국표준협회 홈페이지 상단 메뉴에서 '품질 서비스' 부분을 클릭하면 아래와 같은 화면이 나타난다.

3) 화면의 왼쪽 부분에 '국가품질상'을 클릭한다.

4) '국가품질상' 화면 윗부분에서 '품질분임조' 메뉴의 '우수 품질분임조 사례'를 클릭한다.

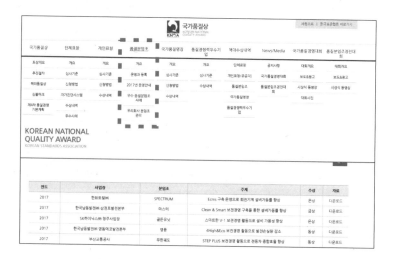

연도	사업장	분임조	주제	수상	자료
2017	한화토탈(주)	SPECTRUM	Ecms 구축 운영으로 회전기계 설비가동률 향상	은상	다운로드
2017	한국남동발전(주) 삼천포발전본부	마스터	Clean & Smart 보건경영 구축을 통한 설비가동률 향상	금상	다운로드
2017	SK하이닉스(주) 청주사업장	골든유닛	스마트한 V-1 보건경영 활동으로 설비 가용성 향상	은상	다운로드
2017	한국남동발전(주) 영흥화력발전본부	영흥	4High&Eco 보건경영 활동으로 발전손실량 감소	동상	다운로드
2017	부산교통공사	무한궤도	STEP PLUS 보건경영 활동으로 전동차 종합효율 향상	동상	다운로드

5) '우수 품질분임조 사례'를 클릭하면 아래와 같은 화면이 나타난
다. 수상 내용, 회사명, 기업 형태, 부문, 제목, 분임조명으로
발표 문집을 찾을 수 있다. 현재의 내용은 2017년도에 수상한
분임조의 목록을 검색한 결과를 보여주고 있다.

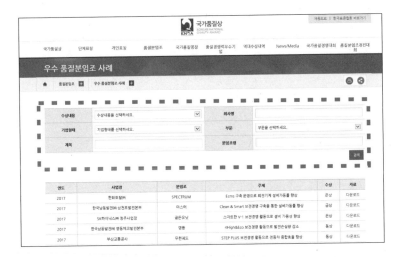

제2장
QC 기법의
이해와 활용

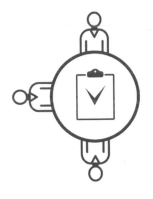

❶ QC 기법의 이해
❷ QC 7가지 도구
❸ 신QC 7가지 도구

제2장 QC 기법의 이해와 활용

1 QC 기법의 이해

QC 기법은 수집된 데이터를 좀 더 올바르게 분석하고 해석하여 여기에서 얻어진 중요한 정보를 개선 활동에 이용하는 데 주로 사용하는 기법이다. QC 기법은 우리나라 산업의 근간인 제조업을 중심으로 분임조 개선 활동을 수행하는 방법으로써, 40여 년간 활발히 사용되어 왔다. 근래 들어 그 기법 활용이 공기업과 서비스를 포함하는 전체 산업 영역으로 확대되어 우리나라의 기업 경쟁력 강화를 위한 도구로 널리 활용되고 있다.

1.1 분임조활동과 QC 기법

분임조활동의 도구로서의 QC 기법은 우리나라와 일본을 포함하여 제조업을 중시하는 국가를 중심으로 활발하게 활용되어 산업의 기초를 튼튼히 하는 데 기여하였다. 최근에는 제조업 중심에서 서비스업, 공기업 등을 포함한 모든 영역으로 분임조활동이 확산되고 있다. 또한 산업의 발전과 더불어 'QC 시대'에서 'TQM 시대'로 접어들면서 수치 데이터 중심의 QC 7가지 도구뿐만 아니라, 언어 데이터 분석을 위한 신QC 7가지 도구 등이 다양하게 사용됨으로써 분임조원들이 다양한 정보와 지식을 도출하여 문제를 해결하고 있다. 다음 페이지의 [그림 2-1]은 QC 기법 외에 신QC 기법이 확대되어 사용되는 것을 보여주고 있다.

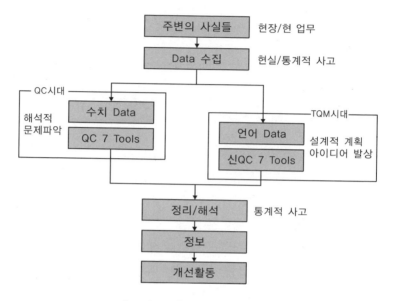

[그림 2-1] QC 도구의 확장

1.2 QC 7가지 도구의 활용

QC 7가지 도구는 1960년대 후반에 일본의 이시카와 가오루(石川
馨) 교수가 기존에 있는 여러 가지 개선 기법들 중 현장의 개선 활동
에 사용하기 편리한 것을 모아 놓은 도구들이다. QC 7가지 도구는 개
발된 이래 지금까지 현장에서 많은 문제를 해결하고 있다.

1.2.1 문제 해결 단계와 QC 7가지 도구의 활용

문제 해결 단계에 따라 QC 기법의 특징에 맞추어 적절하게 활용하
는 것이 좋다. [표 2-1]은 이를 요약한 것이나, 이는 강제적이거나 필
수적인 것이 아니며 상황에 따라 적절히 가감하면 될 것이다.

[표 2-1] 목적별 QC 기법의 사용 방법

목적	기법	사용 방법	주의점
문제점을 파악한다.	파레토도	부적합의 원인이나 항목 중 어느 것을 없애고 어느 것을 해결할 것인가를 명확히 한다.	부적합 건수뿐만 아니라 손실금액도 고려한다.
	특성요인도	품질 특성이나 부적합 항목에 미치는 원인을 정리한다.	브레인스토밍으로 많은 경험자들의 의견을 모은다.
현상을 분석한다.	그래프	데이터의 정리에 사용한다. 숫자의 대소비교는 막대그래프, 시간에 의한 변화는 꺾은선그래프, 내역의 비율은 원그래프, 띠그래프로 한다.	목적에 따라 사용을 구분하고 알기 쉽게 그린다.
	층별	데이터를 4M, 반, 일, 시간별로 나누어서 정리하고 원인이나 대책을 생각한다.	무엇으로 나눌 것인가, 여러 가지로 해본다.
	히스토그램	4M으로 층별한 데이터로 히스토그램을 작성하고, 분포의 모습과 규격치와의 관계를 본다.	데이터 수는 50개 이상, 가능하면 100개 이상이 좋다.
	산점도	원인과 결과의 2쌍의 데이터를 잡아, 서로 관계가 있는지의 여부를 본다.	데이터 수는 30개 이상, 가능하면 50개 이상이 좋다.
	체크시트	문제가 되는 원인이나 부적합의 현상을 체크하여 파악한다.	목적을 명백히 하고, 그에 맞는 시트의 작성 방법을 생각한다.
	관리도	만성부적합이나 산포가 지나치게 크지 않은가, 한계 밖의 점이나 경향, 주기가 없는가를 조사한다.	층별 방법을 연구하고 군 나누기를 하는 데 주의한다.
개선안을 실시한다.	브레인스토밍 (아이디어를 내는 방법)	멤버 전원이 협력하여 아이디어를 서로 내어 개선안을 작성하고 실시한다.	수많은 아이디어를 내야한다.
개선 결과를 체크한다.	관리도 (해석용)	부적합이나 산포가 작아지고 있는가를 조사한다.	대책이나 조처를 대비해 본다.
	그래프	꺾은선그래프로 데이터가 규격지나 설정치에 들어있는가, 시간의 변화에 따라 어떻게 되는가를 본다.	규격치나 설정치에 대해 여유가 필요하다.
	히스토그램	개선 전·후에 층별한 히스토그램을 작성해서 비교한다.	규격치에 대해 여유가 필요하다.
	파레토도	개선 전·후의 파레토도를 비교한다. 부적합의 비율은 줄었는지 확인한다.	개선 효과를 금액으로 평가한다.

1.2.2 QC 7가지 도구와 신QC 7가지 도구

[그림 2-2]와 같이 문제의 정리와 수단의 전개, 실행 계획의 수립
등 신QC 7가지 도구는 Plan 단계에서 유용하다.

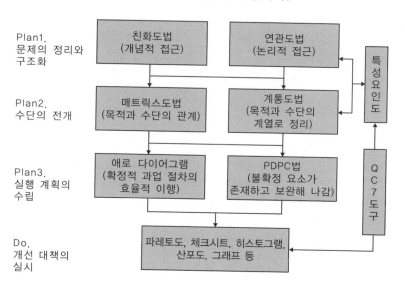

[그림 2-2] QC 7가지 도구와 신QC 7가지 도구의 관계

2   QC 7가지 도구

문제 해결을 위한 기법들이 다양하게 존재하고 있으나, 그 중에 쉽
고 효과적인 기법이 QC 7가지 도구이다. QC 7가지 도구는 문제 해결
의 첨병에 서서 수없이 많은 과제를 해결해 왔다. QC 7가지 도구는
QC Step과 더불어 일본과 우리나라를 비롯해 산업화에 앞선 국가에
서 활발하게 사용되어 왔다.

또한 QC 7가지 도구는 적은 데이터로부터 많은 신뢰성 있는 객관
적인 정보를 얻는 데 유용한 기법이다. 계량치 데이터를 중심으로,

분석하여 개선하고자 하는 대상의 수준과 문제점을 명확히 정의하고 이를 분임조원들과 공유하는 효과가 있다.

QC 7가지 도구는 문제 해결을 위한 가장 쉬운 기법으로서, 현장에 적용하면 할수록 그 활용 가치가 무궁무진하다는 것을 느낄 수 있을 것이다.

QC 7가지 도구는 다음과 같은 특징을 갖고 있다.

1) 쉽고 간단하게 활용할 수 있다. 어려운 계산이나 작도를 위한 도구를 필요로 하지 않고 몇 시간만의 학습으로도 쉽게 습득이 가능하다.
2) 눈으로 보기에 쉽다. 도표로 나타내기 때문에 눈으로 보고 쉽게 이해할 수 있다. 따라서 즉시 공감대를 형성할 수 있다.
3) 다양한 활용이 가능하다. 직장의 관리, 개선 활동이나 품질분임조 활동 등에서 모두가 협력하여 사용할 수 있다. 현장 개선 및 사무 관리, 서비스, 공공 부문을 비롯한 다양한 개선 과제에 적용이 가능하다.
4) 적용 범위가 넓다. 공정의 관리나 개선, 품질 보증, 품질의 설계, 판매의 관리, 신제품의 개발 및 사무 관리 등 기업의 모든 활동에서 이용할 수 있다.
5) 유용하다. 주변에 존재하는 여러 가지 주제에 적용하면 높은 효과를 얻을 수 있다. 더불어 일상생활에서도 적용이 가능하다.

2.1 층별(Stratification)

2.1.1 개요

필요한 요인마다 데이터를 구분하는 것으로써 품질의 분산이나 부적합의 원인에 대해 기계·작업자·재료 등 각각의 자료를 요인별로 모아 몇 개의 층으로 나누어 해석하기 위한 도구이다.

2.1.2 방법 및 특징

품질의 산포나 부적합(품) 원인에 대해 기계·작업자·재료 등 각각
의 자료를 요인별로 모아 몇 개의 층으로 나누어 해석한다. 층별하여
다른 차이점이 발견되면 대부분의 경우에 쉽게 원인을 해석하여 문제
를 해결할 수 있게 된다.

아래 [그림 2-3]에서 보는 바와 같이 전체를 포함한 분포의 경우
[그림 2-4]와 같이 층별해 보았더니, 기계마다 각기 다른 분포를 나
타내는 것이 특징적으로 보이고, A와 C의 중심치를 이동함으로 해서
산포를 줄일 수 있게 된다. 가장 일반적인 층별의 효과를 보여준 것이
라 할 수 있다.

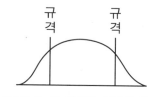 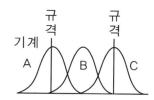

[그림 2-3] 전체를 포함한 분포   [그림 2-4] 각층(기계)마다 층별한 분포

❖ **층별의 특징**

1) 전체의 품질 분포에 영향을 주는 원인을 알아 볼 수 있다.
2) 품질에 대한 원인의 영향 정도를 알 수 있다.
3) 층별은 어디에나 사용할 수 있다.

❖ **층별의 용도**

1) 문제의 요인(원인)을 세분화해서 검토
2) 문제 원인의 효과적인 조치 도출
3) 개선 효과의 확인

❖ 데이터를 층별하는 절차는 다음과 같다.

1) 층별할 조사 대상을 명확히 한다.

층별의 대상이 될 내용을 명확히 해두어야 한다.

- 품질 특성은?
- 수량 상의 범위는?

2) 대상이 되는 전체 품질의 분포를 확인한다.

주로 히스토그램을 활용하거나 통계 패키지들을 활용하여 정규 분포를 그려 본다.

3) 산포의 원인을 조사한다.

전체 품질을 크게 흩어지게 한 원인이라고 생각되는 것에 착상하여 층별의 대상으로 삼는다.

4) 층별(작은 그룹으로 구분)한다.

산포의 원인이라고 생각되는 것에 따라 작은 그룹으로 구분한다.

- 시간별 : 오전-오후, 날짜별, 주간별, 월별, 계절별
- 작업자별 : 남녀별, 조별, 연령별, 숙련도별, 교대자별
- 기계, 장치별 : 기계별, 라인별, 지그(공구)별, 위치별
- 작업 방법별 : 온도, 압력, 속도
- 원재료별 : 구입처별, 로트별

5) 층별한 작은 그룹의 품질 분포를 확인한다.

층별된 데이터로 히스토그램을 만들고 분포를 확인한다.

6) 전체 분포와 층별한 작은 그룹의 분포를 비교한다.

층별된 그룹 간의 분포를 비교하고 층별된 그룹과 전체 분포를 비교하여 주원인 그룹을 규명한다.

- 층별된 그룹 간에 평균치나 산포의 차이가 존재하는가?
- 층별된 그룹과 전체 분포의 평균치나 산포의 차이가 존재하는가?

- 전체 품질의 평균치나 산포에 가장 큰 영향을 주는 층별 그룹은 어느 것인가?

❖ **층별 시 주의 사항**

1) 여러 가지 요인으로 층별해 본다.

: 어느 요인이 가장 큰 영향을 미치는지 파악한다.

2) 품질의 요인과 대응된 데이터가 있어야 한다.

: 원인을 규명하려면 원인이라고 생각되는 것을 품질 데이터와 대응시켜 명확히 파악해 두어야 한다.

3) 품질 분포는 같은 방법으로 정리한다.

: 데이터를 서로 비교하기 쉬운 형태로 정리하지 않으면 층별의 효과를 볼 수 없다.

2.1.3 적용 사례

다음의 [그림 2-5]는 시간에 따른 부적합품률 발생 현황에 대한 층별 사례이다. 현상 파악 단계에서 확인된 다음의 층별 활동으로 자재의 온도 관리를 통해서 품질의 문제점을 쉽게 개선한 사례이다.

(단위 : PPM)

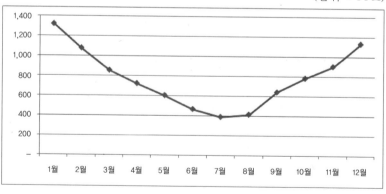

[그림 2-5] 시간에 따른 부적합품률 발생 현황 층별 사례

2.1.4 층별을 위한 아이디어

층별은 결과물에 영향을 미칠 것으로 예상되는 여러 가지 요인으로 구분해 보는 것이 좋다.

출력물(품질, 원가, 납기, 종업원 사기, 안전 등)을 요인별로 층별하는 것이다.

프로세스의 입력 요인을 주 대상으로 하여 층별한다. 입력 요인을 중심으로 층별하는 것은 어떤 입력 요인이 결과물에 영향을 주는지를 밝혀내기 위한 것이다. 따라서 다음의 관점으로 층별하는 것이 좋다.
- 시간에 따라 달라지지 않는가?
- 작업 방법에 따라 달라지지 않는가?
- 기계별로 다르게 나타나지 않는가?
- 사람에 따라 달라지지 않는가? (사람은 경력, 성별 등 인적 특성을 고려해야 한다.)

이외에도 [표 2-2]에는 층별에 도움이 되는 다양한 층별 항목이 제시되어 있다.

[표 2-2] 층별의 대상이 되는 항목

① 시간별	시간, 일, 오전·오후, 낮·밤, 작업 개시 직후·종료 직전, 요일, 주, 월, 계절별 등
② 작업자별	개인, 연령, 경험연수, 남·여, 조, 당직, 신입·베테랑별 등
③ 기계·설비별	기종, 호기, 형식, 성능, 신구, 공장, 라인, 지그·공구, 금형, 다이스별 등
④ 작업 방법과 작업 조건별	라인 스피드, 작업 방법, 작업 장소, 로트, 샘플링, 온도, 압력, 속도, 회전수, 방식별 등
⑤ 원재료별	메이커, 구입처, 산지, 브랜드, 구입 시기, 입수 로트, 제품 로트, 성분, 사이즈, 부품, 저장 기간, 저장 장소별 등
⑥ 측정별	측정기, 측정자, 측정 방법별 등
⑦ 검사별	검사자, 검사 장소, 검사 방법별 등
⑧ 환경·기후별	기온, 습도, 맑음·구름·비·바람·눈, 우기, 건기, 조명별 등
⑨ 기타	신제품, 구제품, 양호품, 불량품, 포장, 운반 방법별 등

2.2 체크시트(Check Sheet)

2.2.1 개요

점검·검사 항목을 미리 기입해 두고, 신속하고 용이하게 점검할 수 있도록 양식화된 시트이다. 부적합품 수, 부적합 수 등 셀 수 있는 데이터가 분류 항목의 어디에 집중하고 있는가를 알아보기 쉽게 나타낸 도구이다.

따라서 공정으로부터 필요한 자료, 예컨대 불량 개수, 부적합의 수 등 셀 수 있는 계수치 데이터가 분류 항목별로 어디에 집중하고 있는가를 알아보기 쉽게 활용하는 데 사용하기 좋다. 체크시트는 매일의 기록 용지 구실을 해주며, 또 기록이 끝난 다음에는 데이터가 어디에 집중하고 있는가를 한 눈에 알 수 있게 해준다.

따라서 어디에서 대책을 세워야 할 것인가를 즉시 파악할 수 있다. 이와 같이 체크시트는 공정상의 품질 상황을 곧바로 파악하게 해 줄 뿐만 아니라, 표준대로 작업이 실시되고 있는지를 확인할 수 있다.

2.2.2 방법 및 특징

❖ **체크시트의 특징**

1) 데이터의 기록 용지로 사용할 수 있다.

2) 부적합품이나 부적합 발생 상황의 기록·보고용으로 사용할 수 있다.

3) 부적합품이나 부적합의 원인을 조사하는 데 이용된다.

❖ **체크시트의 구분**

1) 점검·확인용 체크시트

가장 바람직한 모습을 이해하고 이를 일상적으로 유지하기 위해 점검해야 할 것들을 미리 정하여 개발하고 운영하는 체크시트로 유지관리를 위해 주로 사용된다.

작업 수행 시 사고나 착오를 방지하기 위하여 점검이나 확인 사항 등을 미리 정하고, 그것을 누락 없이 점검, 확인하기 위한 것으로 다음과 같은 것들이 있다.
- 기계, 설비 점검 체크시트
- 일상 관리 점검 체크시트
- 안전, 작업 점검 체크시트
- 5S 점검 체크시트

2) 조사 · 분석용 체크시트

현상을 이해하거나 문제의 발생 정도 · 위치 · 시점 등을 조사하기 위해 특별히 고안된 체크시트로, 개선 활동을 위해 주로 사용된다.

분포의 상태, 부적합이나 부적합품의 발생 정도에 대해 데이터를 얻기 위한 것으로 다음과 같은 것들이 있다.
- 부적합 내용 조사용 체크시트
- 부적합 원인 조사용 체크시트
- 산포 조사용 체크시트
- 결점 위치 조사용 체크시트

❖ **점검 · 확인용 체크시트의 작성 순서**

1) 명확한 목적 수립
  - 수집된 결과로 어떤 효과(상태, 상황)를 원하는가?

2) 관리 항목 결정
  - 작업 순서를 고려하고 중점 항목을 추출

3) 점검 순서 결정
  - 효율적인 점검이 가능하도록 순서를 선정하고 확인

4) 점검 · 확인용 체크시트 개발
  - 기록 및 정리가 쉬운 형태로 개발
  - 체크 표시 기호를 정의(기호, 숫자, 사용 방법 등)

5) 시험적 적용

   – 새로 개발된 양식의 활용 가능성을 높이기 위하여 소수의 데이터를 채집하고 분석을 실시해서 타당성을 확인

6) 체크시트의 수정 및 확정

   – 비합리적인 부분이나 정보 개발에 대한 타당성 여부를 확인하여 적절하게 보완

❖ **조사 · 분석용 체크시트의 작성 순서**

1) 명확한 목적 수립

   – 수집된 결과로 무엇을 알고자 하는가?

2) 기록 항목 결정

   – 어느 항목(품질 특성으로 원인계와 결과계를 포함한다.)을 체크하면 목적에 부합하는가?

3) 조사 · 분석용 체크시트 개발

   – 기록 및 정리가 쉬운 형태로 개발

   – 층별이 가능하도록 매트릭스 형식으로 개발

   – '언제, 이디시, 누가, 무엇을, 어떻게, 왜, 얼마나'의 관점에서 검토하여 개발

4) 시험적 적용

   – 새로 개발된 양식의 활용 가능성을 높이기 위하여 소수의 데이터를 채집하고 분석을 실시해서 타당성을 확인

5) 체크시트의 수정 및 확정

   – 비합리적인 부분이나 정보 개발에 대한 타당성 여부를 확인하여 적절하게 보완

6) 현장 교육 및 데이터 채집

2.2.3 적용 사례

다음 [표 2-3]은 부품 가공의 부적합을 개선하기 위하여 개발된 조사·분석용 체크시트이다. 이 체크시트는 앞에서 기술한 층별을 위하여 다양한 기호를 활용하여 하나의 체크시트에 여러 가지 정보를 함축적으로 표기할 수 있도록 개발하였다.

[표 2-4]는 사무실용 5S 점검 체크시트 사례이다. 이 체크시트는 사무실의 5S를 위한 일상적인 점검 활동을 위해서 개발한 뒤 활용 중인 체크시트 사례이다.

[표 2-3] 층별을 위한 조사·분석용 체크시트 사례

○표면홈   ●형불량   △마무리불량   ×공동   □기타

		월		화		수		목		금		토		
장치	작업자	AM	PM	AM	PM	AM	PM	AM	PM	AM	PM	AM	PM	합계
1호기	A	○○	○×	○○○	○××	○○○ ××× ●	○○○ ○×× ×	○○○ ×× ● ●	○××	○○○ ○	○○	○	××●	44
1호기	B	○× ×●	○○○ ××●	○○○ ○○ ×××	○○○ ××	○○○ ○○○ ××●	○○○ ○○○ ×●	○○○ ○○× ×	○○○ ×●●	○○× ×●	○○○ ○●	○○×	○○○ ○×○ ×	73
2호기	C	○○×	○×	○○	●	○○○ ○○ ×	○○○ ○○×		○○	○○△	○○○	△○	○○	34
2호기	D	○○×	○×	○○△	○○○ ○	○○○ ●△	○○○ ○○×	○●●	○○△	○○△ △□	●●●	○○○ ×	××●	44
합계		12	12	16	13	26	28	19	14	17	13	10	15	195

부품 가공불량의 체크시트

[표 2-4] 5S 사무실 점검 · 확인용 체크시트 사례

200   년   월   AREA 담당자 :
                  지 도 사 원 :

사무실   양호 ○ 보통 △ 불량 ×

청소대상			점 검 상 태															비 고
대구분	소구분	세부항목	1일	2일	3일	4일	5일	6일	7일	8일	9일	10일	11일	12일	13일	14일	15일	
본부장실	책상	위																
	책상	컴퓨터																
	책꽂이	외부																
	소파	전체																
사무실	책상	위																
	책꽂이	외부																
	파일박스	외부																
	금고	외부																
	응접SET	테이블																
	응접SET	의자																
	사무기기	OCR프린터																
	사무기기	레이저프린터																
	사무기기	팩스																
	사무기기	코팅기																
	사무기기	스캐너																
	사무기기	서류양식함																
	탕비실	냉온수기																
	탕비실	컵보관대																
	벽부착물	거울																
	바닥	청결상태																
	바닥	휴지통																
담당자 확인																		
지도사원 확인																		

2.3 파레토도(또는 파레토그림, Pareto Diagram)

2.3.1 개요

파레토도[1]란 데이터를 항목별로 분류해서 크기 순서로 나열하여 중요 항목을 선정하기 위한 도구이다.

이탈리아의 경제학자 파레토(V. Pareto, 1848~1923)가 발견한 것으로 '전체 결과의 80%는 전체 원인 중 20%에서 비롯됐다'는 법칙이다. 일명 '20 : 80법칙'이라고도 하는데, 이탈리아 국민 소득의 80%를 20%의 국민이 차지하고 나머지 20%는 국민 80%가 차지한다는 것을

---

1) Pareto가 국민 소득 분배 형태를 인구와 대비하여 국민의 수입이 적을수록 분배 형태가 높고, 반대로 국민의 수입이 높을수록 분배 형태가 낮게 차지하고 있다는 사실을 곡선으로 표시하여 이를 파레토도라고 불렀다.

조사를 통하여 알게 되었다. 높은 소득을 갖는 소수의 인구와 낮은
소득을 갖는 많은 인구의 대략적인 비율을 제시함으로써 결과적으로
소수의 중요한 것이 존재한다는 것을 나타내고 있다.

파레토도는 주란(Juran)에 의하여 처음으로 품질 관리 분야에 적
용되었다. 품질 관리상에 나타나는 부적합품 수나 부적합 손실은 대
부분이 극히 적은 수의 불량 원인에 의해 결정된다고 하는 내용을 골
자로 하고 있다.

또 파레토도는 제조 현장에서 문제가 되는 품질에 대한 부적합품·
부적합·고장 등이 발생하였을 경우, 그러한 현상에 대하여 원인별로
데이터를 분류하여 부적합 개수 또는 손실 금액 등이 많은 순서로 정
리하여 그 크기를 막대그래프로 나타낸 그림이다.

이것을 현장의 개선을 위한 원인 분석에서 주로 활용하여 소수의
중요한 원인(vital few)이 존재하며, 이를 주요 개선 대상으로 삼는
것이 효과적이라는 의미이다. 반대로 다수의 사소한 원인(trivial many)
에 대해서는 중요도가 낮으므로 주요 관심 대상에서 제외하게 된다.

부적합품, 부적합, 고장 등의 발생 건수, 또는 손실 금액을 항목별로
나누어 발생 빈도의 순으로 나열하고 누적합을 포함하여 표시한 그림/
부적합, 고장 등의 건수(또는 손실 금액)를 분류 항목별로 나누어 크기
순서대로 나열해 놓은 그림/ 문제가 되고 있는 부적합품이나 부적합,
클레임, 사고 등을 그 현상이나 원인별로 부적합 개수나 손실 금액
등이 많은 차례로 늘어놓아, 그 크기를 막대그래프로 나타낸 그림이다.

2.3.2 방법 및 특징

파레토도는 문제 해결을 위한 분석 도구라고 할 수 있다. 이는 부
적합품에 대해서 부적합 원인별, 부적합 상태별 또는 부적합 발생의
위치별로 층별한 데이터를 취하여 그 영향이 큰 순으로 나타낸 도표
이다. 따라서 파레토도는 문제들을 어떤 순서로 해결해야 할 것인가
를 결정하는 데 흔히 사용된다.

❖ 파레토도의 특징

부적합, 고장, 결점들의 발생 건수(금액)를 층별로 조사하고 항목을

1) 크기 순으로 나열하고
2) 각각의 건수를 기록하며
3) 누적 비율로 나타낸 그림이다.

이를 통하여 부적합이나 손실 금액이 큰 소수의 중점 항목을 선정하고 우선적으로 제거하여 커다란 성과를 얻으려고 하는 것이다.

❖ 파레토도의 용도

1) 중요한 인자의 선정을 위하여 파레토도를 활용할 수 있다. 현상 파악 단계에서 무엇을 개선해야 할 것인가를 찾기 위해, 부적합을 구성하고 있는 다양한 품질 특성에 대하여 파레토도를 그려 봄으로써 해결해야 할 중요한 품질 특성의 문제점을 확인할 수 있게 된다.
2) 문제의 진원지, 즉 부적합의 원인을 찾아낼 수 있다. 많은 분류 항목이 있다 할지라도 그 중 가장 크게 영향을 미치고 있는 것은 일반적으로 두 개 내지는 세 개 항목 정도이다. 이처럼 영향력 있는 몇 개 항목들을 선정하여 그것을 집중적으로 개선하면 된다. 이때 특성요인도를 기초로 결과의 분류에 의해서 일차적으로 문제점을 파악하고 난 다음, 본격적으로 4M 각 원인별 파레토도를 작성한다.
3) 보고나 기록에 활용할 수 있다. 단순히 원(原)데이터를 살펴보는 것 보다 파레토도로 정리하면 기록 상황이 일목요연하여 전체적으로 알아보기 쉽다. 특히 문제의 원인을 파악하여 대책을 적용한 후의 효과를 보다 극명하게 알 수 있다.

❖ **파레토도의 작성 방법**

1) 데이터의 분류 항목을 결정한다.

2) 기간을 정해서 데이터를 수집한다.

3) 분류 항목별 데이터를 집계한다.

4) 데이터가 큰 것부터 정리하며 누적과 누적 비율을 구한다.

5) 사각형을 만들고 좌측 상단은 건수나 금액의 합을 기록한다.

6) 사각형 우측 상단은 누적 비율의 합을 기록한다.

7) 밑면은 층별, 크기순으로 구분한다.

8) 개별 건수, 크기는 막대그래프로 작성한다.

9) 누적은 꺾은선그래프로 작성한다.

10) 중점 관리 항목을 선정한다.

2.3.3 적용 사례

다음은 한양대학교 산업공학과 통계 품질 연구실에서 개발하여 무료로 제공되고 있는 eZ-SPC 소프트웨어를 활용하여 작성하였다.

[표 2-5]의 데이터를 활용하여 [그림 2-6]을 작성하였다. [그림 2-7]은 전국 품질분임조 경진대회 문집에서 발췌한 사례이다. 중점 관리 항목의 선정은 일반적으로 누적 점유율 70% 이상을 기준으로 하고 정사각형의 모습을 유지하는 것이 좋다.

[표 2-5] A제품의 고장 항목별 파레토도

번호	항 목	수량	점유율(%)	누적수량	누적 점유율(%)
1	기세 고장	31	52.5424	31	52.5424
2	기계 마모	17	28.8136	48	81.3559
3	먼지	5	8.4746	53	89.8305
4	원자재 부적합	2	3.3898	55	93.2203
5	작업자의 부주의	1	1.6949	56	94.9153
6	기타	3	5.0847	59	100

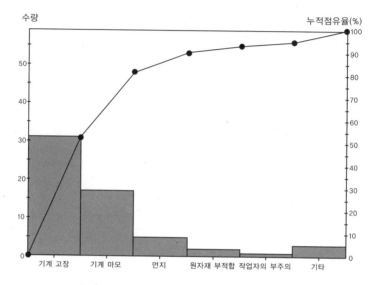

[그림 2-6] A제품의 고장 항목별 파레토도

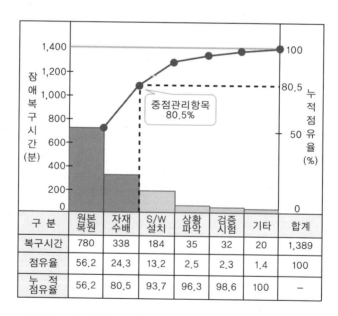

구 분	원본 복원	자재 수배	S/W 설치	상황 파악	검증 시험	기타	합계
복구시간	780	338	184	35	32	20	1,389
점유율	56.2	24.3	13.2	2.5	2.3	1.4	100
누 적 점유율	56.2	80.5	93.7	96.3	98.6	100	—

[그림 2-7] 파레토도 사례(2011 전국 품질분임조 경진대회)

2.4 히스토그램(Histogram)

2.4.1 개요

　히스토그램이란 주어진 빈도 분포의 자료를 도표로 나타내는 하나
의 도구이다. 어떤 조건에 맞게 선택된 많은 데이터를 몇 개의 구간으
로 나누고, 각 구간 내에 포함되는 데이터의 개수에 따라 막대 모양으
로 나타내어 데이터가 어떤 값을 중심으로 어떻게 분포하고 있는가를
조사하는 데 사용된다. 길이, 무게, 시간, 경도, 두께 등을 측정하는
데이터(계량값)가 어떻게 분포하고 있는지를 알아보기 쉽게 나타내고
있다.

　히스토그램은 많은 양의 데이터를 시각적으로 나타내는 것으로 분
산이나 분포 형태를 쉽게 볼 수 있도록 만든 데이터 정리 방법이다.
몇 개의 구간으로 자료를 묶어 정리한 도표를 도수분포표라고 하며,
이 도수분포표를 시각적으로 보기 쉽게 표현한 것을 히스토그램이라
고 한다.

　히스토그램은 데이터 분포의 전체적인 윤곽을 알고자 할 때, 쉽게
작성하여 빠르게 해석할 수 있다는 장점이 있다.

2.4.2 방법 및 특징

❖ 히스토그램의 특징

　표를 그리는 데 있어서 가로축을 점수, 세로축을 빈도로 하고, 각
구간의 빈도를 네모 기둥이 면적으로 나타낸다. 이 네모 기둥의 양끝
점은 각 구간의 정확 한계(exact limit)와 일치해야 한다. 가로축의
각 급간의 점수는 정확 상한계 및 하한계로 표시하거나 급간의 중간
점만 표시하기도 한다.

　또한 세로축은 실제 빈도나 비율로 나타낸 상대적 빈도로 표시할
수 있다. 만약에 변인이 질적인 유목으로 나누어진 명명변인(命名變

因)이거나 비연속적 변인의 경우에는 네모 기둥의 사이가 떨어지게 되고, 특히 질적 변인의 경우에는 각 유목의 제시 순서도 자유롭게 정할 수 있다.

❖ 히스토그램의 용도

데이터 자체만으로는 알아보기 어려웠던 전체의 모습을 한 눈에 알 수 있으며, 중심 위치나 산포의 크기 등을 개략적으로 알 수 있다. 또한 층별한 많은 데이터로부터 분포의 모습을 그림으로 나타내어 다른 그룹의 분포와 쉽게 비교할 수 있다. 더불어 품질 특성의 규격과 대비하여 부적합품률을 추정할 수 있다.

1) 데이터의 분포 모양이나 산포 상태를 파악할 수 있다.
2) 평균치와 표준 편차를 산출할 수 있다.
3) 실제 데이터와 규격을 비교할 수 있다.
4) 표본 데이터의 분포와 그 모집단의 분포까지도 추정할 수 있다.
5) 히스토그램의 모양에서 공정의 이상 유무를 알아낼 수 있다. 안정된 공정에서 취해진 데이터는 분포의 중심과 폭이 적정한 이상적인 분포의 모양을 나타내지만, 이상이 있는 경우에는 불규칙한 모양을 보인다. 따라서 분포 모양으로 공정에 어떤 이상이 있는지를 어느 정도는 가늠할 수 있다.
6) 규격이나 표준치에 맞는지의 여부를 확인할 수 있다. 히스토그램에 규격이나 표준치를 넣으면 부적합품이나 불합격품의 정도를 개략적으로는 파악할 수 있다. 따라서 이에 대한 대책을 수립할 수 있다.
7) 층별 히스토그램을 작성하여 치우침(skewness)이나 산포의 원인을 찾아 낼 수 있다. 품질에 영향을 주는 제반 경영 요소(4M), 즉 작업자(man), 기계 설비(machine), 원자재(material), 작업 방법(method) 등으로 층별한 히스토그램을 작성하여 4M이 치우침이나 산포에 미치는 영향을 파악할 수 있다.

❖ 히스토그램의 작성 방법

1) 측정된 특성값의 데이터를 모은다.

[표 2-6] 히스토그램 작성을 위한 데이터 예제

51	53	51	52	47	51	50	45	48	53
50	50	50	50	49	50	52	51	50	47
52	49	48	50	48	50	53	50	51	49
48	48	49	51	51	55	54	52	54	51
51	49	51	48	50	49	48	50	50	50
50	50	50	49	53	48	49	51	48	50
49	50	47	50	49	49	55	50	49	51
48	51	51	53	50	46	54	54	49	53
51	49	50	49	47	51	48	49	48	49
52	48	52	52	49	50	49	47	51	48

2) 데이터의 최댓값(Xmax)과 최솟값(Xmin)을 찾는다.

3) 범위를 구한다 : Xmax - Xmin = 55-46

4) 급의 수(k)를 구한다 : $k = \sqrt{n} = 10$

5) 급의 폭(h)을 구한다 : $k = \dfrac{(Xmax - Xmin)}{k} = 0.9 \rightarrow 1$

6) 최솟값을 포함한 급의 경계값을 구한다.

   : 급의 경계값 $= Xmin - \dfrac{측정단위}{2}$

7) 급의 중심값을 구한다.

   : 급의 중심값 $= \dfrac{(급의\ 상측\ 경계값) + (급의\ 하측\ 경계값)}{2}$

8) 도수표를 작성하여 데이터 도수분포표에 표시하고 급마다 도수를 구한다.

[표 2-7] 도수분포표 사례

구간번호	구간의 경계값	중심값	도수 체크	도수(f)	u	uf	u^2f
1	45.5~46.5	46	//	2	-4	-8	32
2	46.5~47.5	47	秝	5	-3	-15	45
3	47.5~48.5	48	秝 秝 ////	14	-2	-28	56
4	48.5~49.5	49	秝 秝 秝 ////	19	-1	-19	19
5	49.5~50.5	50	秝 秝 秝 秝 ////	24	0	0	0
6	50.5~51.5	51	秝 秝 秝 //	17	1	17	17
7	51.5~52.5	52	秝 //	7	2	14	28
8	52.5~53.5	53	秝 /	6	3	18	54
9	53.5~54.5	54	////	4	4	16	64
10	54.5~55.5	55	//	2	5	10	50
합계				100		5	365

9) 히스토그램을 작성한다.
- 그래프 용지 가로축에 데이터의 측정 단위를, 세로축에 도수를 넣는다.
- 구간별 도수를 막대그래프로 작성한다.
- 규격치, 목표치 등이 있으면 기입한다.
- 공정, 제품, 기간, 작성자 등을 기입한다.

❖ **히스토그램의 해석**

히스토그램을 그리고 난 후에 해석하는 방법을 이해할 필요가 있다. 히스토그램을 그리는 목적에 따라 다음과 같은 관점으로 히스토그램을 해석한다.

1) 분포의 위치 중심은 어디에 있는가?
2) 데이터의 산포는 어떠한가?
- 분포의 형태는 어떠한가?
- 좌우로 치우침이 없는가?
- 동떨어진 데이터는 없는가?

  - 두 개의 봉우리 형태를 보이고 있지 않은가?
  - 분포의 좌우가 낭떠러지 형태를 보이고 있지 않은가?
  - 층별하여 다시 작성할 필요는 없는가?
3) 규격에 대해서는 어떠한가?
  - 규격을 벗어난 데이터는 없는가?
  - 분포의 중심은 규격의 중앙에 위치하고 있는가?
  - 주어진 규격에 대해 데이터의 분포는 다소 여유 있게 다스려
    져 있는가?

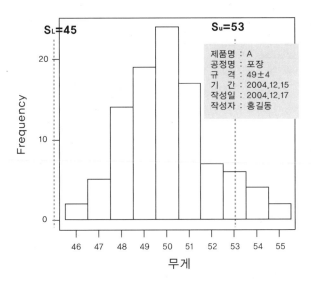

[그림 2-8] 히스토그램 예제

명칭	형태	형태의 특징	공정의 특징	앞으로의 대응
일반형		도수의 중심부근이 가장 많고 좌우대칭형으로 산과 같은 형태의 분포	일반적으로 잘 관리된 안정적 공정에서 취한 데이터는 이런 분포를 이룬다.	관리, 유지
이빠진형		기둥이 하나(또는 몇 개) 간격으로 들쭉날쭉한 분포	계급이 폭을 정수배로 하지 않은 경우, 측정기의 경향을 가진 측정 오류, 측정값을 판독하는 방법이 나쁜 경우 발생	측정기, 측정값의 판독 방법 체크, 히스토그램의 작성방법에 대한 점검
우(좌)측 펼침형		좌우 어느 한쪽으로 기슭을 보이고 불균형한 형태를 보이는 분포	공정의 문제가 가속도적으로 진행된 경우 발생, 정상적인 공정에서도 다음의 경우에 발생 - 산포와 관련된 데이터 - 한쪽에 물리적인 제약이 있을 때 - 빈도가 적은 사고, 불량 건수	고유기술 측면에서 분포의 형태에 대한 고찰이 필요
절벽형		분포의 한쪽(또는 양쪽)이 끊어진 형태의 분포	전수검사에 의해 규격 외의 불량품 선별 또는 조정한 다음의 데이터가 보이는 분포	규격값과의 관계, 검사 방법을 조사한다. (전수선별에 의한 결과시 공정능력의 제고 내지 규격에 대한 재검토 필요)
고원형		중심부근의 몇 개 구간의 도수에 차이가 없고, 산의 정상이 평평한 분포	평균값이 다소 다른 3개 이상의 분포가 혼합된 경우에 발생하는 분포	기계, 원재료, 작업자 등에 대한 층별 후 히스토그램의 재작성
쌍봉우리형		중심부근의 도수가 적고 산 정상이 2개 나타나는 분포	평균값이 다른 2개의 분포가 혼합되어 있는 경우 발생	기계, 원재료, 작업자 등에 대한 층별 후 히스토그램의 재작성
낙도형		일부 데이터가 외떨어진 곳에 있는 분포	원재료의 사용이나 기계 조정을 잘못한 경우, 공정 이상 내지 측정 잘못 등에 의해 이질적인 데이터가 약간 섞여 있는 경우 발생	낙도 발생 원인의 추구(과거의 작업 일보 조사, 데이터의 이력 검토 등)를 통한 개선

[그림 2-9] 히스토그램 해석 및 대응 방법

2.4.3 적용 사례

다음은 한양대학교 산업공학과 통계 품질 연구실에서 개발하여 무료로 제공되고 있는 eZ-SPC 소프트웨어를 활용하여 작성하였다.

[표 2-8] 자동차 운행 거리 사례

21.8	30.5	31.4	18.0	31.6	27.0	22.5	31.4	33.0	18.0	17.9
22.4	21.5	24.0	23.6	27.5	22.8	33.7	26.5	26.0	30.9	24.0
16.0	23.2	33.0	22.7	20.5	16.0	20.0	25.8	22.5	34.4	26.8
21.0	13.1	24.4	32.5	25.0	22.5	32.6	28.8	27.7	29.0	30.9
23.7	18.6	35.5	32.0	23.8	27.3	21.8	30.1	18.0	17.3	19.9
27.5	22.4	27.6	10.8	25.0	24.5	19.2	18.0	33.0	12.9	25.0
24.5	27.0	19.7	23.7	24.7	29.0	29.0	15.2	37.3	22.1	28.4
21.8	17.7	35.4	25.5	21.0	28.4	18.9	21.6	26.8	14.5	25.0
24.7	15.0	24.4	20.0	18.9	20.0	22.5	24.8	15.4	16.4	27.9
28.0	23.5	20.5	19.5	15.5	26.2	26.0	30.4	13.1	13.5	24.0

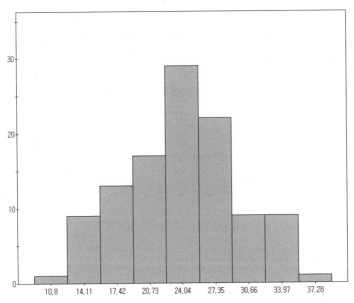

[그림 2-10] 자동차 운행 거리 히스토그램 작성 사례

2.5 특성요인도(Cause-and-Effect Diagram)

2.5.1 개요

품질 특성치가 어떤 요인에 의해 영향을 받고 있는가를 조사하여 이것을 하나의 도형으로 묶어 특성과 원인의 관계를 나타낸 도구이다. 현장에서 발생하는 많은 문제점들의 원인을 정리하여 상호 관계를 조사함으로써 원인과 결과의 관계를 그림으로 나타낸 것이다.

특성요인도 또는 원인결과도(cause-and-effect diagram)란 문제 해결에 있어 제품의 특성인 결과와 요인인 원인이 어떤 관계를 갖고 있으며, 어떻게 영향을 주고 있는가를 알 수 있도록 작성한 시각적 그림이다. 이것은 'QC 7가지 도구'를 정립한 일본 도쿄대학의 이시카와 가오루(Ishikawa Kaoru) 교수가 고안하여 일본의 가와사키 제철에서 처음으로 품질 관리에 적용한 것으로, '생선 가시 도표(fishbone diagram)'라고도 한다.

특성요인도의 작성 시에는 결과에 영향을 미치는 모든 가능한 원인을 열거할 수 있도록 하기 위해서 일차적으로 브레인스토밍(brain storming)[2]과 같은 기법을 노입하여 분임조원들이 개진한 의견들을 특성요인으로 묶는다. 다음으로는 개선의 실마리를 발견, 문제점을 긴급하고도 중요한 항목순으로 제거하기 위해 파레토도 등을 활용할 수 있다. 이때 물론 개선하고자 하는 품질 특성 결과의 성격에 따른 원인의 분류는 대체로 4M과 주어진 여건(environment)을 주요 원인으로 취급한다.

[2) 브레인스토밍이란 여러 사람이 한 자리에 모여 어떠한 주제에 대하여 자유롭게 의견을 내는 아이디어 발상법을 말한다. 창의적인 아이디어의 발상을 위하여 남의 발언을 비판하지 말고, 의견의 질보다는 양을 중시, 자유로운 분위기를 조성하며, 다른 사람의 의견에 편승하는 것을 환영한다는 4가지 규칙을 적용한다.

2.5.2 방법 및 특징

❖ 특성요인도의 특징

특성이란 일에 대한 결과를 나타내는 것으로 일의 성과가 나쁜 정도, 즉 개선해야 하는 결과 문제를 말하며 요인이란 특성에 영향을 미칠 것으로 생각할 수 있는 원인 후보를 말한다.[3]

문제를 머리 부분에 놓고 생각할 수 있는 원인을 가시 형태로 $Y=f(x)$로 연계시켜 등 가시, 큰 가시, 중간 가시, 잔 가시로 파생한다.

분류 항목은 인풋 요인인 자원(5M1E)을 의미하며 '5M1E'란 작업자(man), 설비(machine), 원자재(material), 작업 방법(method), 측정(measurement), 환경(environment)을 의미한다.

❖ 특성요인도의 용도

1) 클레임이나 부적합품의 원인을 파악할 수 있다. 클레임이나 부적합품이 발생하였을 때 그 원인에 대해서 브레인스토밍 등을 통해 서로 많은 의견을 내어 이것을 특성요인도에 정리할 수 있다. 그리고 특성요인도를 작성한 다음에는 그 원인에 대한 중요도를 결정하여 어디서부터 대책을 취할 것인가를 결정할 수 있다.

2) 개선의 수단을 찾아낼 수 있다. 품질 향상, 능률 향상, 원가절감 방안으로 어떤 문제점을 발견하기만 하면 특성요인도를 가지고 개선을 위한 수단들을 중요도에 따라 찾아낼 수 있다.

❖ 특성요인도의 종류

요인을 해석하고 파악된 원인에 대해 발본색원하여 확실한 재발 방지 대책을 취하기 위해서는 반드시 Why형으로 원인을, 그리고 그 원인의 원인을 다시 추구하는 것이 중요하다.

---

3) 요인(input)에 의하여 특성(output)이 결정된다. 특성요인도는 특성과 요인의 관계를 한눈에 알기 쉽게 그린 그림이다.

1) Why형(원인 추구형)
- 왜 그 문제가 발생하는지 브레인스토밍을 활용하여 원인을 추구
해 나가는 도구로 활용
- 관련 전문가(경력자) 여러 사람들의 참여에 의해 원인을 추구하
고 이해해 나가는 과정

2) How형(대책 추구형)
- 어떻게 하면 좋아지겠는가를 브레인스토밍을 활용하여 대책을
찾아가는 도구로 활용
- 관련 전문가(경력자 혹은 대책 실시자) 여러 사람들의 참여에 의
해 대책을 찾아가는 과정

❖ **특성요인도 작성 방법**

1) 문제로 삼고자 하는 특성[4](문제점)을 결정한다.
2) 특성을 우측에 적고 왼쪽으로 굵은 선을 그어 화살표로 표시한다.
3) 특성에 영향을 미치는 인풋(자원 : man, machine, material, method)을 큰 가시의 끝에 기록한다.
4) 큰 가시의 원인이 무엇인지 토론을 통하여 중간 가시로 분류하고, 중간 가시의 원인을 다음의 잔 가시로 상세하게 분류하여 기입해 나간다. 이 가시의 수는 근본적인 원인이 밝혀질 때까지 수행하는 것이 바람직하다.
5) 특성원인도는 품질 특성에 영향을 미치는 주요 원인(요인)을 찾기 위한 것이므로, 여러 가지의 원인 중에서 중요한 원인을 특별히 식별되게 표시한다. 이는 특성요인도에서 찾고자 하는 해당 품질 특성에 중대한 영향을 미치므로 해결해야 하는 요인이다.

---

4) 특성은 품질(제품의 치수, 중량, 순도, 부적합품 등), 원가(수율, 로스, 재료비, 인건비 등), 생산성(가동률, 생산성, 소요 시간, 소요 공수 등), 안전(재해, 무사고 기간, 사고 건수 등) 등을 말한다.

필자의 현장 개선 지도 경험에 의하면, 별다른 개선 활동의 실시 없이 특성요인도를 그려보는 것만으로도 해당 품질 특성이 좋아지는 경향이 종종 발견된다.

2.5.3 적용 사례

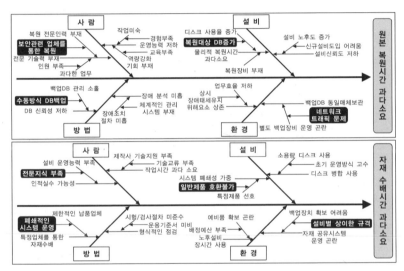

[그림 2-11] 특성요인도 사례(2011 전국 품질분임조 경진대회)

2.6 산점도(Scatter Diagram)

2.6.1 개요

두 변수 x, y 사이의 상관관계를 나타내는 도표이다. 두 개의 짝으로 된 데이터를 그래프 용지 위에 점으로 나타낸 그림으로서 짝을 이룬 두 데이터 사이의 상관관계를 해석하기 위한 도구이다.

특성요인도는 결과에 영향을 미치는 원인을 밝힘으로써 단순히 결과와 원인의 관계만을 설명하고 있다. 다른 계량 분석 방법인 파레토도나 히스토그램 등과 같은 도구들도 한 종류의 데이터만을 분석할 뿐이지 두 변수 간의 상관관계를 설명하지는 않는다. 이에 반하여 산점도는 두 변수 사이의 상관관계가 어느 정도인지 그림을 통해 개략적으로 쉽게 판단할 수 있는 유용한 도구이다.

2.6.2 방법 및 특징

산점도를 통해 짝이 된 두 데이터 사이에 어떤 관계, 즉 역 상관관계 또는 순 상관관계가 있는가를 알 수 있다. 즉 다음과 같은 것을 파악할 수 있다.

1) 층별한 산점도를 작성하여 그 영향의 정도를 파악할 수 있다.
2) 경영 요소(4M)로 층별한 산점도를 작성하고 그 영향의 정도를 살핀다. 그 결과 모양이 다른 산점도가 만들어지게 되면 층별한 요인 중 어느 것 하나가 영향을 미치고 있음을 알 수 있다.

❖ 산점도의 용도

산점도는 특성과 요인의 관계(결과와 원인)를 알기 위해 사용된다. 짝을 이룬 두 개의 데이터(주로 원인과 결과)의 관계 정도를 알 수 있다. 품질 문제의 해결 과정에서 산점도를 적용할 때, 이 관계를 가장 많이 살펴보게 된다. 특성이란 품질을 표시하는 성질로서 여러 요인의 복합적인 작용에 의한 결과로 나타난 것이다. 그러므로 특성과 각종 요인에 대한 데이터의 상호 관계를 살펴봄으로써 둘 사이의 인과관계를 직접적으로 조사할 수 있다. 예를 들면 제품의 부적합품률과 원료의 순도, 도장의 두께와 도료의 점도 등이 이에 해당한다.

❖ 산점도 작성 방법

1) 데이터를 모아 데이터 시트에 정리한다. 상관관계를 알고 싶은 짝을 이룬 2종류의 데이터를 모아 데이터 시트에 정리한다. 데이터 수가 너무 적으면 상관관계가 잘 파악되지 않으므로 적어도 30개 이상의 데이터를 모은다.
2) 그래프 용지에 데이터 눈금을 기입한다.

3) 짝을 이루는 데이터를 그래프에 타점한다. 타점(plot)이란 짝을 이룬 한 조의 데이터를 가로축과 세로축의 교차하는 곳에 점을 찍는 것을 말한다.

❖ 산점도 해석

짝을 이루는 두 종류의 데이터를 취해 그래프 위에 그것을 타점한 산점도는 점의 산포 상태에 따라 두 데이터 사이에 관계가 있는지 없는지, 또 관계가 강한지 약한지를 파악할 수 있다.

1) 강한 양(+)의 상관

다음 페이지의 [그림 2-12]의 ①과 같은 경우, X와 Y 사이에는 강한 양(+)의 상관이 있다고 한다. 이 그림에서 말할 수 있는 것은 X가 증가하면 Y도 증가한다는 것이다. 즉 X가 변화하는 원인의 대부분을 Y가 결정한다는 사실이다. 그러므로 X를 확실하게 제어하기만 하면 Y는 대부분 관리할 수 있게 된다는 것을 알 수 있다.

2) 약한 양(+)의 상관

[그림 2-12]의 ②는 X가 증가하면 Y도 증가하는 양의 관계가 있음을 알 수 있으나 ①의 경우보다는 약함을 알 수 있다. 이런 경우 약한 양(+)의 상관이 있다고 한다. 이것은 X가 Y 변화의 원인이라고 생각되는 부분도 있지만 X 이외에 다른 원인이 있음을 암시하고 있다.

3) 강한 음(−)의 상관

[그림 2-12]의 ③은 X가 증가함에 따라 Y가 감소하는 경우로서 강한 음(−)의 상관이 있다고 한다. 이러한 형태의 산점도는 부품의 부적합품률과 완제품의 양품률과의 관계 등에서 찾아볼 수 있다.

4) 약한 음(−)의 상관

[그림 2-12]의 ④는 X가 증가함에 따라 Y는 대체로 감소하고 있으나 ③의 경우보다는 그 정도가 약함을 알 수 있다. 이러한 경우에는 '약한 음(−)의 상관이 있다'고 한다.

5) 무상관

[그림 2-12]의 ⑤와 같은 산점도에서는 Y는 X에 관계없이 변화하는 것처럼 보인다. 이런 때 X와 Y사이에는 '상관이 없다'고 한다. 약한 양(음)의 상관과 무상관인 경우에서는 X 이외의 원인을 조사하는 것이 더욱 중요하다.

점의 분포	y ① x	y ② x	y ③ x	y ④ x	y ⑤ x	y ⑥ x
모양	- x가 증가할수록 y가 증가하는 경향의 그림 - ①이 ②보다 더 밀집된 그림		- x가 증가할수록 y가 감소하는 경향의 그림 - ③이 ④보다 더 밀집된 그림		- 점들에 특별한 경향이 없다.	- x가 증가할수록 y가 이차식의 경향이 있다.
상관 관계	양의 강한 상관관계	양의 약한 상관관계	음의 강한 상관관계	음의 약한 상관관계	무상관	곡선 관계 이상점 파악
설명	- 단순히 산점도만 통하여 상관관계의 분석을 하면 객관적이지 않은 단점이 상존함. 따라서 객관적인 분석 즉, 상관정도를 알 수 있는 지수화가 필요 → 상관계수 계산 - 상관계수 계산 방법은 직선적인 관점에서 분석하는 지표임. - ⑥과 같이 곡선적인 관계는 상관계수 방법으로 접근하면 그릇된 결과가 나옴.					

[그림 2-12] 산점도의 분포 형태 및 상관관계

6) 직선적이지 않은 관계

실제 현장에서 수집된 두 종류의 데이터는 때로 [그림 2-12]의 ⑥과 같이 산점도 상에 곡선적인 형태로 배열되는 경우가 있다. 예를 들면 화학 반응의 경우, 조업 온도와 수량과의 관계에서 수량을 최대로 하는 최적 온도가 존재하는데, 그러한 경우에는 ⑥과 같은 산점도가 얻어지게 된다. 즉, 산점도를 작성함으로써 수량을 최대화할 조건을 발견할 수도 있다.

이외에도 다른 종류의 데이터가 혼입되었거나 측정 또는 타점의 잘못으로 인하여, 이상한 데이터가 발생한 경우에는 무상관인 것처럼

보이거나 이상점이 나타나는 산점도가 얻어지게 된다. 층별의 필요성
이 있거나 무상관인 것처럼 보이는 산점도가 발생할 경우에는 그 원
인을 규명하여 조치를 취할 필요가 있다.

7) 상관계수

통계 소프트웨어를 이용하면 상관계수 값을 구할 수 있다. 상관계
수 | r | 값이 1에 가까울수록 강한 상관관계가 있다고 볼 수 있다.
(다음 페이지 [그림 2-13] 참조)

2.6.3 적용 사례

다음은 어떤 포장 용지의 인장력이 파괴 시의 신장률과 상관관계가
있는 것으로 생각하고, 짝을 이룬 데이터(온도와 길이)를 입력하여
온도와 길이가 상관이 있는가를 상관 분석한 사례이다.

결론적으로 상관계수 값이 0.818837로 분석되어 매우 밀접한 관계
가 있다는 것을 보여주고 있다. 회귀식의 의미는 인장력이 X값일 때,
신장률이 Y값이 될 것이라는 것을 의미한다.

[표 2-9] 신장률과 인장력의 상관관계 분석 사례

신장률(%)	인장력(kgf)	신장률(%)	인장력(kgf)
0.70	25.1	0.65	24.4
0.91	28.3	0.48	23.0
0.34	20.2	0.78	27.1
0.81	22.6	0.61	22.1
1.00	26.1	0.50	20.5
0.52	21.4	0.95	26.7
0.63	23.6	0.39	23.4
0.48	23.0	0.59	22.9
0.83	26.6	0.74	23.3
0.43	19.7	0.32	21.5
1.05	27.8	0.55	24.5
0.67	26.3	0.87	23.9
0.28	20.2	0.44	21.4
0.80	25.5	0.76	23.7
0.93	25.3	0.56	22.3

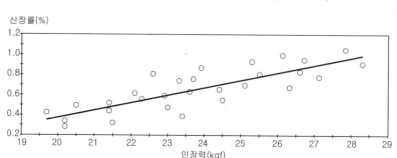

[그림 2-13] 인장력과 신장률의 상관관계 분석 사례

2.7 그래프(Graph)

2.7.1 개요

그래프는 데이터를 시각에 호소하여 빨리, 보다 쉽게 정보를 전달하기 위해 선, 점, 원 등의 그림으로 표현한 것이다. 수량적인 관계를 직관적인 도형으로 나타낸 것으로 좌표를 사용하여 수식을 도형화한 도구이다. 자료를 그래프로 나타내면 수량의 크기를 비교하거나 수량이 변화하는 것을 한눈에 알아보기 쉽다.

2.7.2 방법 및 특징

❖ 그래프의 특징

그래프는 한 눈에 정보를 쉽게 이해하기 위해서 그리는 것이다. 그래프는 여러 가지 종류가 있는데, 그것은 정보를 전달하고자 하는 것에 따라 그래프의 유형이 각기 달라지기 때문이다. 다시 말하면, 그래프는 그 용도에 따라 각기 다른 것을 활용해야 하는데, 이는 종류에 따라 쉽게 전달되는 정보의 유형이 각기 다르기 때문이다.

1) 보다 빠르게 정보를 읽을 수 있다.

2) 한 데이터에서 보다 많은 정보를 얻는다.

3) 필요한 조치를 빠짐없이 취할 수 있게 된다.

❖ 그래프의 종류별 용도

여기서는 대표적인 3가지 그래프에 대하여 논하기로 한다.

1) 막대그래프

비교되는 것 중에서 어느 것이 더 큰지 양이나 크기 등을 비교할 때 주로 사용한다. 다음의 막대그래프를 보면 순간적으로 이해되는 정보는 A가 더 크다는 것이다.

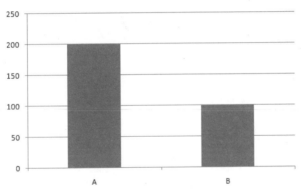

[그림 2-14] 막대그래프 예

2) 꺾은선그래프

시간적 흐름에 따라 변화하는 양을 나타내는 그래프로 경향이나 추세를 나타낸다. 꺾은선그래프는 결과를 중시하기보다는 과정을 중시하는 공정에서 주로 사용하게 된다. 반면에 막대그래프는 결과를 중시하는 공정에서 주로 사용하게 된다.

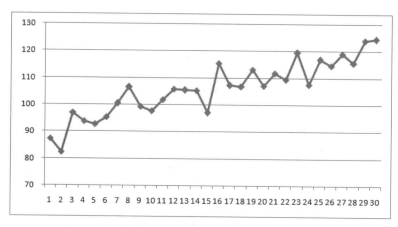

[그림 2-15] 추세를 나타내고 있는 꺾은선그래프의 예

대표적인 꺾은선그래프로 관리도가 있다. 관리도는 공정을 예측하게 해주는 매우 중요한 공정 관리 도구이다. 다음의 [그림 2-16]의 예는 가장 일반적으로 사용하고 있는 $\overline{X}$-R 관리도이다.

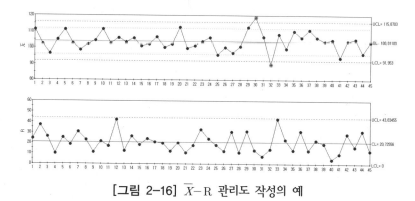

[그림 2-16] $\overline{X}$-R 관리도 작성의 예

3) 원그래프

원그래프는 비교하는 인자들의 상대적인 비율을 나타낼 때 사용한다. 원그래프는 360도 안에 모든 것이 포함되어 양의 많고 적음에 상

관 없이 전체가 원그래프로 나타나게 된다. 상대적인 비율을 보여주고자 할 때 사용하는 그래프가 원그래프이다.

[그림 2-17]은 동일 품목의 생산 라인별 부적합 발생 비율을 나타낸 사례이다.

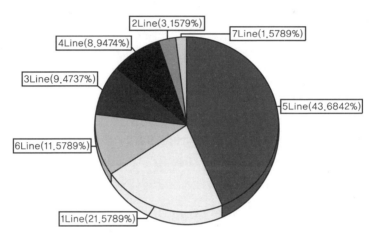

[그림 2-17] 라인별 부적합의 크기를 비교한 사례

3 신QC 7가지 도구

앞에서 논한 것과 같이 QC 7가지 도구(파레토도·체크시트·특성요인도·히스토그램·그래프·산점도·층별)는 제품 품질 또는 제조 공정의 관리 상태를 조사하는 수단이나 도구로 활용되고 있다. 수치를 중심으로 분석하는 QC 7가지 도구는 제품의 품질 개선 또는 제조 공정을 관리 상태로 유지하는 도구로 활용되고 있다. 그러나 품질 관리 활동에 기법의 전 부분, 전 계층의 사람이 조직적으로 참여하면서 지금까지의 QC 7가지 도구만으로는 무언가 아쉬운 상황을 맞게 되었다.

1977년에 일본과학기술연맹 QC 기법 개발부회가 발표한 '신QC 7가지 도구'는 지금까지 수치 해석을 주류로 하는 QC 기법과는 달리, 분임조원들의 노하우를 도출해내기 위한, 이른바 설계적 접근을 위한 기법(즉, 언어 데이터 분석 기법)을 중심으로 개발되었다.

신QC 7가지 도구는 제품의 품질 설계나 생산 시스템까지도 해석하여 개선을 꾀하고자 하는 도구다. 지금까지의 수치 해석 도구와는 달리, 관리 감독자가 중심이 되어 조직의 구성원 전원이 유기적으로 움직이기 위한 정보를 수집하기 위한 도구다.

신QC 7가지 도구의 특징은 다음과 같다.

1. 주로 언어 데이터를 이용하는 기법이다.

매트릭스 데이터 해석법을 제외한 다른 여섯 가지 기법은 모두 언어 데이터를 이용하는 기법이다. 현장의 많은 경력자들의 경험은 일반적으로 수치 데이터보다 언어 데이터 형식으로 존재하고 있다. 그것들은 기술 정보, 시장 정보를 포함하는 수많은 사내·외의 정보이다. 신QC 7가지 도구는 이들 언어 정보를 정리하기 위하여 개발되었다. 복잡한 현상을 도형으로 표현하고 잠재되어 있는 문제나 대책을 창출하는 데 도움이 된다.

2. 발상으로 이끄는 기법이다.

개선 활동을 수행하기 위해서는 항상 새로운 발상으로 추진하지 않으면 안 된다. 새로운 발상을 하기 위해서는 언어 데이터에 의한 개인의 노하우를 발췌해내는 것이 필요하다. 이를 위해서는 신QC 7가지 도구를 잘 이해하고 있는 다양한 분야의 경력자들이 요구된다.

3.1 친화도(Affinity Diagram)

3.1.1 개요

확실하지 않고 복잡하게 얽혀 있는 정보를 언어 데이터로 포착하여 아이디어나 문제 사이의 관계 또는 상대적 중요성을 이해하는 데 도움을 주는 도구로서 언어 데이터를 상호의 친화성에 의해서 정리하여 문제를 명확히 하는 도구이다.

이 기법은 1960년대에 일본의 가와키타 지로(Kawakita Jiro)가 처음으로 개발하여 사용했다. 친화도(혹은 저자의 이름을 따서 KJ법이라고도 한다.)는 팀원들의 브레인스토밍을 통해 얻은 아이디어들을 갖고 의견 일치 활동을 통해 유사한 것들끼리 묶어 놓는다. 이 창조적 프로세스는 다량의 데이터(아이디어, 안건, 의견, 사실, 기타)를 모아서 그 항목들 사이의 자연스런 연관관계에 따라 관련된 것들끼리 모이도록 조직한다.

친화도는 많은 수의 아이디어를 자연스런 연관관계를 갖는 몇 개의 그룹으로 묶는다. 이 기법은 팀의 창조성과 직관력을 촉진시킨다.

3.1.2 방법 및 특징

친화도법은 동일 주제에 대한 다양한 아이디어나 전망 자료를 종합하여 유사성이나 연관성에 따라 재분류하고, 문제에 대한 해결안을 제시하는 도구이다. 어떤 문제의 요인 사이의 관계를 검토함으로써 요인 분석을 하는 데도 도움을 준다. 주로 처음으로 시행하는 별다른 정보나 방법이 없는 상황에서 참석자들의 아이디어를 자연스런 유사성에 따라 군집화하기 위해 사용한다.

❖ **친화도의 용도**

1) 팀이 고객 니즈를 설계 요구 조건으로 변환하기 위해 고객의 니즈를 확인하려 할 때

2) 아이디어와 정보를 새로운 형태로 조직하여 문제를 더 나은 관점에서 다루려 할 때

3) 문제의 속성을 정의하려 할 때

4) 팀 또는 개인에게 문제 해결, 공정 개선, 신제품 혹은 신제품 개발의 올바른 방향을 제시하려 할 때

5) 다량의 데이터를 유사성에 따라 분류할 때

6) 공정 개선을 위한 핵심 아이디어를 찾으려 할 때

7) 실행 계획의 필요 조건을 결정할 때

8) 겉으로 보기에는 서로 관련이 없어 보이는 인자들 사이의 패턴을 찾을 때

브레인스토밍 등을 통해 아이디어나 생각들이 도출되었으나 정돈되지 않아 전체적인 파악이 어려울 때 이 기법을 이용하면 다양한 아이디어나 정보를 몇 개의 연관성 높은 그룹으로 분류하고 파악할 수 있다.

❖ **친화도 작성 방법**

1) 각자 아이디어를 카드에 따로따로 기록한다. 브레인스토밍을 통해 카드에 직접 아이니어를 기록할 수노 있다.

2) 카드를 모아서 테이블이나 바닥 또는 벽에 무작위로 섞어서 펼쳐 놓아 모든 사람들이 볼 수 있도록 한다.

3) 전체 참석자들이 카드 주위에 모인다.

4) 어떤 방식으로든 서로 관련된 아이디어들을 찾아서 그 아이디어가 적혀있는 카드들을 가까이 모아 놓는다. 이때 분류 작업에 영향을 줄 만한 대화는 삼가야 한다.

5) 모든 아이디어에 관한 군집화가 끝나면 각 그룹에 대한 표제가 될만한 아이디어를 골라서 해당 그룹의 상단에 놓는다. 그런 카드가 없으면 새 카드에 써서 표제로 사용한다. 이때는 대화가 허용된다.

6) 그룹을 합쳐서 상위 그룹으로 만드는 것이 적절하다고 판단되면 그렇게 한다.

3.1.3 적용 사례

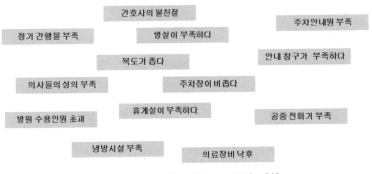

[그림 2-18] 병원 이용 시 불편 사항

[그림 2-19] 친화도 적용 사례

3.2 연관도(Relations Diagram)

3.2.1 개요

친화도에 의하여 문제가 체계화된 이후에 관련된 개념이나 아이디어 사이의 인과관계를 규명할 경우에 사용된다. 풀어야 할 문제는 결정되어 있지만 그 문제에 영향을 미치는 원인이 서로 복잡하게 얽혀 있는 경우에 복잡한 원인들을 언어 데이터로 포착하여 그 문제점을 1차, 2차 원인으로 전개함으로써 주요 원인을 파악하는 도구이다.

풀어야 할 문제는 정해져 있지만 그 문제에 영향을 미친다고 생각되는 원인이 다수 있고, 더욱이 그들 원인이 복잡하게 서로 얽혀 있어서 어디에서부터 손을 써야 좋을지 모를 경우에 이용되는 기법이다.

근래에 전국 품질분임조 경진대회에서 활발하게 활용하고 있는 기법이다. 특성요인도의 대용으로 활용되기도 하는데 연관도의 특징에 대한 이해가 부족한 상태에서 활용되는 것을 종종 볼 수 있다.

3.2.2 방법 및 특징

❖ **연관도의 득징**

원인과 결과의 인과관계를 다룬다는 측면에서는 특성요인도와 유사하다. 다만, 그 관계가 복잡하게 얽혀 있는 경우에 연관도를 사용한다.

1) 형식에 얽매이지 않고 자유롭게 표현할 수 있으므로 특성요인도에서는 표현이 곤란하다고 생각되는, 원인에 영향을 미치는 원인이 여러 개가 서로 혼재되어 있어서 복잡한 원인 사이의 인과관계를 정리하는 데 유용하다.
2) 작성 과정에서 새로운 발상의 전환을 얻거나 선정한 원인과 그 대책에 대해서 참가자의 의견 일치를 얻는 데 도움이 된다.

❖ 연관도의 작성 순서

1) 주제가 될 문제점을 정한다.
2) 주제에 영향을 미치고 있는 원인을 다수 모아서 각기 데이터 카드에 기입한다. 이때 주어와 술어로 표현한다.
3) 주제를 중앙에 놓는다.
4) 원인계의 데이터 카드군을 '왜', '왜'를 반복하여 1차 원인, 2차 원인으로 전개한다.
5) 필요에 따라서 원인의 데이터를 추가한다.
6) 문제점, 원인군을 화살표로 이어서 다음의 적용 사례와 같은 연관도를 완성한다.

❖ 연관도의 해석

복잡하게 얽혀 있는 연관도의 그림을 살펴보면, 입력 요인과 출력 요인이 복잡하게 얽혀 있는 것을 확인할 수 있다. 이것이 특성요인도와 다른 차별적 요소이다. 다음의 경우에 해당 원인의 중요도가 각기 다르게 해석되고 각기 다른 중요도로 관리되어야 한다.

1) 해당 원인에 영향을 미치는 원인이 여러 가지일 때, 즉 연관도의 그림 표현상 들어오는 화살표가 여러 개인 경우의 해석을 살펴보자. [그림 2-20]을 보면 원인 2와 원인 6의 경우 들어오는 화살표가 4개이다. 원인 6에 영향을 미치는 원인은 원인 4, 원인 11, 원인 12, 원인 13으로 원인 6을 잘 관리하기 위해서는 영향을 미치는 4가지 원인을 잘 관리해야 한다는 것을 알 수 있다.
2) 해당 원인이 다른 여러 개의 원인에 영향을 미치는 경우, 즉 연관도의 그림 표현상 나가는 화살표가 여러 개인 경우의 해석을 살펴보자. [그림 2-20]을 보면 원인 1의 경우 나가는 화살표가 3개이다. 원인 1이 영향을 미치는 원인은 원인 2, 원인 8, 그리고 문제점에 직접 영향을 미치고 있다. 원인 1을 설정하여 관리하는 것이 중요하다는 것을 알 수 있다.

3.2.3 적용 사례

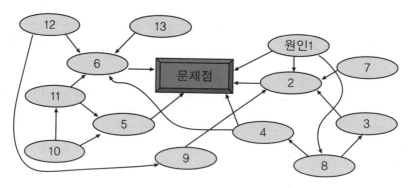

[그림 2-20] 연관도의 작성 사례

3.3 계통도(Tree Diagram)

3.3.1 개요

조직의 구성, 일의 흐름 등을 네트워크 등에 의해 시각적으로 표현한 그림이다. 계통도는 설정된 목표를 달성하기 위해 목적과 수단의 계열을 계통적으로 전개하여 최적의 목적 달성 수단을 찾고자 하는 방법이다. 목적을 달성하기 위한 수단을 찾고, 또 그 수단을 달성하기 위한 하위 수준의 수단을 찾아 나가는 도구이다. 따라서 상위 수준의 수단은 하위 수준의 목적이 된다.

문제에 영향을 미치는 원인은 밝혀졌지만, 이 문제를 해결할 방법이나 계획은 아직 개발되지 않은 경우 설정한 목적과 수단의 관계를 파악하기 위해 사용된다. 친화도는 문제를 규명하고 연관도는 그들의 상호 관계를 밝히는 데 이용되지만, 계통도는 이렇게 결정된 문제를 해결하기 위한 최적의 수단과 방법을 창출하는 데 이용된다.

3.3.2 방법 및 특징

목적이나 목표를 달성하기 위해서 필요한 수단, 방책을 계통적으로 전개한 계통도를 작성하여 문제의 전체에 일관성을 주어 문제의 중심을 명확히 한다든지, 또는 목적이나 목표를 달성하기 위한 최적의 수단과 방책을 추구해 가는 것이다.

달성해야 할 목적을 명확히 하고 각각을 실현할 수 있는 방안을 정리하여, 어느 수단을 달성하기 위하여 다시 하위 수단을 필요로 하는 경우, 상위 수단은 하위 수단의 목적이 되므로 다시 전개된다. 이처럼 상위 단계에서 하위 단계로 목적과 수단의 연결 관계를 찾아 나가는 것을 '전개'라고 하는데, 이것이 계통도의 기본적 개념이다. 이를 그림으로 나타내면 [그림 2-21]과 같다.

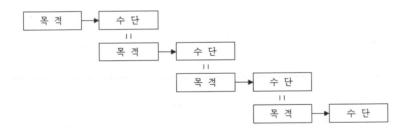

[그림 2-21] 계통도 작성 시 목적과 수단의 관계

❖ **계통도의 활용**

1) 문제 해결을 위한 수단을 논리적, 계통적으로 전개하기 쉬워 누락의 방지나 새로운 수단의 발상을 얻고 싶은 경우에 유용하다.
2) 전개한 수단이 일관성 있게 배열되므로 관계자의 설득이나 합의의 형성에 도움이 된다.

❖ **계통도의 작성 순서**

1) 해결하고 싶은 문제를 정하고 이것을 목적 또는 목표로 한다.
2) 목적, 목표를 달성하기 위한 1차 수단을 설정하고 데이터에 기입한다.
3) 각 1차 수단을 목적으로 하고, 이것을 달성할 2차 수단을 각각 선정하여 데이터 카드에 기입한다.
4) 이하 마찬가지로 3차 수단, 4차 수단 등 실행 가능한 구체적인 수준까지 수단을 전개하여 데이터 카드를 만든다.
5) 목적, 수단의 관계에 모순이 없는가를 확인한 다음, 카드 위치를 확정하고 선으로 그어서 계통도를 완성한다.
6) 최고 차이 수단을 평가하고 실행 수단을 선정한다.

3.3.3 적용 사례

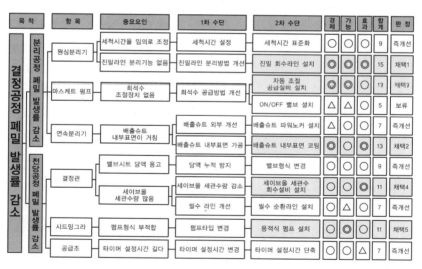

[그림 2-22] 계통도 사례

3.4 매트릭스도(Matrix Diagram)

3.4.1 개요

아이디어나 활동, 책임, 기능 등에 존재하는 논리적 연관성을 그래프에 표시함으로써 문제의 소재나 문제 해결의 착상을 얻기 위해 사용하는 도구이다. 문제가 되고 있는 항목 가운데서 짝이 되는 요소를 찾아내어 행과 열로 배치하고, 그 교점에 각 요소의 관련 유무나 정도를 상대적으로 표시하여 정리한 그림으로, 다차원적인 사고에 의해 문제점(혹은 원인)을 명확히 하는 방법이다.

원인과 결과 사이의 관계, 목표와 방법 사이의 관계를 밝히고, 나아가 이들 관계의 상대적 중요도를 나타내기 위하여 사용된다.

3.4.2 방법 및 특징

❖ **매트릭스도의 특징**
1) 많은 목적이 있고 이것에 많은 해결 수단이 대응해서 양자가 복잡하게 서로 얽혀 있는 문제의 정리에 유용하며 전체의 구성을 한눈에 파악할 수 있다.
2) 현상, 원인, 대책과 같은 세 종류 이상 항목의 요소를 정리하여 문제의 소재를 명확히 하고 싶은 경우에 도움이 된다.

❖ **매트릭스도의 종류**
종류는 L형, T형, Y형, X형, P형, C형 등 6종이 있다. 문제에 따라 적합한 것을 선택해서 사용한다. 아래 그림은 주로 사용하는 L형과 T형에 대한 사례이다.

		R						
		R1	R2	R3		Rj		Rn
L	L1							
	L2		○					
	L3							○
			△			○		
	Li			◇				
	L m							

[그림 2-23] L형 매트릭스도

C6	C5	C4	C3	C2	C1	A	B1	B2	B3	B4	B5	B6
	○					A1						
						A2						○
△						A3				○		
		◇				A4						
						A5						
						A6						

[그림 2-24] T형 매트릭스도

❖ 매트릭스도의 작성 순서

1) 제품의 콘셉트(개념)를 정한다.

2) 사용자의 요구를 카드에 기입한다.

3) 카드를 분류한다.

4) 카드를 추상도가 높은 순으로 늘어놓는다.

5) 대용 특성을 정한다.

6) 사용자의 요구와 대용 특성을 매트릭스도에 정리한다.

7) 양자가 대응하는 강도의 순으로 ◎, ○, △의 기호를 입력한다.

8) 대용 특성의 각 항목 내용을 정하고 설계를 한다.

❖ **매트릭스도의 행과 열의 예**
- 요구(needs) vs 발원(seeds)
- 요구 품질 vs 대용 특성
- 보증 특성 vs 공정 관리 항목
- 특성 vs 요인
- 이상 현상 vs 원인
- 부적합 원인 vs 공정
- 부적합 원인 vs 대책
- 관리 기능 vs 업무 기능
- 제품 기능 vs 공정 기능
- 하드웨어 기능 vs 소프트웨어 기능
- 상위 방침 vs 나의 업무
- 보증 특성 vs 시험 측정 항목

3.4.3 적용 사례

[그림 2-25]는 T형 매트릭스를 사용하여 주제 선정을 하는 예이다.

사업소 측면				항목	분임조 측면				합계	순위	판정
원가	품질	안전	환경	가중치	시급성	해결가능성	효과성	참여도			
3	3	2	2	안 건	3	3	2	2			
◎	◎	○	◎	자동화 창고 입출고 프로그램 개선으로 작업시간 단축	○	○	○	○	76	2	창의제안
◎	◎	○	○	전동차 견인전동기 정비프로세스 개선으로 작업시간 단축	◎	○	◎	◎	86	1	채택
△	○	△	○	단품세척 바스켓 개선으로 부품불량 발생률 감소	○	○	○	○	50	5	창의제안
○	◎	○	○	견인전동기 작업방법 개선으로 조립 재작업건수 감소	○	○	○	○	56	4	창의제안
◎	○	△	○	절연베어링 조립방법 개선으로 조립시간 단축	◎	△	○	○	62	3	창의제안

[그림 2-25] 전국 품질분임조 경진대회 매트릭스도 적용 사례

3.5 매트릭스 자료 분석(Matrix Data Analysis)

3.5.1 개요

매트릭스도에 나타난 여러 요인 사이에 존재하는 관계의 정도를 수량화하는 도구로서, 주성분 분석(principal component analysis)이라고 불리는 다변량 해석(multi-variate statistical analysis)의 한 도구이다.

매트릭스도에 배열된 많은 수치 데이터를 보기 좋게 정리하는 방법이다. L형 매트릭스의 각 교점에 수치 데이터가 배열되어 있는 경우에 그들 데이터 사이의 상관관계를 단서로, 그들 데이터가 갖는 정보를 한 번에 가능한 한 많이 표현할 수 있는 대표 특성을 구함으로써 전체를 보기 좋게 정리하는 방법이다.

3.5.2 방법 및 특징

매트릭스 자료 분석법[5]은 신QC 7가지 도구 중에서 유일한 수치 데이터 해석법이다. 신QC 7가지 도구의 다른 여섯 가지 기법이 언어 데이터의 혼돈을 정리하는 것에 비해서 매트릭스 자료 해석법은 많은 수치 데이터의 혼돈을 정리하는 기법이라고 할 수 있다.

❖ **매트릭스 자료 분석법의 용도**

마케팅 분야에서 제품이나 서비스의 포지셔닝(positioning)을 결정하기 위해 자주 사용한다. 이 경우 소비자들의 인식에 대한 설문 조사를 실시하고, 요인 분석(factor analysis)한 결과를 그래프로 표현한다.

---

5) 혹은 '매트릭스 데이터 분석법'이라 칭하기도 한다.

- 고객이나 제품/서비스의 대표적 속성을 결정하고자 하는 경우
- 변수들 사이의 상관 정도를 확인하고자 할 경우
- 복잡하게 요인이 얽히는 공정의 해석
- 다량의 데이터에서 나오는 부적합의 해석
- 시장 조사 데이터의 요구 품질 파악
- 관능 특성의 분류 체계화
- 복잡한 품질 평가 등

❖ **매트릭스 자료 분석법의 작성 순서**

1) 데이터를 매트릭스로 정리한다.
2) 기술적 요청에 대응해서 행간 또는 열간의 상관 행렬을 계산한다. 문제에 따라서는 상관 행렬 대신에 분산, 공분산 행렬을 이용한다.
3) 고유치, 기여율, 누적기여율을 정한다. 기여율이 높은 순서대로 주성분을 정한다.
4) 각 주성분에 대응하는 고유 벡터 및 인자 부하량을 정한다.
5) 각 주성분마다 주성분 득점을 정한다.
6) 주성분 득점의 산포 상태를 그래프로 그린다.

3.5.3 적용 사례

A항목부터 I항목까지 9가지의 고객 만족도를 조사한 결과, 각 항목에 대한 만족도 수준과 중요도를 파악하고 이를 매트릭스 자료 분석법으로 그린 것이 [그림 2-26]이나.

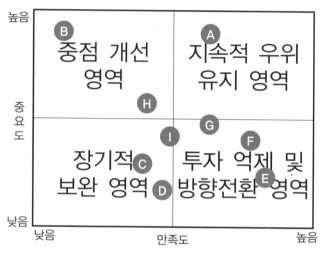

[그림 2-26] 고객 만족도와 중요도 분석 사례

3.6 PDPC(Process Decision Program Chart)

3.6.1 개요

어떤 업무를 실행하는 과정에서 발생할 수 있는 모든 상황을 상정하여 가장 바람직한 결과에 도달할 수 있도록 프로세스를 정하는 도구이다. 하나의 프로젝트 실행에 있어서 사태의 진전과 함께, 여러 가지 결과가 상정되는 문제에 대해서 바람직한 결과에 이르는 프로세스를 정하는 방법으로 과정 결정 계획도법(의사 결정법)이라고도 한다.

어떠한 목표 달성을 위해 미리 계획을 수립하고, 계획대로 진행될 수 있도록 노력하더라도 사전에 예기치 못했던 일이 발생한다든지 상황이나 여건이 변하여 당초 계획대로 진행될 수 없는 경우가 대부분이다. 과거에 경험하지 못했던 새로운 프로젝트의 경우, 계획된 시간 내에 성공적으로 임무를 완수하기까지에는 많은 불확실성이 존재한다. 프로젝트의 진행 과정에서 발생할 수 있는 여러 가지 우발적인 상황들을 상정하고, 그러한 상황들에 신속히 대처할 수 있는 대응책들을 미리 점검하기 위한 방법이다.

3.6.2 방법 및 특징

이 방법은 아직 문제의 개발 단계에 있으면서도 상황의 전개를 예측할 수 있게 함으로써 바람직한 결과에 이르는 가장 좋은 과정을 선정하는 데 도움을 준다.

❖ **PDPC법의 적용**
 - 불확실성이 큰 새로운 과제나 활동을 추진하고자 하는 경우, 우발적인 상황에 대비하기 위한 계획을 수립한다.
 - 생소한 활동을 추진할 경우에 봉착할 수 있는 문제를 사전에 도출하고 그로 인한 피해를 최소화하기 위한 대책을 마련한다.
 - 불완전한 계획 때문에 일어날 수 있는 문제점을 예상하고 그 영향을 따져 본다.

❖ **PDPC법이 유용한 경우**
 - 연구 개발과 같이 실행 과정에서 불확정한 사태가 예측되어 이것에 대해서 적극적으로 해결 대책을 파악하고 싶은 경우에 유용하다.
 - 영업의 수주 활동과 같이 사용자와 경쟁 타사의 속셈을 살피면서 적절한 임전 적응적인 대책을 실시하여 수주에 연결하고 싶은 경우에 도움이 된다.

❖ **PDPC법의 작성 순서**
 1) 실시 목표, 즉 주제를 정한다.
 2) 개시 시점으로부터 목표 달성에 이르는 필요한 수단의 계열이나 예상되는 상태를 데이터 카드에 기입한다.

3) 개시 시점과 목표 달성 사이에 데이터 카드를 시계열적으로 배열하고 목표 달성이 가능한 경로를 하나 만들어 화살표로 잇는다.

4) 중간의 스텝에서 실행의 곤란성 혹은 실패가 예상되는 경우 대안을 1안, 혹은 복수안으로 선정하고 데이터 카드를 추가해서 목표 달성의 가능성을 높인다.

5) 실시 과정에서 정기적으로 혹은 이상 상태, 새로운 상태의 발생에 따라 목표 달성을 가능케 하는 방책을 추가하고 2차 계획을 만든다.

6) '5)'의 단계를 반복하여 해결에 이른다.

3.6.3 적용 사례

시청에 각종 증명 서류 자동 발매기를 설치할 경우, 발생할 수 있는 다양한 상황에 대해 미리 검토하여 대비하고자 [그림 2-27]과 같이 PDPC법을 활용한 그림을 그려 사전에 대책을 세우고자 하였다.

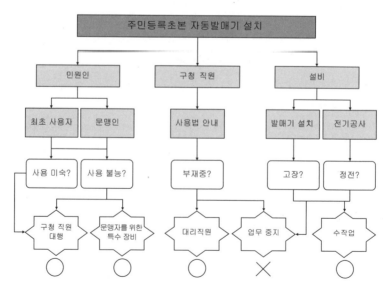

[그림 2-27] 자동 발매기 설치 PDPC법 적용 사례

3.7 애로 다이어그램(또는 화살 도표, Arrow Diagram)

3.7.1 개요

목표를 달성하기 위한 수단을 주로 시계열적인 순서에 따라 네트워크로 나타낸 화살표 그림을 이용하여 최적의 일정 계획을 세우고, 이의 진척도를 관리하는 데 사용되는 도구이다.

목적을 달성하기 위해 필요한 실시 사항(수단, 대책)을 주로 시계열적인 순서에 따라서 네트워크로 나타낸 화살표 그림을 이용하여 최적의 일정 계획을 세우고 효율적으로 일의 진척을 관리하는 방법이다.

3.7.2 방법 및 특징

❖ 애로 다이어그램[6]의 용도

1) 프로젝트 완수에 필요한 모든 활동들의 선후 관계를 밝히고 이를 알기 쉽도록 그림으로 나타낸다.
2) 프로젝트의 완성 일자를 사전에 추정하고, 완성 일자를 좌우하는 주경로를 찾는다.
3) 프로젝트의 진척도를 모니터링하면서 일정 관리를 추진한다.

❖ 애로 다이어그램이 유용한 경우

1) 상세하고 치밀한 계획을 세우고 싶은 경우
2) 납기를 고려한 최적의 일정 계획을 세우고 싶은 경우
3) 계획의 전모를 파악하고 실행 단계에서의 계획 변경이나 한 가지 작업의 지연 등이 전체 계획에 미치는 영향을 올바르게 파악하고 싶은 경우
4) 진척 관리 상의 중점인 수단 계열을 알고 싶은 경우

---

6) 화살 도표 혹은 애로 다이어그램이라고도 불리운다. 특히, PERT/CPM은 애로 다이어그램의 발전된 형태로 1회성 대규모 프로젝트(토목 건설 등)의 일정 관리 도구로써 활발하게 사용되고 있다.

❖ **애로 다이어그램 작성 시 3가지 주의 사항**

1) 1조의 결합점은 한 가지의 작업, 실시 사항만 나타낼 수 있다.

2) 그림 안에 루프(loop)를 만들어서는 안 된다.

3) 불필요한 더미를 사용하지 말아야 한다.

❖ **애로 다이어그램의 작성 순서**

1) 실시 목표, 즉 주제를 정한다.

2) 주제를 달성하기 위한 필요 작업을 열거하고 각 데이터 카드에 기입한다. 이 경우에 계통도를 이용하는 것이 좋다.

3) 각 작업의 선행 작업, 후속 작업 관계를 파악하여 모조지 위에 데이터 카드를 왼쪽에서 오른쪽으로 배열한다.

4) 데이터 카드의 위치를 정한다.

5) 결합점을 그리고 화살표를 그어서 결합점 번호를 붙인다.

6) 필요에 따라서 일정을 계산하고 일정 계획의 최적화를 도모한다.

제3장
문제 해결 절차
(QC-Story)

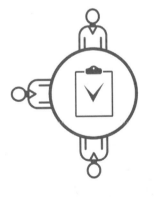

제3장 문제 해결 절차(QC-Story)

1 / STEP 1 : 주제 선정 단계

1.1 주제 선정이란?

분임조활동을 하기 위해서는 가장 먼저 주제(또는 테마)를 선정하여야 한다. 즉, '우리 분임조가 무엇을 개선할 것인가?' 혹은 '어떤 문제점을 해결할 것인가?'를 정하는 단계를 제일 먼저 수행해야 한다.

주제 선정의 적합 여부가 분임조활동 완료 이후 분임조의 목표 성과 달성도에 영향을 미친다. 따라서 주제를 선정할 때는 분임조원 모두가 참여하여 안건(주제 선정을 위한 의견)의 제출과 함께, 각각의 안건에 대한 현재의 현상에 대해 데이터를 분석하여 제시해야 한다.

이렇게 제출된 여러 안건에 대해서는 분임조원 전원이 수용할 수 있는 객관적인 평가 항목을 마련하고, 이에 따라 평가하여 선정하는 것이 바람직하다. 이러한 과정이 다소 번거롭고 시간이 많이 소요되더라도 분임조원 모두가 능동적이고 적극적으로 참여하기 위해서는 꼭 필요한 과정으로 인식해야 한다.

주제가 선정되면 그 이유(또는 배경)를 제시하여 적합성을 확인해야 하며, 활동이 완료된 후에는 목표의 달성도를 평가할 때 분임조원의 능력에 적합한 주제였는지 검토하기 위한 근거로도 활용할 수 있다.

아울러, 분임조원도 조식의 구성원이므로 소속 부서의 연간 목표 달성에 기여할 수 있도록 주제를 선정할 때 평가 항목으로서 부서 방침과의 연관성도 고려할 필요가 있다.

이제부터는 주제 선정과 관련된 내용으로 주제 선정의 의의, 주제 선정 절차, 주제 선정 포인트, 주제 선정 시의 주요 지적 사항 등을 살펴보기로 한다. 전국 품질분임조 경진대회에 참여한 여러 기업이 분임조에서 선정한 주제의 종류나 사례에 대한 내용도 예시로서 제시했으므로 이를 참조하기 바란다.

1.2 주제 선정의 의의

❖ 분임조원의 토의와 합의에 의한 활동 과제를 선정하는 단계
- 분임조가 소속된 조직이나 현장에서 발생되고 있는 품질, 납기, 원가, 사기, 안전 및 환경 등의 문제와 같이 해결하고자 하는 대상 중에서 선정
- 현재 목표보다 높은 성과를 얻기 위한 개선 대상 중에서 선정
- 회사의 목표, 부서장의 제안 등의 대상 중에서 선정

1.3 주제 선정 절차

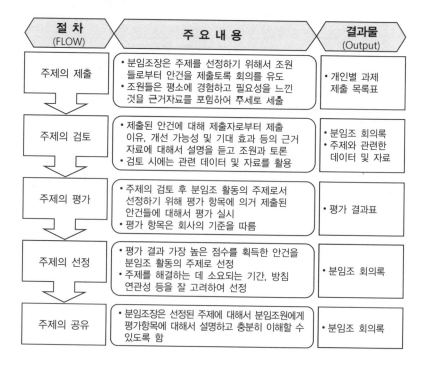

절 차 (FLOW)	주 요 내 용	결과물 (Output)
주제의 제출	• 분임조장은 주제를 선정하기 위해서 조원들로부터 안건을 제출토록 회의를 유도 • 조원들은 평소에 경험하고 필요성을 느낀 것을 근거자료를 포함하여 추세로 세출	• 개인별 과제 제출 목록표
주제의 검토	• 제출된 안건에 대해 제출자로부터 제출 이유, 개선 가능성 및 기대 효과 등의 근거 자료에 대해서 설명을 듣고 조원과 토론 • 검토 시에는 관련 데이터 및 자료를 활용	• 분임조 회의록 • 주제와 관련한 데이터 및 자료
주제의 평가	• 주제의 검토 후 분임조 활동의 주제로서 선정하기 위해 평가 항목에 의거 제출된 안건들에 대해서 평가 실시 • 평가 항목은 회사의 기준을 따름	• 평가 결과표
주제의 선정	• 평가 결과 가장 높은 점수를 획득한 안건을 분임조 활동의 주제로 선정 • 주제를 해결하는 데 소요되는 기간, 방침 연관성 등을 잘 고려하여 선정	• 분임조 회의록
주제의 공유	• 분임조장은 선정된 주제에 대해서 분임조원에게 평가항목에 대해서 설명하고 충분히 이해할 수 있도록 함	• 분임조 회의록

1.4 주제 선정 포인트

1.4.1 주제 선정의 원칙

- 주변의 문제로부터 시작한다.
- 분임조의 공통적인 문제를 선정한다.
- 단기간에 해결이 가능한 문제를 선정한다.
- 평소에 느끼고 있는 문제를 선정한다.
- 구체적인 문제를 선정한다.

1.4.2 좋은 주제의 특징

- 구체적인 목표가 있어야 한다.
- 주요 사업 목표와 전략에 부합하여야 한다.
- 고객이 공감할 수 있어야 한다.
- 다른 프로젝트와 병행함으로써 시너지 효과를 창출해야 한다.
- 현장에서 즉각 조치가 가능한 개선사항을 찾는다.
- 실제 일상 업무와 관련이 있어야 한다.

1.4.3 테마의 중요도 평가

- 전원 참여가 가능한지 평가한다.
- 방침 및 계획과의 연관성이 있는지 평가한다.
- 그 문제 해결의 시급성을 평가한다.
- 기대 효과의 정도를 평가한다.
- 분임조 능력으로 해결이 가능한지 평가한다.

➲ 주제 선정 대상 및 활동의 포인트

1) Q · C · D · M · S에 따른 주제 선정표

대 상	활동의 포인트
1. 품질의 유지 · 향상 (quality)	• 공정 부적합품을 감소한다. • 산포를 작게 한다. • 부주의에 의한 부적합품을 감소한다. • 초기 부적합품을 감소한다. • 품질 이상을 감소한다. • 클레임을 감소한다. • 품질을 향상시킨다. • 품질 공정 능력을 향상시킨다. • 공정을 안정 상태로 한다. • 불안의 재발을 방지한다. • 작업 지도서를 바르게 지킨다. • 관리점을 명확히 한다. • 관리도로 공정을 관리한다. • 표준화를 한다. • 신뢰성을 향상시킨다. • 관리를 정착, 고착시킨다.
2. 코스트의 저감 (cost)	• 경비를 삭감한다. • 재료, 부품을 절약한다. • 원단위를 절하한다. • 작업 시간을 단축한다. • 시간을 활용한다. • 공수를 절감시킨다. • 수리 건수를 감소시킨다. • 인원을 삭감한다. • 설비의 가동률을 향상한다.
3. 생산량의 증가 (delivery)	• 생산량을 증가시킨다. • 납기를 준수한다. • 재고를 감소한다. • 재고 관리를 충실히 한다.

대 상	활동의 포인트
	• 능률을 향상시킨다. • 생산성을 향상시킨다. • 작업 시간을 단축한다. • 치공구를 개선한다. • 설비의 가동률을 향상시킨다.
4. 모랄의 향상 (moral)	• 환경의 미화 • 출근율을 향상시킨다. • 적정하게 배치한다. • 품질 의식을 높인다. • 개선 제안을 활발히 한다. • 즐거운 직장을 만든다. • 팀워크를 좋게 한다. • 한 사람 한 사람의 능력을 향상시킨다. • 직장 규율을 확립한다.
5. 안전의 확보 (safety)	• 직장의 안전을 확보한다. • 자신들의 안전을 확보한다. • 재해 사고를 감소시킨다. • 정리 · 정돈한다. • 환경을 정비한다. • 안전 관리를 충실히 한다.

2) 5M · 1JP에 의한 주제 선정표

대 상	활동의 포인트
1. 기계 (machine)	• 특성에 관계하는 기계는 무엇인가(품질 가동률의 향상) • 작업 시작 시 일상의 점검을 하고 있는가(고장이 발생하기 쉬운 부분의 점검 주유) • 고장 발생의 발견 및 그 조치는 원활한가(설비 보전) • 기계의 개선 사항은 명확한가(보류, 고장률의 개선) • 작업 완료 시 정리 정돈 상태는 양호한가(환경 정비, 안전 확보)

대 상	활동의 포인트
2. 재료 (material)	• 특성에 관계하는 재료는 무엇인가 (원재료 품질 부적합품의 방지) • 재료의 무엇이 특성에 영향을 미치고 있는가 (성능 부적합품의 방지) • 반입시킨 재료의 질과 양이 일치하는가 (부주의에 의한 미스 방지) • 작업 중 이물질의 혼입은 없는가(부주의에 의한 미스 방지) • 재료의 취급 방법이 정해져 있는가(품질 부적합품, 이 품종 혼입의 방지)
3. 작업자 (man)	• 작업자의 작업 경험, 기량은 어떠한가(분임조원의 교육) • 작업자의 적성에 합치한 작업인가(배치 전환, 교육 훈련) • 작업자의 건강 상태는 양호한가(안전, 사기, 출근률의 향상) • 작업자의 품질 의식은 양호한가(품질 사기, 품질의 향상) −작업자는 지시서대로 작업하고 있는가 • 작업자는 지시대로 작업을 하지 않아도 부적합품이 나오지 않는가(작업 지시서의 개정, 작업 방법의 개선) • 작업자의 작업 태도는 양호한가(협조성, 적극성, 사기 향상)
4. 방법 (method)	• 특성과 관계되는 작업은 관리되고 있는가 • 작성 순서는 현재로 좋은가, 작업 지시서대로인가 • 작업 지시서 없이 하고 있지 않은가 • 작업 지시서에 불완전한 점, 개선할 점은 없는가 • 작업 지시서의 변경에 대해 조치되는가(작업 방법의 개선) • 작업자의 안전은 확보되고 있는가(재해 사고의 감소, 안전 관리) • 작업장의 배치에 결함은 없는가 • 온도・습도는 높지 않은가 • 조명은 어둡지 않은가 • 통풍은 나쁘지 않은가 • 잡음은 크지 않은가 • 정리정돈은 양호한가

대 상	활동의 포인트
5. 측정 (measure)	• 특성에 관계한다고 생각되는 측정기는 활용하고 있는가 　(부적합품의 감소, 계측 관리) • 측정기의 정도 등급은 정해져 있는가(품질의 확보) • 측정기의 정기 점검은 이루어지는가(품질 보증) • 측정기의 취급은 좋은가(품질 보증) • 측정 방식은 올바른가(품질 보증) • 측정자에 문제는 없는가(품질 보증) • 측정 순서에 문제는 없는가(표준 작업의 순서)
6. 치공구 (jig)	• 특성에 관계하는 치공구는 무엇인가(능률, 품질의 향상) • 치공구의 무엇이 특성에 영향이 있는가(치공구 개선) • 작업 시의 이상 점검은 되고 있는가 • 공구가 파손됐을 때의 조치는 이루어지는가 • 치공구 교환의 시기(치공구의 보전) • 치공구의 연마 작업은 지시대로 행해지고 있는가 • 치공구에 개선되어야 할 점은 없는가 • 작업 종료 시의 정리 정돈은 양호한가(준비, 환경의 정 　비, 안전 확보)
7. 제품 (product)	• 규격에 미스는 없는가(품질 보증) • 반제품, 제품의 취급은 좋은가 • 부적합품, 수리품의 처치는 좋은가(클레임, 재발 방지)

➔ 업종별 분임조활동 주제명 선정 사례

2017년 전국 품질분임조 경진대회
1) 금상(93개팀)

부 문	회사명	분임조명	주제
현장개선	삼성전자㈜ 광주사업장	스마트 팩토리	프리미엄 냉장고 유니트 공정 개선으로 진공 부적합품률 감소
	㈜LG하우시스 옥산공장	신바람	비닐 합성타일 성형공정 개선으로 부적합품률 감소
	삼성전자㈜ 무선사업부	유토피아	갤럭시 S7 조립공정 개선으로 부적합품률 감소
	삼성중공업㈜ 거제조선소	제로	프로펠러 샤프트 가공 조건 변경으로 작업 시간 단축
	두산중공업㈜	태평양	보일러 Header 제작 공정 개선으로 손실시간 단축
	기아자동차㈜ 소하리공장	횃불	프라이드 바디빌드 공정 개선으로 부적합품률 감소
	삼성전자㈜ 무선사업부 SEHZ법인	창조	Galaxy C5 Main 공정 개선으로 부적합품률 감소
	대한제강㈜ 녹산공장	다크호스	연주 작업 공정 개선으로 로스율 감소
	애경산업㈜ 청양공장	동그라미	액체4라인 원형용기세제 공정 개선으로 부적합품률 감소
	한전산업개발㈜ 하동사업처	매직틀	석탄분배설비 슈트 개선으로 정지시간 감소
	서울우유협동조합 양주공장	사군자	200ML 우유 충전공전 개선으로 부적합품률 감소
	㈜유라하네스	징검다리	가공 결속공정 개선으로 작업 시간 단축
	㈜삼양사 울산1공장	터보	설탕 결정공정 개선으로 고장시간 감소
	㈜풍산 안강사업장	현미경	NitroCellulose 공정 개선으로 품질보정 재작업시간 감소
	㈜정석케미칼	에코	수성도료 교반공정 개선으로 배합작업시간 단축
	삼영잉크페인트제조㈜	황금박쥐	백색잉크 공정설비 개선을 통한 포장시간 단축
	한국신에츠실리콘㈜	황소	구조용 실란트 공정 개선으로 로스량 절감
	한국남동발전㈜ 영흥발전본부	A to Z	보일러 증기발생공정 개선으로 발전손실량 감소

부 문	회사명	분임조명	주제
현장개선	한국남부발전㈜ 부산발전본부	Fleet	가스터빈 공정 배기설비 개선으로 고장시간 감소
	한국동서발전㈜ 일산화력본부	I-Best	복합발전 공정개선으로 정비시간 감소
	한국남부발전㈜ 하동발전본부	MIB	발전용 보일러 급수공정 개선으로 고장시간 감소
	한국동서발전㈜ 당진화력본부	Q-UP	직류전원공급설비 개선으로 발전기 정비시간 감소
	한국전력공사 경인건설본부	UCT	지중송전 케이블 포설 프로세스 개선으로 설치시간 단축
	육군종합정비창	마라톤	전투차량 브라켓트 제작방법 개선으로 작업시간 단축
	한국서부발전㈜ 평택발전본부	메가왓트	공용설비 운영방법 개선으로 소내 소비전력비용 절감
	부산교통공사	물레방아	전동차 제동장치 정비공정 개선으로 고장건수 감소
	한국남부발전㈜ 영월발전본부	명품영월	가스터빈 보조기기 설비개선으로 소내 전력사용량 감소
	한전KPS㈜ 고리1사업처	씨앗	순수 B 펌프 전동기 정비공정 개선으로 정비시간 단축
	한국남부발전㈜ 신인천발전본부	프론티어	가스터빈 배기계통 설비개선으로 고장건수 감소
사무간접	한국철도시설공단	KR-솔로몬	법무업무 프로세스 개선으로 업무처리 시간단축
	㈜LG화학 오창공장	PLAN	편광판 소형제품 검사프로세스 개선으로 부적합품 유출률 감소
	SK하이닉스㈜ 이천사업장	SynBest	포토공정 프로세스 개선으로 업무 처리시간 단축
	국군인쇄창	글꽃	평판인쇄 프로세스 개선으로 프리프레스 작업시간 단축
	한국수력원자력㈜ 무주양수발전소	반딧불이	펌프수차 기동 프로세스 개선으로 정비시간 단축
	한국서부발전㈜ 태안발전본부	화산	석탄 공급 프로세스 개선으로 연료손실비용 절감
	㈜코스메카코리아	파트너	스킨케어류 벌크 프로세스 개선으로 작업 시간 단축
	한국콜마㈜ 신정공장	Team I.D.	품질검사 프로세스 개선으로 검사시간 단축
	코오롱인더스트리㈜ 여수공장	오아시스	중합공정 열교환 프로세스 개선으로 스팀 원단위 감소
	SK하이닉스㈜ 우시사업장	초월몽상	포토 업무개선 지원으로 작업시간 단축

부 문	회사명	분임조명	주제
상생협력	한국남동발전㈜ 분당발전본부	Non-Stop+Fire Dream+베스트	가스터빈 연소공정 개선으로 불시정지율 감소
	한국서부발전㈜ 군산발전본부	고군산+Turbo Q	가스터빈 밀봉장치 신정비기술 개발로 정비시간 단축
	현대제철㈜ 당진공장	임팩트+크러쉬	베셀설비 보수방법 개선으로 보수횟수 감소
	㈜LG화학 청주공장	황금독수리 +슈나이더	OLED 수분 침투 방지용 필름 (FSAM) 재단공정 개선으로 부적합품률 감소
	한국바스프㈜ 여수공장	HAM+안전	모노 니트로 벤젠(MNB) 증류 공정 개선으로 생산손실량 감소
	㈜대웅제약 향남공장	블랙박스 +고장제로	임팩타민정 설비개선으로 시간당 생산성 향상
	시스테크㈜	새싹+해오름	선박 방향타 수리방법 변경으로 작업시간 단축
	삼성전자㈜ 무선사업부 SEV법인	S-Team+T&I	갤럭시 A3 공정변경으로 방수 부적합품률 감소
환경/ 안전품질	한전KPS㈜ 한울2사업소	Plus Passion	발전 공조설비 정비공정 개선으로 아차사고 건수 감소
	SK하이닉스㈜ 이천사업장	골든타임	반도체공정 위험경보 발생요인 개선으로 안전사고 건수 감소
	현대제철㈜ 당진공장	기라성	주조공정 위험요인 개선으로 위험도 감소
	SK머티리얼즈㈜	베테랑	반도체 증착가스 패키지 공정 개선으로 아차사고 감소
	한국중부발전㈜ 제주발전본부	물소리	환경오염물질 처리공정 개선으로 관리기준 초과건수 감소
	삼성전자㈜ 광주사업장	신바람	콤프레셔 완성공정 개선으로 소음 초과율 감소
	한국동서발전㈜ 울산화력본부	혁신화공	3호기 수처리설비 운전방법 개선으로 폐수발생량 감소
	한일시멘트㈜ 단양공장	불꽃	시멘트 재생 에너지변환 수처리 공정 개선으로 잠재위험도 감소
	삼남석유화학㈜ 여수공장	코스모	정기 보수공사 안전관리 업무 개선으로 잠재재해건수 감소
	지테크	쇠나무	힘센엔진 실린더헤드 조립공정 개선으로 아차사고 건수 감소
자유형식 (TRIZ포함)	비나텍㈜	신의 한 수	16V 모듈 특성검사 공정 개선으로 사이클타임 단축
	한국전력공사 세종지사	G.O.D	신규공사 내선 공정 개선으로 작업시간 단축

부 문	회사명	분임조명	주제
자유형식 (TRIZ포함)	한국전력공사 인천지역본부	LEGO	전선설비 방호관 시공방법 개선으로 지장전력량 감소
	㈜LG화학 청주공장	NSG	아크릴필름 압출공정 개선으로 비가동율 감소
	삼성중공업㈜	소통	발전설비 작업조건 개선으로 부적합품률 감소
	한국남동발전㈜ 영흥발전본부	완전정복	석탄 컨베이어 설비 개선으로 정비예비품 구매비용 절감
	㈜LG화학 여수공장	으뜸/상록수	PVC 중합공정 개선으로 생산량 증대
	삼성전자㈜ 무선사업부	이데아	갤럭시 S7 도포공정 개선으로 부적합품률 감소
	SK하이닉스㈜ 이천사업장	챔피언	모바일제품 성형공정 개선으로 부적합품률 감소
	㈜삼양사 울산2공장	스마트	함수포도당 결정화 공정 개선으로 트러블 시간 감소
	㈜대웅제약 향남공장	퍼펙트	푸루나졸정 TFT활동으로 깨짐 부적합품률 감소
	아세아시멘트㈜ 제천공장	한빛	CBM 설비개선으로 석회석 저장량 증대
	삼성전자㈜ 무선사업부 TSTC법인	SMILE	갤럭시 C7 메인 공정 개선으로 생산량 증대
6시그마	㈜LG화학 오창공장	솔루션	리튬이온 자동차전지 노칭공정 개선으로 부적합품률 감소
	육군종합정비창	하늘사랑	발칸 안테나세트 정비공정 개선으로 부적합품률 감소
	SK하이닉스㈜ 이천사업장	혼창통	번인공정 개선으로 모바일 제품 부적합품률 감소
	㈜풍산 울산사업장	실천	자동차용 동합금재 주조공정 개선으로 부적합품률 감소
	평화씨엠비㈜	렉서스	배합고무 산포개선을 통한 엔진 마운트 정특성 안정화
설비	SK하이닉스㈜ 청주사업장	나래	혁신적인 V-1 TPM활동으로 설비종합효율 향상
	금호타이어㈜ 광주공장	대망A	고난을 극복하는 참신 TPM 활동으로 설비종합효율 향상
	한화토탈㈜	바로지금	끈기와 열정의 i-Triple Zero 활동으로 설비종합효율 향상
	서울우유협동조합 거창공장	ACE	S-TPM 활동으로 설비종합효율 향상
	㈜풍산 울산사업장	변화	다기능 TPM 인재 육성으로 설비종합효율 향상

부 문	회사명	분임조명	주제
설비	㈜에스코알티에스	타임	끊임없이 도전하는 TPM 활동으로 설비종합효율 향상
	삼성전자㈜ 무선사업부 SEHZ법인	LOVE Together	혁신적인 PRO-3M 활동을 통한 설비종합효율 향상
제안사례	한국동서발전㈜ 당진화력본부	이완철	석탄하역기 버켓개선으로 운영비 절감
	SK하이닉스㈜ 청주사업장	함관우	3D 낸드플래시 클린공정 개선으로 부적합품률 감소
	쌍용자동차㈜ 평택공장	이영무	부동액 주입설비 휴먼 에러 개선으로 부적합품률 감소
보전경영	한국남동발전㈜ 삼천포발전본부	마스터	Clean & Smart 보전경영 구축을 통한 설비가동률 향상
	한국남동발전㈜ 여수발전본부	창조	스마트한 STEP 활동으로 예지보전체계 확립
	경창산업㈜	일당백	KAMO 체제 구축으로 보전경영효율 향상
서비스	㈜호텔롯데 롯데월드	어드벤처	아트란티스 탑승시스템 변경을 통한 시간당 탑승객수 증가
창의개선 (Cop)	삼성전자㈜ 무선사업부	물음표	자율형 PRO팀 학습활동으로 스마트팩토리 구축
창의개선 (연구)	SK하이닉스㈜ 청주사업장	Hypercube	eMMC 성능 검사 공정 개선으로 생산량 증대
	동부화재해상보험㈜	smarT-UBI	운전습관 Big Data 분석으로 UBI 자동차보험 개발
창의개선 (운영)	쌍용자동차㈜ 평택공장	개미	고난과 역경을 극복한 혁신활동 으로 티볼리 위상을 드높이고…

2) 은상(92개팀)

부 문	회사명	분임조명	주제
현장개선	기아자동차㈜ 광주공장	드래곤	스포티지 테일게이트 가니쉬 장착 공정개선으로 부적합품률 감소
	SK하이닉스㈜ 이천사업장	스파이더맨	번인공정 설비개선으로 모바일 제품 부적합품률 감소
	기아자동차㈜ 광주공장	시나브로	봉고트럭 도장 완성라인 공정 개선으로 라인중단시간 감소
	㈜케이씨씨 전주1공장	창조	AM세라믹 제조 성형공정 개선으로 부적합품률 감소
	SK하이닉스㈜ 이천사업장	파티클헌터	디램 증착 공정 개선으로 웨이퍼 부적합품률 감소
	현대제철㈜ 당진공장	하이패스	전로 가스 운영 공정 개선으로 LDG 회수 시간 향상

부 문	회사명	분임조명	주제
현장개선	SK하이닉스㈜ 우시사업장	분투Style	Photo공정 작업개선을 통한 생산량 Loss 감소
	코오롱인더스트리㈜ 구미공장	더블업	타이어코오드 원사공정 개선으로 부적합품률 감소
	넥센타이어㈜ 양산공장	방글방글	NS설비 접합공정 개선으로 부적합품률 감소
	코스모신소재㈜ 충주지점	신하이테크	MLCC 이형 필름공정 개선으로 부적합품률 감소
	한일시멘트㈜ 단양공장	어울림	10호기 분쇄 원료 이송공정 개선으로 고장건수 감소
	코오롱인더스트리㈜ 김천2공장	열정	전자재료수지 배출공정 개선으로 부적합품률 감소
	쌍용자동차㈜ 평택공장	으뜸	티볼리 펜더 캠 공정 개선으로 부적합품률 감소
	㈜서연이화	창공	도어트림 열풍융착 설비 개선으로 부적합품률 감소
	애경산업㈜ 대전공장	퍼펙트	리필4라인 충진공정 개선으로 부적합품률 감소
	제일전기공업㈜	FRESH	AFGF 라인 공정 개선으로 부적합품률 감소
	㈜삼진엘앤디	레드썬	LED면조명 제조공정 개선을 통한 부적합품률 감소
	㈜피엔티	마이크로	FLUX 공정 개선으로 부적합품률 감소
	㈜평화이엔지	창조	NAL금형 가공공정 개선으로 부적합품률 감소
	한국동서발전㈜ 호남화력본부	WORK &JOY	탈질공정 개선으로 암모니아 사용량 절감
	한국남동발전㈜ 삼천포발전본부	뉴패러다임	순환수펌프 고압전동기 설비개선으로 고장정지시간 감소
	한국전력공사 서초지사	대들보	지중설비 시공 공정 개선으로 공사시간 단축
	한국서부발전㈜ 태안발전본부	맷돌	화력발전 연소가스 처리 공정 개선으로 미세먼지 저감
	한국중부발전㈜ 보령발전본부	브레인	소수력 발전공정 개선으로 고장시간 감소
	육군 제6303부대	부활	M계열 고폭탄 정비 도장공정 개선으로 실내 VOCs 감소
	한국중부발전㈜ 제주발전본부	블레이드	기력 터빈계통 공정 개선으로 고장시간 감소

부 문	회사명	분임조명	주제
현장개선	한국조폐공사 ID본부	생생	전자여권 합지공정 개선으로 부적합품률 감소
	㈜한국가스기술공사 전북지사	슈퍼히어로	천연가스 배관탐측 공정개선으로 작업시간 단축
	한국수력원자력㈜ 섬진강수력발전소	전진	수차회전 밀봉수공급 공정 개선으로 고장시간 감소
	한국동서발전㈜ 동해바이오화력본부	컨트롤	유동공정 설비개선으로 고장건수 감소
	한국수력원자력㈜ 청송양수발전소	클린파워	SFC 설비개선으로 기동·정지 공정 고장건수 감소
사무간접	한국남부발전㈜ 하동발전본부	Super Step	석탄 하역 버켓엘리베이터 정비프로세스 개선으로 정비시간 단축
	한국남부발전㈜ 부산발전본부	Up-grade	재고관리 업무처리 방법 개선으로 운영시간 감소
	한국전력공사 경남지역본부	무언의 초병	보호계전기 고장정보취득 프로세스 개선으로 원격접속 실패건수 감소
	한국중부발전㈜ 인천발전본부	무한도전	난방열 제어 프로세스 개선으로 관리온도 초과시간 감소
	육군종합보급창 1보급단	오토피아	버킷창고 피킹프로세스 개선으로 처리시간 단축
	한국전력공사 강원지역본부	제로스	신재생발전 계통연계 프로세스 개선으로 고객 불만족률 감소
	공군 제85정밀표준정비창	촛불	정밀측정장비 전기분야 교정지원 프로세스 개선으로 교정시간 단축
	육군종합보급창 2보급단	트로이	군수품 저장관리 프로세스 개선으로 작업시간 단축
	㈜대웅이엔지 향남공장	불사조	설비관리 프로세스 개선을 통한 고장 수리시간 단축
	코오롱인더스트리㈜ 울산공장	무지개	제품 출하업무 프로세스 개선으로 고객 불만건수 감소
	㈜세코닉스	지피지기	코팅작업 프로세스 개선으로 내부고객 클레임 건수 감소
상생협력	한국중부발전㈜ 세종발전본부	매트릭스+ 터보테크	가스터빈 압축기 공기흡입계통 개선으로 고장건수 감소
	현대삼호중공업㈜	무한대+무지개	선박 표면처리 방법 개선으로 작업시간 단축
	한국남동발전㈜ 삼천포발전본부	아이엔씨+여우	터빈제어설비 시스템 변경을 통한 고장건수 감소
	한국서부발전㈜ 서인천발전본부	코스모스+청라	복합발전 터빈 공정개선으로 열공급량 로스 저감

부 문	회사명	분임조명	주제
상생협력	한국타이어㈜ 대전공장	박카스+ 시나브로	그린타이어 성형공정 개선으로 부적합품률 감소
	㈜에넥스 황간공장	하나로+ 크리에이티브	UV 상도공정 개선으로 부적합품률 감소
환경/ 안전품질	한국남부발전㈜ 하동발전본부	Booster	탈황 폐수 처리공정 개선으로 총질소 제거율 향상
	SK하이닉스㈜ 청주사업장	Guardian	비상대응체계 개선으로 사고확산 위험지수 감소
	롯데건설㈜	S.C (Silence City)	터파기공사 건설공해 관리를 통한 환경민원 저감
	한국서부발전㈜ 서인천발전본부	물레방아	황연저감공정 개선으로 황연배출률 감소
	한국동서발전㈜ 호남화력본부	비등석	수처리 공정 개선으로 액상폐기물 배출량 감소
	기아자동차㈜ 소하리공장	새싹	벨 컨베어 공정개선으로 아차사고 감소
	㈜LG화학 청주공장	컬러뱅크	LCD 반응공정 위험요인 개선으로 위험도 감소
	㈜LG화학 대산공장	투툼	석유화학제품 출하공정 위험요인 개선으로 아차사고 감소
	㈜풍산 부산사업장	왕개미	예광탄자공정 개선으로 잠재위험 건수 감소
	도레이첨단소재㈜	한마음	폴리에스테르 칩 중합공정 위험 요소 개선으로 아차사고 감소
	㈜정석케미칼	한울타리	유성도료 포장설비 개선으로 아차사고 건수 감소
자유형식 (TRIZ포함)	㈜금진	북극성	실크벽지 핀트공정 개선으로 부적합품률 감소
	현대코퍼레이션㈜	불철주야	고무 성형공정 개선으로 부적합품률 감소
	육군종합정비창	가온누리	K9 자주포 유압공정 개선으로 부적합 건수 감소
	한국전력공사 경남지역본부	녹색바람	전력설비 진단공정 개선으로 일시정전 건수 감소
	한국중부발전㈜ 보령발전본부	미래로	복수기 세정계통 감시공정 개선으로 고장건수 감소
	한국철도시설공단 수도권본부	대동여지도	국유재산 관리 프로세스 개선을 통한 환경민원 건수 감소
	한화토탈㈜	신토불이	벙커C유 분석공정 개선으로 휘발성 유기화합물 지수 감소
	한국남부발전㈜ 남제주발전본부	제로편차	증기터빈 운영시스템 개선으로 소비전력량 절감

부 문	회사명	분임조명	주제
자유형식 (TRIZ포함)	현대삼호중공업㈜	창조	유조선 육상건조 공정 개선으로 리드타임 단축
	한국지엠㈜ 군산공장	파도타기	크랭크 가공 공정 개선으로 조도 부적합품률 감소
	넥센타이어㈜ 창녕공장	명품	스틸벨트 재단공정 개선으로 절목 부적합품률 감소
	코오롱인더스트리㈜ 대산공장	소나기	수첨석유수지 중합공정 운전조건 개선으로 품종전환시간 감소
	㈜풍산 부산사업장	전진	5.56mm 2Way 뇌관장착 설비개선으로 비가동시간 감소
6시그마	한국서부발전㈜ 태안발전본부	TBTB	감압정제유 연소시스템 개선으로 연소먼지 저감
	공군종합보급창	스마일	자동화창고 불출 공정개선으로 청구 처리기간(ORT-D) 미준수율 감소
	한전원자력연료㈜	야생마	기화공정 개선을 통한 설비 고장 감소
	육군 제5378부대	한우물	제설기 정비방법 개선으로 가동률 향상
	도레이첨단소재㈜	로얄	Cathode 성능개선을 통한 증착재료 사용길이 향상
설비	한국남동발전㈜ 삼천포발전본부	선견지명	RSA(Ready, Set, Action) TPM 활동으로 설비종합효율 향상
	한국남동발전㈜ 여수발전본부	주파수	변화를 주도하는 TPM 활동으로 설비종합효율 향상
	삼성전자㈜ 광주사업장	파일럿	에어컨 열교환기 공정 PRO-3M 활동으로 설비종합효율 향상
	㈜풍산 안강사업장	귀뚜라미	OneKey P-TPM활동으로 설비종합효율 향상
	㈜풍산에프앤에스	수타	FUN FUN한 TPM활동으로 설비종합효율 향상
제안사례	한화토탈㈜	김정남	폴리 프로필렌 응축공정 개선으로 응축수 미회수율 감소
	현대제철㈜ 당진공장	조대현	대탕도 철피구조 개선으로 보수비용 절감
	㈜풍산 안강사업장	장상일	천무로켓 유탄 조립공정 개선으로 부적합품률 감소
보전경영	한화토탈㈜	SPECTRUM	Ecms 구축·운영으로 회전기계 설비가동률 향상
	SK하이닉스㈜ 청주사업장	골든유닛	스마트한 V-1 보전경영 활동으로 설비 가용성 향상
	SK하이닉스㈜ 이천사업장	해트트릭	스마트하고 독한 보전경영 활동으로 설비가용성 향상

부 문	회사명	분임조명	주제
창의개선 (Cop)	한국남동발전㈜ 영흥발전본부	우공이산	BRAIN 학습활동으로 터빈보안장치(PLU) 개선을 통한 오동작 감소
창의개선 (연구)	한국남동발전㈜ 영동에코발전본부	사칙연산	보일러 튜브 부식 진단시스템 개발
	㈜서연이화	HePS	자동차 센터콘솔 내부격실문 안전성능 사전 확보를 위한 단품 충격 시험법 개발
창의개선 (운영)	한국서부발전㈜ 태안발전본부	파이어볼	작은 불꽃으로 탄생하여 태안의 심장 파이어볼이 되기까지

2) 동상(100개팀)

부 문	회사명	분임조명	주제
현장개선	SK머티리얼즈㈜	ACE PLUS	반도체 증착가스 분석오류 개선으로 부적합품률 감소
	현대제철㈜ 순천공장	Me First	산세압연라인 세정공정 개선으로 부적합률 감소
	삼성전자㈜ 온양사업장	Trust	고온검사 공정 설비 개선으로 고장건수 감소
	현대중공업㈜	대들보	힘센엔진 크랑크샤프트 공정 개선으로 가공 시간 단축
	CJ제일제당 인천2공장	메카닉	대두 가공공정 개선으로 정기 보수시간 단축
	㈜LG화학 오창공장	베타	연신공정 개선으로 TV용 편광판 부적합품률 감소
	㈜케이씨씨 문막공장	샛별	그라스울 권취공정 개선으로 생산량 증대
	평화기공㈜	마스터	INNER ROD 주조공정 개선으로 부적합품률 감소
	페더럴모굴세종㈜	명장	AM5 라인 절삭가공 설비 개선으로 고장시간 감소
	㈜동보 아산공장	사계절	리버스아이들러기어 가공 공정 개선으로 부적합품률 감소
	쌍용양회공업㈜ 동해공장	사철	석회석저장고 인출설비 개선을 통한 파쇄기 가동율 향상
	㈜동보 경주공장	신라	6L50 아우터레이스 선삭공정 개선으로 부적합품률 감소
	㈜세아FS 광주공장	신화창조	도금공정 개선으로 제품 폐기율 감소
	㈜동보 인천공장	열풍	INPUT-SHAFT 열처리 작업조건 개선으로 생산성 향상

부 문	회사명	분임조명	주제
현장개선	㈜휴스틸 대불공장	혁신	강관 파이프 센터공정 브레이크 다운 롤축 개선으로 정비시간 단축
	쌍용머티리얼㈜ 포항공장	새벽	BALL MILL 냉각시스템 최적화로 탁도 감소
	㈜성광유니텍	이지스	공정 정지시간 개선으로 생산 손실시간 단축
	㈜지에이	좋은빛	LED터널등기구 조립공정 개선으로 부적합품률 감소
	퍼스텍㈜	피스톤	작동기 솔레노이드밸브 조립공정 개선으로 부적합품률 감소
	한국전력공사 강릉특별지사	SMART-Q	무정전공사 공정 개선으로 외물 접촉 공장정전 건수 감소
	한국전력공사 세종지사	Triple Zero	대규모 신규택지 배전설비 시공 방법 개선으로 부적합률 감소
	한국전력공사 강동송파지사	VISION 21	저압설비 운영 시스템 개선으로 저압정전시간 단축
	육군종합정비창 특수무기정비단	디딤돌	현무 관성유도장치 정비방법 개선으로 유도탄 고장 감소
	한전KPS㈜ 여수사업소	번개	보일러 버너 점화공정 개선으로 정비건수 감소
	한국전력공사 동청주지사	부모산	배전기자재 시공공정 개선으로 전력공급 부적합률 감소
	한국동서발전㈜ 울산화력본부	유니온	배열회수 보일러 공정개선으로 초파 빙산열당 낌소
	한국전력공사 목포전력지사	전력質주	애자장치 관리공정 개선으로 정비부적합 수 감소
	한국조폐공사 화폐본부	청송	상품권 평판 인쇄공정 개선으로 부적합품률 감소
	한국전력공사 달성전력지사	퍼펙트	GIS(가스절연개폐장치) 성능개선으로 22.9kV 설비 고장건수 감소
	한국전력공사 경기북부지역본부	품질사랑	감지시스템 개선으로 정전민감고객 고장 감소
	한국전력공사 경남지역본부	한사랑	가스절연개폐기 점검공정 개선으로 고장정전 건수 감소
	한국남동발전㈜ 분당발전본부	하나로	보일러 증기생산 공정 개선으로 미세먼지 배출농도 저감
사무간접	해군군수사령부 보급창	단지모	신선 식자재 물류방법 개선으로 급식만족도 향상
	한국동서발전㈜ 동해바이오화력본부	스마일	임시출입자 출입관리 프로세스 개선으로 출입 소요시간 단축

부 문	회사명	분임조명	주제
사무간접	한국동서발전㈜ 울산화력본부	온새미로	발전연료 운영프로세스 지원으로 저장비용 절감
	현대삼호중공업㈜	이글스	컨테이너선 화물창용통풍의장 설계 개선으로 생산공수 절감
	한국수력원자력㈜ 한울원자력본부	잠망경	운전원 정보검색 프로세스 개선으로 업무 만족도 향상
	금호타이어㈜ 광주공장	찰떡궁합	타이어 설비자재 관리 프로세스 개선으로 재고에러율 감소
	육군 제7201부대	화기애애	군수품 보급지원 프로세스 개선으로 입·출고시간 단축
	비나텍㈜	G-ONE	기업문화 참여 운영방법 개선으로 직원 참여율 향상
	㈜문창	최선	고객 관리 프로세스 개선으로 고객불만 감소
	삼표기초소재㈜ 당진슬래그공장	무지개	철 스크랩 분석방법 개선으로 고객 불만족률 감소
	코스모신소재㈜ 충주지점	번개	전력관리 프로세스 개선으로 소비전력 손실량 감소
상생협력	한국남부발전㈜ 삼척발전본부	청신호+꿈웃사	중기세정 순수 생산공정 개선으로 고장시간 감소
	한국철도시설공단	Railway CF Team+하이테크	공단-중소기업 상생협력으로 인니 자카르타 LRT 사업 수주
	SK머티리얼즈㈜	START+BC	세정가스 가압공정 개선으로 고장건수 감소
	금호타이어㈜ 광주공장	연합+세은	UHP 성형설비 상생협력 활동으로 성능 부적합품률 감소
	한국전력공사 제주지역본부	전력투구+ 천지개벽	HVDC 전력설비 개선으로 수전량 증대
	㈜한솔홈데코 익산공장	런닝맨+킹콩	MDF 설비개선으로 반점 부적합품 감소
	코오롱인더스트리㈜ 구미공장	벤처+청유	중합 칩 토출공정 상생협력 활동으로 로스율 감소
	㈜서연이화	해오름+창의+ 체인지	엑센트 도어트림 부품개선으로 갭 부적합품률 감소
환경/ 안전품질	한국남부발전㈜ 삼척발전본부	CFBC	보일러 석탄공급계통 잠재 위험요인 개선으로 위험도 감소
	한국서부발전㈜ 태안발전본부	개척자	국내최초 IGCC 발전소 맞춤형 안전 개선활동을 통한 중대 산업 사고 건수 감소
	한국남동발전㈜ 영흥발전본부	메카트로닉스	석탄 취급공정 개선으로 분진농도 저감

부 문	회사명	분임조명	주제
환경/ 안전품질	현대자동차㈜ 전주공장	봉실미산	트럭 검사공정 위험요인 제거로 아차사고 건수감소
	한국전력공사 남부건설본부	빛나라	지중전력구 철거작업 방법 개선으로 아차사고 건수 감소
	한국철도시설공단	안전119	운행선인접공사 위험요인 개선으로 철도사고 건수 감소
	해군정비창	징검다리	함정 도킹정비공정 개선으로 위험성 감소
	한국중부발전㈜ 세종발전본부	해피타임	매봉산 풍력발전기 작업위해환경 개선으로 작업위험도 감소
	한국타이어㈜ 대전공장	묘향	압출공정 개선으로 아차사고 감소
	디케이㈜	불량워즈	Door공정 안전사고 잠재요인 개선으로 아차사고 건수 감소
	무림P&P㈜	싹쓸이	자재입고공정 안전 유해인자 개선으로 잠재사고건수 감소
	㈜라이온켐텍	세이프	작업장 위험요소 개선으로 안전 불감증사고 감소
	우진환경개발㈜	활주로	슬러지 처리공정 개선으로 신재생에너지 생산량 증대
자유형식 (TRIZ포함)	㈜엔비스 용인공장	동그라미	싱크대 몸체 제조공정 개선으로 고객불만율 감소
	정진테크	해안누리	하우징 케리어 가공공정 개선으로 시간 단축
	한국전력공사 강원지역본부	POWER R4	전기요금 수금 Process 개선으로 체지미수금액 감소
	한국수력원자력㈜ 고리원자력본부	ROOT	발전 정비 작업준비 공정 개선으로 작업준비시간 단축
	한국남부발전㈜ 하동발전본부	VIVA	보일러 통풍계통 공정 개선으로 공기예열기 차압 안정화
	한국전력공사 거제지사	거제사랑	고압전선 시공방법 개선으로 고장정전 건수 감소
	한국동서발전㈜ 일산화력본부	바람돌이	가스터빈 발전설비 개선으로 기동 초과시간 단축
	한국서부발전㈜ 평택발전본부	상록수	탈황설비 신뢰성향상으로 비계획 정지시간 감소
	현대중공업㈜	오뚜기	Socket Nozzle 홀 가공방법 개선으로 생산성 향상
	금호타이어㈜ 광주공장	태평양A	PCR 가황공정 개선으로 설비 정지시간 감소
	코오롱인더스트리㈜ 김천1공장	POLY	PET CHIP 가공공정 설비 개선으로 정비횟수 감소

부 문	회사명	분임조명	주제
자유형식 (TRIZ포함)	로버트보쉬코리아(유)	불만제로	플랜지 용접공정 개선을 통한 부적합품률 감소
	㈜풍산 울산사업장	전진	4000톤 프레스 공정 개선으로 부적합품률 감소
	디케이㈜	우리함께	세탁기 시밍공정 개선으로 부적합품률 감소
6시그마	해군 제3함대 3수리창	거친파도	함정 상가 하중분배 작업공정 개선으로 상가능력 향상
	한국남동발전㈜ 영흥발전본부	나비효과	탈황 열교환기 운영 개선으로 발전출력손실시간 단축
	한국동서발전㈜ 울산화력본부	돌고래	울산기력 4호기 공정개선을 통한 미세먼지 배출 저감
	㈜LG화학 대산공장	플러스	물류창고 RGV 가동율 향상으로 제품 출하 지연시간 단축
	한국타이어㈜ 대전공장	한마루	Mold 온도 관리방법 개선으로 미가류 부적합품 감소
설비	한국남동발전㈜ 영동에코발전본부	TOP	창의를 품은 TPM 활동으로 설비종합효율 향상
	금호타이어㈜ 곡성공장	구회말	창의적인 TPM 활동으로 설비고장시간 감소
	금호타이어㈜ 평택공장	시나브로	참신 TPM활동으로 설비종합효율 향상
	성신양회㈜ 단양공장	샛별	S-TPM 특화 활동을 통한 소성 설비종합효율 향상
	경창산업㈜	어울림	낭비제로 BCF-TPM활동으로 설비종합효율 향상
제안사례	한국동서발전㈜ 동해바이오화력본부	심창섭	유동층보일러 공기노즐 구조 개선으로 교체시간 단축
	한국전력공사 양산지사	김영배	배전설비 식별표시 관리공정 개선으로 표시찰 교체수량 감소
	기아자동차㈜ 소하리공장	조재홍	프라이드 프론트도어 이송공정 개선으로 부적합품률 감소
	한국타이어㈜ 대전공장	윤평섭	1차 성형공정 개선으로 준비/교체 Loss 감수
보전경영	한국남동발전㈜ 영동에코발전본부	명품	4High&Eco 보전경영 활동으로 발전손실량 감소
	부산교통공사	무한궤도	STEP PLUS 보전경영 활동으로 전동차 종합효율 향상
	한국남동발전㈜ 영흥발전본부	하이브리드	스마트 보전경영 통합시스템 구축으로 비계획손실 방지
서비스	금호리조트㈜ 제주	아랑조을	쓰레기 배출 프로세스 개선활동으로 쓰레기 배출량 감소

부 문	회사명	분임조명	주제
창의개선 (Cop)	육군종합정비창	황금손	T. O. P 학습을 통한 유압조절기 단품시험기 재설계
창의개선 (연구)	한국남부발전㈜ 하동발전본부	Clean-Q	고압차단기 진단시스템 개발로 진단시간 단축
	㈜LG화학 대산공장	꿀벌	범용 합성고무 제조공정 혁신으로 최적 원단위 설계
창의개선 (운영)	육군종합정비창	스마트	변화와 혁신의 주역이 되기까지

2 / STEP 2 : 활동 계획 수립 단계

2.1 활동 계획 수립이란?

주제를 선정하는 과정을 통해서 분임조원들은 그동안의 경험과 기술지식 등을 고려하여 주제를 해결하는 데 어느 정도 기간 동안 활동을 해야 완료될지 개략적으로 추정하는 것이 가능하기 때문에 활동 계획은 주제 선정의 다음 단계에서 수립한다.

주제를 해결하기 위한 활동의 단계는 대부분 QC-Story(품질 관리 전개 이야기)전개 방식을 따르고 있으며, 이는 주제 선정부터 시작하여 활동 계획 수립, 현상 파악, 원인 분석, 목표 설정, 대책(안) 수립, 대책 실시, 효과 파악, 재발 방지 및 표준화 등의 기본 단계로 이루어져 있다.

분임조에 따라서는 QC-Story의 기본 단계를 통합하여 축소하거나 좀 더 세분화하여 확대하는 경우도 있다.

따라서 활동 계획 수립은 각각 단계마다의 추진 일정, 추진 시의 활용 기법 및 추진 담당자를 선정하는 것으로, 이 중에서도 추진 일정의 결정이 가장 중요하다. 왜냐하면 일정 계획을 너무 짧게 세우면 활동 시간이 부족하여 일정이 지연될 수 있으며, 반대로 너무 길게 세우면 추진 시에 집중력이 분산되어 자칫하면 시간이 지날수록 참여도가 떨어질 수 있기 때문이다.

그리고 일정 기간을 정할 때 가장 오래 걸리는 단계는 대부분 대책(안)수립 및 대책 실시이며, 대책을 실시하여 한 번만에 성과를 얻는 경우도 있다. 하지만 어떤 경우에는 목표로 한 성과를 얻을 수가 없어서 또 다른 대책안을 수립하여 대책 실시를 다시 하는 경우도 발생될 수 있으니 일정 수립 시에 주의하여야 한다.

활동 계획 수립 시에는 주로 간트 차트 작성 방법을 따르고 있다. 활동 기간은 대부분의 분임조가 3~6개월 정도에 완료할 수 있도록 세우는 것이 보통이다.

2.2 활동 계획 수립의 의의

❖ 선정된 주제를 해결하기 위하여 전체 활동 단계를 선정하고 단계별로 소요되는 기간, 사용 기법 및 분임조원별 업무 분장 등을 수립하는 단계

    – 활동 단계의 수립은 주로 QC-Story법을 이용하는데 이는 PDCA 사이클 즉, Plan(계획), Do(실시), Check(점검) 및 Action(조처)을 의미한다.

    – 분임조의 수준에 따라서 QC-Story 단계의 수를 통합 또는 세분화하여 활용한다.

2.3 활동 계획 수립 절차

절 차 (FLOW)	주 요 내 용	결과물 (Output)
활동 단계 선정	• QC-Story법에서 제시하는 단계를 참조하여 활동 단계를 선정 • 활동 단계를 통합 또는 세분화하더라도 문제 해결 과정에서 필요한 내용은 반드시 포함	–
단계별 활동 기간 선정	• 주제의 난이도나 복잡도 등이 활동 기간에 영향을 주며 가능한 4~6개월 내에 완료할 수 있도록 정하는 것이 바람직함 • 대부분 대책 수립 및 실시 단계가 가장 많이 소요되나 합리적인 업무 분장을 통해 줄일 수 있음	–
단계별 활용 기법 및 담당자 선정	• 활동 단계별로 업무 분장을 실시하여 분임조원이 사전에 준비를 하거나 책임감을 갖도록 하여야 함 • 단계별로 활용하고자 하는 기법을 선정	–
활동 계획서 작성	• 단계별 활동 기간, 담당자 및 활용 기법을 결정한 후 간트 차트로 계획서를 작성	–
활동 계획서 검토 및 확정	• 작성된 활동 계획서에 대해서 회합을 통하여 단계별 활동 기간, 담당자 및 활용 기법의 선정이 합리적인지를 검토하고 필요 시 수정 후 확정하고 전원이 숙지하도록 함	• 활동 계획서

2.4 활동 계획 수립 포인트

주제가 선정되고 목표가 정해지면 문제 해결을 위한 활동 계획을 세부적으로 수립하여 추진하도록 한다. 활동 계획의 수립 방법은 다음과 같다.

1) 5W1H를 결정한다.

활동 계획은 6하원칙에 의거, 세밀하게 작성되어야 일정 내에 소기의 성과를 얻을 수 있다.

- Who(누가) ····················· 담당자 결정
- What(무엇을) ··············· 조사 분석 대상
- When(언제까지) ··········· 기한을 명확하게 확정
- How(어떻게) ················· 조사 분석 방법
- Where(어디서) ············· 자료 수집할 곳
- Why(왜) ························ 활동 목적을 분명하게 명시

2) 전원이 검토하고, 이해하고, 추진한다.

어느 특정인만이 의견을 제시하고 계획을 세우는 것은 전원 참여의 그룹 활동이라 할 수 없다. 전원이 검토하고 이해해야만 전원이 그룹 활동을 추진할 수 있다.

즉, 전원이 생각하고 검토하면 보다 쉽게 좋은 계획을 수립할 수 있다.

3) 1인 1역 전담제 실시

조원이 많아 한 가지 과제를 두 사람이 공동 분담하게 되면 '내가 하지 않아도 저 사람이 하겠지'하고 서로 미루어 일정 내에 끝내지 못하고 전체적인 분임조활동을 지연시키는 결과를 초래하게 된다. 자기 성장, 자기 계발을 위해서도 비록 사소한 일이라도 전원이 분담하는 것이 중요하다.

◐ 6하원칙에 의한 활동 계획의 수립

누가 (Who)	• 누가 하는가 • 누가 하고 있는가 • 누가 하는 것이 좋은가 • 누군가 이밖에 할 수 있는 사람은 없는가 • 누군가 이밖에 해야 할 사람은 없는가 • 누가 무리, 불균형, 낭비를 하고 있지 않은가
무엇을 (What)	• 무엇을 하는가 • 무엇을 하고 있는가 • 무엇을 하는 것이 좋은가 • 무엇인가 이밖에 할 수 있는 사항은 없는가 • 무엇인가 무리, 불균형, 낭비를 하고 있지 않은가
어디서 (Where)	• 어디서 하는가 • 어디서 하고 있는가 • 어디서 하는 것이 좋은가 • 어딘가 다른 곳에서 할 수 있는 곳은 없는가 • 어딘가 달리 해야 할 곳은 없는가 • 어딘가 무리, 불균형, 낭비를 하고 있지 않은가
언제 (When)	• 언제 하는가 • 언제 하고 있는가 • 언제 하는 것이 좋은가 • 언제 이밖에 할 수 있는 시간은 없는가 • 언제 이밖에 해야 할 시간은 없는가 • 시간에 무리, 불균형, 낭비를 하고 있지 않은가
왜 (Why)	• 왜 그 사람이 하는가 • 왜 그 일을 하는가 • 왜 거기서 하는가 • 왜 그때 하는가 • 사고방식에 무리, 불균형, 낭비를 하고 있지 않은가
어떻게 (How)	• 어떻게 하는가 • 어떻게 하고 있는가 • 어떻게 하는 것이 좋은가 • 다른 곳에 그 방법을 쓸 수 없는가 • 무언가 달리 해야 할 방법은 없는가 • 방법에 무리, 불균형, 낭비를 하고 있지 않은가

3 / STEP 3 : 현상 파악 단계

3.1 현상 파악이란?

주제를 해결하기 위해서는 주제에 영향을 주고 있는 것이 무엇인지를 찾아내는 것이 중요하다. 즉, 주제를 선정할 때 제시한 근거 자료는 여러 가지 결과가 모여서 이루어진 데이터이다.

예를 들면 주제로 '부적합품률을 감소하자'라고 했다면 부적합품률에 영향을 미치는 것은 부적합 항목들이 각각 얼마만큼 발생이 되었느냐에 따라 달라진다. 특히 어느 부적합 항목이 가장 많이 발생하는지 알아야 이를 최소화시키기 위한 원인 분석 대상 항목의 선정과 원인 분석 및 대책 수립이 가능하다.

즉, 부적합 항목별로 부적합품이 얼마나 발생되는지 과거부터 현재까지의 데이터를 수집하여 분석하는 것이 바로 현상 파악이다.

또한 주제에서 부적합품으로 인하여 발생되는 재작업 및 재검사 비용, 생산성 감소는 물론 그로 인하여 불필요하게 잔업이나 특근이 많아졌다면, 그 추이는 어느 정도인지를 파악하는 것도 현상 파악의 한 부분이라고 할 수 있다.

현상 파악 시에 주로 사용되는 기법으로서는 히스토그램, 파레토도 및 관리도 등이 많이 사용되고 있다. 특히 파레토도의 경우에는 원인 분석 대상 항목을 선정할 때 상당히 편리한 기법이다.

이렇게 현상 파악 단계에서 확인된 항목별 데이터(자료=현상치)는 원인 분석 이후 딘계에서 추진되는 목표 설정 단계에서 목표 설정 항목으로 활용될 수 있다.

따라서 현상 파악을 제대로 해야만 나중에 목표 설정을 위한 항목 선정과 목표치를 합리적으로 제시할 수 있다.

이상의 설명에서 알 수 있듯이 주제 선정 시에 제시된 근거 자료와 현상 파악 단계에서 확인된 근거 자료가 일부는 같으나 완전히 같을 수는 없다. 주제에서 제시된 근거 자료를 좀 더 분석하여 연관성이 있는 다수의 직·간접적인 근거 자료를 찾아내야 된다는 것이 현상 파악이며 이것이 차이점이라고 할 수 있다.

3.2 현상 파악의 의의

❖ 선정된 주제로 인하여 나타나고 있는 여러 종류의 문제점을 정량적으로 파악하여 주제를 해결하는 데 있어서 가장 큰 영향을 미치는 항목이 무엇인지를 알아보기 위한 단계
  - 원인 분석의 대상을 선정하기 위한 목적으로 활용
  - 향후 원인 분석 단계 이후에 주제의 달성 목표 설정할 때 근거 데이터로 활용

3.3 현상 파악 절차

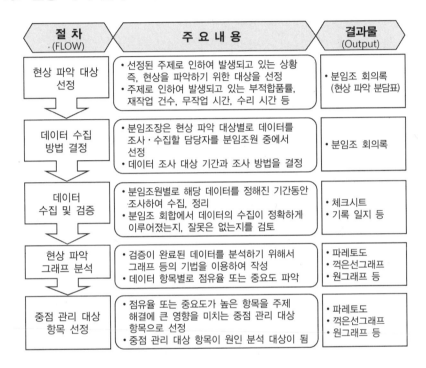

절 차 ·(FLOW)	주 요 내 용	결과물 (Output)
현상 파악 대상 선정	• 선정된 주제로 인하여 발생되고 있는 상황 즉, 현상을 파악하기 위한 대상을 선정 • 주제로 인하여 발생되고 있는 부적합품률, 재작업 건수, 무작업 시간, 수리 시간 등	• 분임조 회의록 (현상 파악 분담표)
데이터 수집 방법 결정	• 분임조장은 현상 파악 대상별로 데이터를 조사·수집할 담당자를 분임조원 중에서 선정 • 데이터 조사 대상 기간과 조사 방법을 결정	• 분임조 회의록
데이터 수집 및 검증	• 분임조원별로 해당 데이터를 정해진 기간동안 조사하여 수집, 정리 • 분임조 회합에서 데이터의 수집이 정확하게 이루어졌는지, 잘못은 없는지를 검토	• 체크시트 • 기록 일지 등
현상 파악 그래프 분석	• 검증이 완료된 데이터를 분석하기 위해서 그래프 등의 기법을 이용하여 작성 • 데이터 항목별로 점유율 또는 중요도 파악	• 파레토도 • 꺾은선그래프 • 원그래프 등
중점 관리 대상 항목 선정	• 점유율 또는 중요도가 높은 항목을 주제 해결에 큰 영향을 미치는 중점 관리 대상 항목으로 선정 • 중점 관리 대상 항목이 원인 분석 대상이 됨	• 파레토도 • 꺾은선그래프 • 원그래프 등

3.4 현상 파악 포인트

3.4.1 현상 파악 사고방식

- 모든 것을 데이터로 말하는 습관을 기른다.
- 움직임(동작)을 관찰해 본다.
- 전체적으로 넓게 관찰한다.
- 데이터와 현상 배경을 잘 본다.
- 분석 결과는 도표화한다.

3.4.2 올바른 데이터 취하는 방법

- 특성값을 명확히 한다.
- 여러 각도에서 층별한 데이터를 잡는다.
- 데이터를 잡는 기간을 적절하게 잡는다.
- 데이터의 이력을 기록한다.

3.4.3 현상 파악 방법

1) 다음의 4항목을 철저히 조사한다.
   - 시간별 : 시간대별 / 오전, 오후 / 요일별 / 월초, 중순, 하순
   - 장소별 : 상하 / 좌우 / 전후
   - 형상별 : 어떠한 형상으로 나타나는지
   - 기종별 : 기종별 부적합품 발생 상태를 철저히 조사한다.

2) 상기 4항목 외 다른 원인에 대해서도 철저히 조사한다.

3) 조사 방법에 주의한다.
   - 분석 방법
     a. 정성적 분석 : 3시에 부적합품이 많다.
     b. 정량적 분석 : 3시에 부적합품률이 3%로 가장 많다.

4) 현장과 현물에서 현실적으로 관찰한다.

5) 가능한 층별한다.

4 / STEP 4 : 원인 분석 단계

4.1 원인 분석이란?

현상 파악 단계에서 선정된 원인 분석 대상 항목(들)에 대해서 근본적인 원인을 찾아내는 단계이다.

여러 원인이 있을 수 있으나 대부분 사람에 의한 것, 기계(설비, 장비, 지그 등)에 의한 것, 방법(작업 방법 또는 서비스 방법 등)에 의한 것과 원재료(부품, 원자재, 부자재 및 서비스 상품 등)에 의한 것으로 크게 구분할 수 있다. 여기에 해당되는 세부 원인들을 분임조원이 회합을 통하여 찾아내는 것을 말한다.

아울러 원인 분석 시에는 근본 원인을 찾아내야 문제를 해결할 수 있는 대책(안)을 마련할 수 있으므로 원인으로 찾아낸 것이 정말로 근본적인 원인인지를 확인하여야 한다.

만약에 근본 원인이 아닌 것을 가지고 대책(안)을 세워서 이를 실시하면 일정 기간 동안 성과가 있다고 하더라도 이는 임시 대책일 가능성이 많아서 곧 처음과 같은 현상으로 돌아갈 수 있다.

따라서 항구적인 대책을 세우기 위해서는 근본 원인이 밝혀져야 한다. 일본의 도요타자동차의 경우 근본 원인을 찾기 위하여 '왜?'를 다섯 번 반문하면 모든 문제의 근본 원인을 찾아낼 수 있다는 의미에서 5Why 기법을 운영하여 문제의 해결에 많은 성과를 얻고 있다는 것을 명심할 필요가 있다.

대부분의 분임조에서 원인 분석을 하기 위해서 특성요인도를 많이 활용하는데, 근본적인 원인을 도출하기 위해서는 많은 원인을 찾아내야 한다.

이때 좀 더 쉽게 많은 원인을 찾아낼 수 있는 방법으로 참고할 점은 처음부터 특성요인도를 작성하지 말고, 원인 분석 항목에 대해서 자유롭게 토론을 하여 원인을 모두 찾아내는 것이다. 그리고 이를 비슷한 것끼리 그룹핑(모으는 것)하는 기법인 친화도법에 의거하여 대분류, 중분류, 소분류, 세분류 및 세세분류로 원인들을 모은 후 특성요인도에 옮겨 놓는 것도 하나의 방법이 될 수 있다.

특성요인도가 완성이 되었으면 특성(원인 분석 대상 항목)을 만족시키는 요인들 중에서 가장 중요하다고 생각되는 주요 요인을 선정하고 계통도를 활용하여 주요 요인 계통도를 작성한다.

주요 요인들 중에서 대책(안)의 수립이 필요한 요인은 다시 평가를 통해서 선정되며 목표 수립 단계 이후에 대책(안)의 수립 대상 요인으로 활용한다.

4.2 원인 분석의 의의

❖ 현상 파악 단계에서 선정된 중점 관리 항목에 대해서 근본적인 원인의 추구 또는 수단이나 방법을 강구하기 위하여 분석하는 단계
- 원인 분석의 단계는 활동 단계 중에서 가장 중요한 단계에 해당되므로 근본적인 원인 또는 수단을 강구하여야만 주제의 해결을 위한 유효한 대책의 수립이 가능하다.
- 원인 분석 시에는 필요할 때 소속 부서의 팀장이나 관련 부서의 전문가의 참여를 고려한다.

4.3 원인 분석 절차

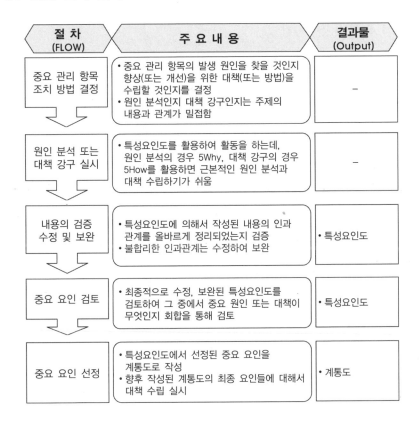

절 차 (FLOW)	주 요 내 용	결과물 (Output)
중요 관리 항목 조치 방법 결정	• 중요 관리 항목의 발생 원인을 찾을 것인지 향상(또는 개선)을 위한 대책(또는 방법)을 수립할 것인지를 결정 • 원인 분석인지 대책 강구인지는 주제의 내용과 관계가 밀접함	–
원인 분석 또는 대책 강구 실시	• 특성요인도를 활용하여 활동을 하는데, 원인 분석의 경우 5Why, 대책 강구의 경우 5How를 활용하면 근본적인 원인 분석과 대책 수립하기가 쉬움	–
내용의 검증 수정 및 보완	• 특성요인도에 의해서 작성된 내용의 인과 관계를 올바르게 정리되었는지 검증 • 불합리한 인과관계는 수정하여 보완	• 특성요인도
중요 요인 검토	• 최종적으로 수정, 보완된 특성요인도를 검토하여 그 중에서 중요 원인 또는 대책이 무엇인지 회합을 통해 검토	• 특성요인도
중요 요인 선정	• 특성요인도에서 선정된 중요 요인을 계통도로 작성 • 향후 작성된 계통도의 최종 요인들에 대해서 대책 수립 실시	• 계통도

4.4 원인 분석 포인트

4.4.1 원인 분석 방법

1) 진실 원인을 추구한다.

2) 중지를 모아 특성요인도를 작성한다.
   - 특성과 요인의 관계를 명확히 한다.
   - 아이디어는 근본 원인이 도출될 때까지 발굴한다.
   - 필요한 관계자 전원이 모여서 4M1E를 충분히 검토한다.

3) 진실 원인의 후보를 결정한다.

4) 진실 원인의 후보 중 영향이 큰 항목을 중점 요인으로 선정한다.

5) 필요 시 계통도로 재정리해 본다.

4.4.2 원인 분석 시 핵심 사항

1) 왜를 5회(5Why) 반복하여 핵심 원인을 찾는다.

2) 영역을 벗어나는 범위로 확대하지 않는다.

3) 추상적인 원인보다는 구체적인 원인을 추구한다.

4) 중요 원인이 누락되지 않도록 다각도로 조사한다.

5 / STEP 5 : 목표 설정 단계

5.1 목표 설정이란?

원인 분석 단계를 통해 주요 요인이 선정되었다. 이러한 주요 요인에 대해서 앞으로 대책(안)을 수립하여 실시하면 현상 파악 단계에서 분석된 항목별로 발생되는 현상치를 어느 정도로 개선할 수 있는지 분임조원의 경험과 기술 지식 등에 의해서 설정하는 단계가 목표 설정 단계이다.

이렇게 하기 위해서는 먼저 항목별로 주요 개선 수단을 검토하여야하며, 이를 통해서 목표 설정 시의 근거를 도출하여 제시하는 것이 필요하다.

목표 설정 시에 고려해야 될 사항은 목표를 너무 높게 설정하거나반대로 너무 낮게 설정하지 말아야 한다는 것이다.

즉, 너무 높으면 활동 완료 후의 효과인 실적치가 설령 좋더라도상대적으로 낮게 평가되어 전체적인 활동의 목표 달성도가 낮게 평가될 수 있다. 그리고 분임조원이 달성 불가능한 목표로 인식하여 분임조활동에 소극적이거나 의욕을 잃을 수 있다.

반대로 너무 낮으면 약간의 실적치만 나오더라도 전체적인 달성도가 높게 나올 수 있으므로 가장 좋은 대책을 강구하려고 노력하지 않을 가능성도 있다.

따라서 목표는 분임조원의 해결 능력에 약간의 도전 의식을 가미할수 있는 정도로 설정하는 것이 바람직하다.

5.2 목표 설정의 의의

❖ 목표 설정 단계에서는 대책 수립 이후부터의 활동을 통하여 주제에
대한 현상 파악 시에 파악된 중점 관리 대상 항목의 현상치(실적값)
를 앞으로 얼마나 개선 가능한지 회합으로 검토하여 설정하는 단계
- 대책 수립 및 실시를 하지 않은 범위에서 목표를 설정하는 것이
지만 분임조원의 그동안의 경험과 노하우에 의해서 가능성을
고려하여 예상 목표를 설정하여야 한다.
- 목표치 설정 시에는 부서 방침, 회사 방침 또는 분임조원의 도
전의식을 고려하여 설정하는 것이 바람직하다.

5.3 목표 설정 절차

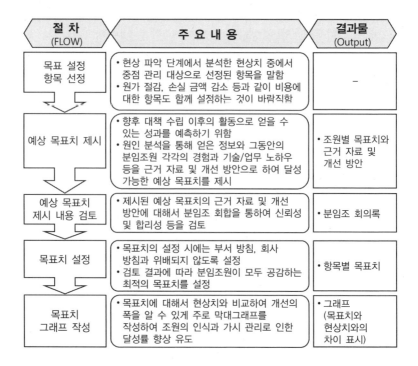

절 차 (FLOW)	주 요 내 용	결과물 (Output)
목표 설정 항목 선정	• 현상 파악 단계에서 분석한 현상치 중에서 중점 관리 대상으로 선정된 항목을 말함 • 원가 절감, 손실 금액 감소 등과 같이 비용에 대한 항목도 함께 설정하는 것이 바람직함	−
예상 목표치 제시	• 향후 대책 수립 이후의 활동으로 얻을 수 있는 성과를 예측하기 위함 • 원인 분석을 통해 얻은 정보와 그동안의 분임조원 각각의 경험과 기술/업무 노하우 등을 근거 자료 및 개선 방안으로 하여 달성 가능한 예상 목표치를 제시	• 조원별 목표치와 근거 자료 및 개선 방안
예상 목표치 제시 내용 검토	• 제시된 예상 목표치의 근거 자료 및 개선 방안에 대해서 분임조 회합을 통하여 신뢰성 및 합리성 등을 검토	• 분임조 회의록
목표치 설정	• 목표치의 설정 시에는 부서 방침, 회사 방침과 위배되지 않도록 설정 • 검토 결과에 따라 분임조원이 모두 공감하는 최적의 목표치를 설정	• 항목별 목표치
목표치 그래프 작성	• 목표치에 대해서 현상치와 비교하여 개선의 폭을 알 수 있게 주로 막대그래프를 작성하여 조원의 인식과 가시 관리로 인한 달성률 향상 유도	• 그래프 (목표치와 현상치와의 차이 표시)

5.4 목표 설정 포인트

5.4.1 좋은 목표의 조건

1) 달성될 수 있고 결과 확인이 가능한 내용
2) 목표 달성의 노력에 비해 기대효과가 크고 절실감이 있을 것
3) 상하 수평 간의 관계와 전체 목표와의 관계가 고려된 것

5.4.2 목표의 3요소 및 목표 설정 방법

1) 무엇을, 언제까지, 얼마만큼
2) 현상을 조사한다.
3) 목표치와 달성 기일을 명확히 한다.
4) 목표 설정의 배경을 명확히 한다.

5.4.3 목표 설정 요령

1) 간단 명료한 목표 설정
2) 분임조 수준에 맞는 목표 설정
3) 구체적이고 측정 가능한 목표 설정
4) 도전 의욕이 생기는 약간 높은 목표를 정한다.
5) 목표를 달성했을 때의 예상 효과를 가능한 명확히 밝힌다.
6) 목표값을 수치로 나타내기 어려운 경우에는 대용 특성을 찾거나
   수치화를 연구한다.

6 / STEP 6 : 대책 수립 단계

6.1 대책 수립이란?

원인 분석 단계에서 대책 수립이 필요한 것으로 평가되어 선정된 주요 요인에 대해서 개선 수단이나 방법을 강구하는 단계이다.

원인 분석과 마찬가지로 주요 요인이 해결되어 목표가 달성되고 재발을 방지할 수 있도록 궁극적인 수단이나 방법을 강구하여야 하며, 이것들에 대한 평가를 통해서 최종적인 대책이 선정되는 것이다.

대책(안)으로 제시된 여러 수단과 방법 중에서 최종적으로 실시하게 되는 대책의 선정은 주요 요인의 선정과 마찬가지로 적합한 평가 항목을 선정하여 분임조원 전원의 참여에 의해서 평가하여 선정하는 것이 바람직하다.

또한 대책(안) 선정 시에 고가의 설비 구입이나 인원의 충원 등과 같이 많은 투자가 수반되는 대책의 경우에는 최고경영자의 승인을 얻기까지 오랜 시간이 걸릴 수도 있고 승인이 되지 않을 수도 있다. 이 경우, 대책의 선정으로 부적절할 수 있으므로 잘 고려하여야 한다.

따라서 대책 선정 시에는 분임조원의 노력으로 실시가 가능하거나 약간의 투자를 요구하는 대책(안) 중에서 선정하는 것이 바람직하다.

물론 많은 투자를 수반하는 대책(안)의 경우에는 설비팀이나 기획팀 등에 내용을 전달하여 중장기 계획에 의해서 수행되도록 할 필요가 있다.

6.2 대책 수립의 의의

❖ 대책 수립 단계는 원인 분석 시에 선정된 주요 요인에 대해서 개선 대책을 제시하고, 이를 평가 항목에 따라 평가하여 최종적으로 실시할 대책을 정하는 단계
　- 분임조의 능력이나 회사의 실정을 고려하여 기간이나 비용 측면에서 실시 가능한 대책을 제시하는 것이 중요하다.
　- 분임조원 전원이 공감하고 참여할 수 있는 대책의 선정 및 실시, 일정 계획의 수립이 필요하다.

6.3 대책 수립 절차

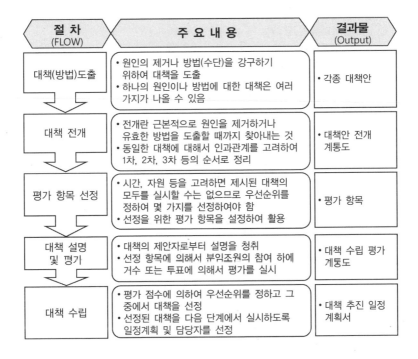

절 차 (FLOW)	주 요 내 용	결과물 (Output)
대책(방법)도출	• 원인의 제거나 방법(수단)을 강구하기 위하여 대책을 도출 • 하나의 원인이나 방법에 대한 대책은 여러 가지가 나올 수 있음	• 각종 대책안
대책 전개	• 전개란 근본적으로 원인을 제거하거나 유효한 방법을 도출할 때까지 찾아내는 것 • 동일한 대책에 대해서 인과관계를 고려하여 1차, 2차, 3차 등의 순서로 정리	• 대책안 전개 계통도
평가 항목 선정	• 시간, 자원 등을 고려하면 제시된 대책의 모두를 실시할 수는 없으므로 우선순위를 정하여 몇 가지를 선정하여야 함 • 선정을 위한 평가 항목을 설정하여 활용	• 평가 항목
대책 설명 및 평기	• 대책의 제안자로부터 설명을 청취 • 선정 항목에 의해서 부임조원의 참여 하에 거수 또는 투표에 의해서 평가를 실시	• 대책 수립 평가 계통도
대책 수립	• 평가 점수에 의하여 우선순위를 정하고 그 중에서 대책을 선정 • 선정된 대책을 다음 단계에서 실시하도록 일정계획 및 담당자를 선정	• 대책 추진 일정 계획서

6.4 대책 수립 포인트

6.4.1 대책 수립 사고 방법

1) 전 분임조원의 지혜를 모은다.
2) 대책을 분류하여(자기 분임조에서 가능, 타 분임조의 협조가 필요) 처리한다.
3) 대책이 결정되면 다시 한 번 검토해 본다.
4) 경험과 지혜를 활용한다.
5) 자유분방하게 아이디어를 낸다.
6) 재발 방지 대책을 강구한다.
7) 사람에 대한 대책은 신중히 한다.

6.4.2 대책 수립 전개

1) 대책안을 짜낸다.
2) 대책안을 평가한다.
3) 대책안을 구체화한다.
4) 부작용에 주의힌다.

6.4.3 대책 수립 포인트

1) 응급 대책과 재발 방지 대책을 구분한다.
2) 모집단의 부적합품에 대한 대책을 명시한다.
   - 개선 결과를 모집단에 수평 전개한다.
3) 부작용에 주의한다.
   - 자기 부문의 부작용에 주의한다.
     ex) 부적합품은 감소되었는데 왜 원가는 상승하는가?
   - 다른 부문의 부작용에 주의한다.
     ex) 우리 부서는 편리해졌는데 선행 부서는 힘들어졌다.

7 / STEP 7 : 대책 실시 단계

7.1 대책 실시란?

채택(선정)된 대책의 실시를 위해서 6하원칙에 의한 대책 실시 계획을 세부적으로 수립하여 실시하고 결과를 분석하는 단계이다.

이 단계가 분임조활동의 모든 단계 중에서 가장 기간이 오래 걸리므로 각각의 대책 실시 사항에 대해서 담당자, 구체적인 실시 내용 및 방법, 실시 기간 등에 대해서 신중하게 계획을 수립하고 실시하여야 목표의 달성도를 높일 수 있다.

따라서 이 단계에서는 대책 실시를 다시 4단계로 구분하여 추진하는 것이 보통인데 바로 PDCA 사이클을 활용하는 것이다.

대책 실시에 대한 계획(Plan)을 세우고, 계획대로 실시(Do)하고, 실시 결과를 확인(Check)하여 주요 요인이 개선되었다면 재발 방지를 위한 표준화를 실행한다. 반대로 개선이 되지 않았다면 또 다른 대책을 수립하여 실시하도록 조처(Action)를 취하게 하는 세부 단계를 거쳐야 하는 것이다.

이와 같이 PDCA 사이클을 활용한다면 일정을 좀 더 잘 지킬 수 있으며, 목표 달성의 차질을 최소화하도록 도움을 얻을 수 있기 때문이다.

특히 중요한 것은 Do와 Check인데 먼저, Do의 경우에는 반드시 선정된 대책을 그대로 실시하여야 한다는 것이다. 즉, 대책을 실시하는 것이 현장의 상황을 고려해 볼 때 어렵다고 해서 부적절하게 실시한다면 원하는 목표를 달성하기가 어렵고, 또한 대책이 적절한지를 검증할 수도 없기 때문이다. 이럴 경우 불필요하게 또 다른 대책을 세워야 된다고 판단할 수 있으므로 주의하여야 한다.

다음으로는 Check의 경우인데 대책을 실시하여 문제점이 개선되었는지를 알기 위해서는 최소한의 기간이 소요된다. 하지만 만약에 너무 짧은 기간의 확인만으로 효과가 있다고 판단하면 장기적으로는 효과가 없는 일시적인 현상을 보고 개선되었다고 잘못 판단하는 실수를 범할 경우가 있다. 따라서 효과를 정확하게 파악하기 위한 적절한 Check 기간의 선택이 필요하다.

아울러 본 장에서는 지면 관계상 여러 가지의 대책 중에서 첫 번째 대책에 한해서 세부 대책 실시에 해당되는 PDCA 단계를 구체적으로 설명하고, 나머지 대책에 대해서는 동일한 방법으로 실시되므로 구체적인 설명은 생략하기로 한다.

7.2 대책 실시의 의의

❖ 대책 실시 단계는 대책 수립 단계에서 선정된 각각의 대책에 대해서 6하원칙에 의거, 세부 실시 계획을 주로 PDCA 사이클에 의해서 수립하여 실시하는 단계
 - 각각의 대책에 대해서 정해 놓은 기간 내에 대책을 실시하여 결과를 확인한다.
 - 확인 결과, 효과가 목표를 달성하지 않았을 때에는 추가 대책을 세워 반복하여야 하며, 그 차수는 분임조가 결정한다.

7.3 대책 실시 절차

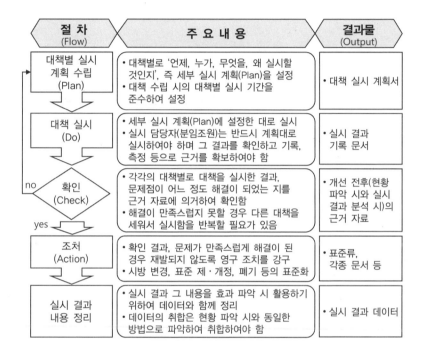

절 차 (Flow)	주 요 내 용	결과물 (Output)
대책별 실시 계획 수립 (Plan)	• 대책별로 '언제, 누가, 무엇을, 왜 실시할 것인지', 즉 세부 실시 계획(Plan)을 설정 • 대책 수립 시의 대책별 실시 기간을 준수하여 설정	• 대책 실시 계획서
대책 실시 (Do)	• 세부 실시 계획(Plan)에 설정한 대로 실시 • 실시 담당자(분임조원)는 반드시 계획대로 실시하여야 하며 그 결과를 확인하고 기록, 측정 등으로 근거를 확보하여야 함	• 실시 결과 기록 문서
확인 (Check)	• 각각의 대책별로 대책을 실시한 결과, 문제점이 어느 정도 해결이 되었는 지를 근거 자료에 의거하여 확인함 • 해결이 만족스럽지 못할 경우 다른 대책을 세워서 실시함을 반복할 필요가 있음	• 개선 전후(현황 파악 시와 실시 결과 분석 시)의 근거 자료
조처 (Action)	• 확인 결과, 문제가 만족스럽게 해결이 된 경우 재발되지 않도록 영구 조치를 강구 • 시방 변경, 표준 제·개정, 폐기 등의 표준화	• 표준류, 각종 문서 등
실시 결과 내용 정리	• 실시 결과 그 내용을 효과 파악 시 활용하기 위하여 데이터와 함께 정리 • 데이터의 취합은 현황 파악 시와 동일한 방법으로 파악하여 취합하여야 함	• 실시 결과 데이터

7.4 대책 실시 포인트

- 전 분임조원이 분담
- 5W1H에 의하여 담당자, 일정, 방법 등을 결정한다.
- 대책안을 결정한다.
- 상급자의 승인을 얻는다.
- 대책안을 실행한다.

8 / STEP 8 : 결과 분석 및 효과 파악 단계

8.1 결과 분석 및 효과 파악이란?

대책 실시가 성공적으로 완료된 이후에 목표의 달성도가 어느 정도 인지 대책 실시 전과 후의 결과를 파악한 후에 유형과 무형의 효과를 파악하는 단계이다.

결과의 파악은 대책 실시가 완료되고 난 후에 일정 기간을 정하여 대책 실시 시에 나타난 성과가 그대로 유지되는지를 확인하는 단계이다. 이 때 그 성과가 유지되지 않으면 실시한 대책은 근본적이지 않은 것이며, 성과가 유지되면 그 대책은 근본적인 것으로 효과를 기대해도 된다.

효과 파악을 하기 위해서는 보통 두 단계를 거친다. 첫 번째, 대책 실시에 따른 결과가 목표 수립 시에 제시한 각각의 목표 항목에 대해서 어느 정도로 차이가 나타났는지 똑같은 분석 방법에 의해서 비교해 보는 것이다.

두 번째, 이렇게 차이가 난 것에 대해서 금액적으로 환산해 효과를 파악하는 것이 유형 효과를 파악하는 방법이나. 이외에노 분임조활농을 통해서 지식의 습득, 분임조원 사이의 이해 증진, 문제 해결에 대한 자신감 등과 같은 무형 효과도 파악할 수 있다.

유형 효과에 대해서 좀 더 설명을 하면 대책 실시 전에 발생되었던 비용(주로 부적합에 따른 원재료 손실비, 재작업 및 재검사비 등이나 설비 고장에 따른 수선비, 교환 부품비 등)은 대개 대책 실시에 따른 개선으로 감소되었을 것이다.

물론, 이렇게 비용이 감소되기 위해서는 또 다른 투자(주로, 새로운 부품 개발비, 시험비 및 인건비 등)가 이루어지는 경우가 많으므로 절감된 차액에 해당되는 비용에서 대책 실시 시에 투입된 투자비를 차감하여 나온 금액이 유형의 효과이며, 이 때 효과는 1년간 발생하는 것으로 계산하는 것이 보통이다.

즉, 월 100만원의 효과가 대책 실시에 의해서 발생이 되는 것으로 분석되었다면 유형의 효과는 연간 1,200만 원이 발생된 것으로 간주하고 있다.

아울러, 분임조에서 분석된 유형 효과가 정확한 지 검증할 필요가 있다. 하나의 방법으로 대부분의 기업은 원가관리를 담당하는 부서가 있으므로 분임조에서 분석한 내용의 신뢰성을 확보하기 위해서 이러한 부서로부터 공식적으로 검증을 받는 과정을 거치는 것이 바람직하다고 할 수 있다.

이러한 효과가 직접적으로 기업의 경영 활동에 영향을 미치기 위해서는 분임조활동이 완료된 이후 철저한 사후관리를 통해서 지속적으로 효과가 유지되어야 한다. 하지만 실제로 현장에서는 여러 가지의 바쁜 업무로 인하여 분임조활동이 완료된 이후에는 관심을 갖지 않게 되는 경우도 많은데 반드시 주의하여야 할 사항이다.

8.2 결과 분석과 효과 파악의 의의

❖ 결과 분석의 의의는 실시된 대책의 유효성을 확인하는 것이다. 효과 파악 단계에서는 대책 실시 결과 얻은 성과를 유형적(정량적)인 효과와 무형적(정성적)인 효과를 산출하고, 특히 유형적인 효과를 검증하는 단계
- 유형적인 효과의 경우 부적합품률 감소, 재작업 감소, 수율 향상, 생산성 향상 등의 실적과 함께 이의 효과를 금액적으로 환산한 것을 의미한다.
- 무형적인 효과란 상기의 유형적인 효과 이외의 효과를 의미하는 것으로, 주로 개선 능력 향상, 통계적 기법의 활용법 향상, 분임조원 사이의 인간관계 개선 등과 같은 것이 있다.

8.3 결과 분석과 효과 파악 절차

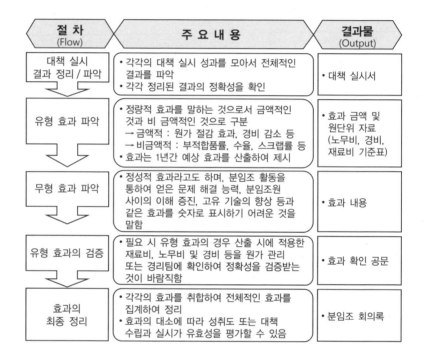

절차 (Flow)	주요 내용	결과물 (Output)
대책 실시 결과 정리 / 파악	• 각각의 대책 실시 성과를 모아서 전체적인 결과를 파악 • 각각 정리된 결과의 정확성을 확인	• 대책 실시서
유형 효과 파악	• 정량적 효과를 말하는 것으로서 금액적인 것과 비 금액적인 것으로 구분 → 금액적 : 원가 절감 효과, 경비 감소 등 → 비금액적 : 부적합품률, 수율, 스크랩률 등 • 효과는 1년간 예상 효과를 산출하여 제시	• 효과 금액 및 원단위 자료 (노무비, 경비, 재료비 기준표)
무형 효과 파악	• 정성적 효과라고도 하며, 분임조 활동을 통하여 얻은 문제 해결 능력, 분임조원 사이의 이해 증진, 고유 기술의 향상 등과 같은 효과를 숫자로 표시하기 어려운 것을 말함	• 효과 내용
유형 효과의 검증	• 필요 시 유형 효과의 경우 산출 시에 적용한 재료비, 노무비 및 경비 등을 원가 관리 또는 경리팀에 확인하여 정확성을 검증받는 것이 바람직함	• 효과 확인 공문
효과의 최종 정리	• 각각의 효과를 취합하여 전체적인 효과를 집계하여 정리 • 효과의 대소에 따라 성취도 또는 대책 수립과 실시가 유효성을 평가할 수 있음	• 분임조 회의록

8.4 결과 분석과 효과 파악 포인트

8.4.1 결과 분석

- 모든 대책이 다 적용된 이후에 파악한다.
- 적절한 데이터의 측정 기간을 선정한다.
- 데이터에 의해 확인한다.
- 현상 파악 시에 활용한 그래프(도표)와 똑같은 그래프로 비교한다.

8.4.2 효과 파악

1) 효과 파악 방법
   - 데이터에 의해 확인한다.
   - 효과를 그래프(도표)로 나타내 본다.
   - 효과가 불충분하면 재도전해 본다.
   - 효과 측정은 각 대책별로 한다.

2) 효과 파악의 원칙
   - 전체적인 관점에서 효과를 바르게 파악한다.
   - 목표값과 실적값을 비교하여 확인한다.
   - 대책에 대한 효과를 확인한다.
   - 무형 효과를 명확히 한다.
   - 파급 효과를 명확히 한다.

3) 효과 파악의 내용
   - 품질, 코스트, 능률, 수율, 재료비, 노무비, 작업 시간은 어떻게 변했는가?
   - 고객 불만을 해소하는 데 기여하였는가?
   - 팀의 산출물에 대한 고객 요구 불일치를 해소할 수 있었는가?
   - 활동 결과는 전원이 인정하고 있는가?
   - 새로운 도전 과제를 설정하는 데 도움이 되었는가?

4) 효과 파악 방법
   - 문제 제기 시점과 대응시킨다.
   - 금액으로 환산한다.
   - 기타의 효과를 표시한다.
   - 목표와의 차이에 주의한다.

9 / STEP 9 : 표준화 단계

9.1 표준화란?

대책 실시에 따른 효과가 지속적으로 유지될 수 있도록 실시한 내용을 설계 도면, QC 공정도, 작업 표준, 재료 / 제품 규격 및 검사 규격, 시험 표준, 작업(공정) 일지 등에 대해서 대책 실시 전과 차이가 나는 부분을 새롭게 바꾸는 단계이다.

새로운 기준을 적용했다면 관련 표준이나 문서를 제정(새로 만드는 것)하여야 하며, 기존의 것을 바꾸었다면 표준을 개정하여야 한다. 이는 표준의 제정이나 개정을 통해서 필요 없게 된 표준은 폐기하는 것을 말한다.

당연히 제정, 개정 및 폐기를 위해서는 회사의 표준 관리 규정에 의거 관련 부문의 심의와 전결권자의 승인을 반드시 얻어야 한다.

그리고 이렇게 표준을 제정, 개정 또는 폐기하기만 하여서는 효과가 유지될 수 없으며, 변경된 표준에 대해서 담당자 교육이나 훈련을 통해 변경된 부분을 이해하고 업무를 수행할 수 있도록 하여야 한다.

아울러 일정 기간 동안 제대로 준수하고 있는지를 관리 감독자가 확인하는 것도 필요하다. 이렇게 해야 효과가 지속적으로 유지될 수 있다. 또한 표준화는 적용하는 시점이 중요하므로 가능한 빠른 시간 내에 적용할 수 있도록 하여야 한다.

다시 한번 강조하지만 표준화 및 준수 여부에 따라서 효과가 지속될 수 있는지 없는지를 결정하므로 표준화 단계는 중요하게 다루어져야 한다.

9.2 재발 방지 / 표준화의 의의

❖ 표준화를 통한 재발 방지 내용이 준수되어 지속적으로 효과가 유지
   될 수 있도록 활동 완료 이후에 관리의 정착화를 위한 관리 계획을
   수립하는 단계
   – 대책 실시 내용을 도면에 반영, 작업 표준이나 각종 표준에 반
     영하여 이를 준수하게 하는 것을 의미한다.

9.3 재발 방지 / 표준화 절차

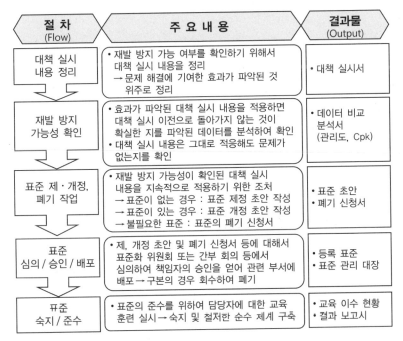

절 차 (Flow)	주 요 내 용	결과물 (Output)

대책 실시
내용 정리
	• 재발 방지 가능 여부를 확인하기 위해서
	  대책 실시 내용을 정리
	  → 문제 해결에 기여한 효과가 파악된 것
	    위주로 정리
		• 대책 실시서

재발 방지
가능성 확인
	• 효과가 파악된 대책 실시 내용을 적용하면
	  대책 실시 이전으로 돌아가지 않는 것이
	  확실한 지를 파악된 데이터를 분석하여 확인
	• 대책 실시 내용은 그대로 적응해도 문제가
	  없는지를 확인
		• 데이터 비교
		  분석서
		  (관리도, Cpk)

표준 제·개정,
폐기 작업
	• 재발 방지 가능성이 확인된 대책 실시
	  내용을 지속적으로 적용하기 위한 조처
	  → 표준이 없는 경우 : 표준 제정 초안 작성
	  → 표준이 있는 경우 : 표준 개정 초안 작성
	  → 불필요한 표준 : 표준의 폐기 신청서
		• 표준 초안
		• 폐기 신청서

표준
심의 / 승인 / 배포
	• 제, 개정 초안 및 폐기 신청서 등에 대해서
	  표준화 위원회 또는 간부 회의 등에서
	  심의하여 책임자의 승인을 얻어 관련 부서에
	  배포 → 구본의 경우 회수하여 폐기
		• 등록 표준
		• 표준 관리 대장

규준 숙지 / 준수	• 표준의 준수를 위하여 담당자에 대한 교육 훈련 실시 → 숙지 및 절저한 순수 제계 구축	• 교육 이수 현황 • 결과 보고서

* 참고 : 위의 표준의 의미는 작업 표준, 부품 / 재료 규격 및 검사 규격 등의 지침
  서와 규정, 규칙 등의 절차서, 도면 및 양식 모두를 포함

9.4 표준화 포인트

- 5W1H에 의거하여 누구나 준수할 수 있는 표준을 만든다.
- 제정, 개정, 폐지의 서류상 수속을 명확히 한다.
- 관계 부문에 연락을 철저히 한다.
- 확인 방식을 결정한다.
- 교육 훈련을 실시한다.
- 철저한 유지 관리를 위한 관리 체계를 명확히 한다.
- 표준화된 사항을 정기적으로 체크한다.
- 이상 발생 시 근본적인 원인 도출을 추구한다.

10 STEP 10 : 사후 관리 단계

10.1 사후 관리란?

대책 실시 결과, 효과가 확인된 대책에 대해서는 앞 단계에서 표준화를 통한 재발 방지를 추진하였다. 이제 표준화 효과가 그대로 유지되는지를 일정 기간 동안 확인하는 것이 필요하다.

왜냐하면 첫째, 대책 실시 기간 중에 전혀 예기치 못했던 사항들이 발생되어 대책 실시에 따른 효과가 줄어들거나 심지어는 대책 실시 전보다도 오히려 더 나빠질 수도 있기 때문이다. 둘째, 생산 작업자는 습관상 대책 실시 전의 방법에 모든 것이 익숙해져 있기 때문에 무의식적으로 과거에 하던 방식대로 작업할 수도 있으므로 사후 관리가 필요하다. 즉, 대책 실시에 따른 효과가 지속적으로 유지될 수 있도록 하기 위해서 사후 관리는 반드시 실행되어야 한다.

　이렇게 하기 위해서는 변경된 4M에 대해서 적용하고 있는지 사전에 점검할 수 있도록 체크시트를 만들어서 활용하거나 관리 감독자의 현장 순회를 통하여 확인하여야 한다.

　그리고 결과 관리로서는 공정 관리 일지나 작업 일지에 기록된 데이터를 분석하여 그 값이 관리 한계 범위에 들어가는지 아닌지를 확인함으로써 사후 관리를 할 수 있다. 사후 관리 결과, 효과가 유지되지 않고 있다면 다시 원인을 분석하여 기존에 세운 대책의 유효성을 확인하고, 재발 방지를 위한 완벽한 대책을 세워서 실시하는 과정을 반복하여야 한다.

　그렇지 않으면 개선이 아니고 개악이 될 수 있기 때문이다. 따라서 대책 실시 및 효과 확인으로서 개선 활동이 끝나는 것이 아니고, 일정 기간 동안의 사후 관리로서 그 효과가 검증되어야 한다.

10.2 사후 관리의 의의

❖ 표준화를 통한 재발 방지 내용이 준수되어 지속적으로 효과가 유지될 수 있도록, 활동 완료 이후에 관리의 정착화를 위한 일정 기간을 정하여 관리 계획을 수립하는 단계
- 대책 실시 내용에 대해서 원인과 결과를 관리하는 관리 항목을 설정하여 관리한다.
- 사후 관리 시에 이상 사항이 발생되면 다시 원인을 분석하여 재발되지 않도록 조처를 취하여 효과가 지속되도록 하여야 한다.

10.3 사후 관리 절차

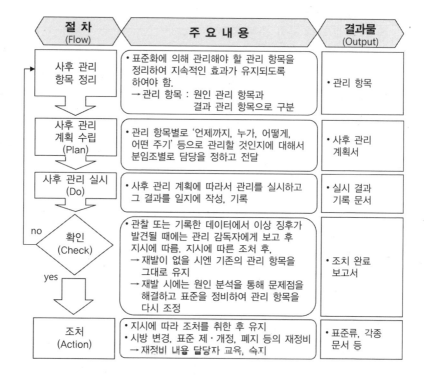

절 차 (Flow)	주 요 내 용	결과물 (Output)
사후 관리 항목 정리	• 표준화에 의해 관리해야 할 관리 항목을 정리하여 지속적인 효과가 유지되도록 하여야 함. → 관리 항목 : 원인 관리 항목과 결과 관리 항목으로 구분	• 관리 항목
사후 관리 계획 수립 (Plan)	• 관리 항목별로 '언제까지, 누가, 어떻게, 어떤 주기' 등으로 관리할 것인지에 대해서 분임조별로 담당을 정하고 전달	• 사후 관리 계획서
사후 관리 실시 (Do)	• 사후 관리 계획에 따라서 관리를 실시하고 그 결과를 일지에 작성, 기록	• 실시 결과 기록 문서
확인 (Check)	• 관찰 또는 기록한 데이터에서 이상 징후가 발견될 때에는 관리 감독자에게 보고 후 지시에 따름. 지시에 따른 조처 후, → 재발이 없을 시엔 기존의 관리 항목을 그대로 유지 → 재발 시에는 원인 분석을 통해 문제점을 해결하고 표준을 정비하여 관리 항목을 다시 조정	• 조치 완료 보고서
조처 (Action)	• 지시에 따라 조처를 취한 후 유지 • 시방 변경, 표준 제·개정, 폐지 등의 재정비 → 재정비 내용 담당자 교육, 숙지	• 표준류, 각종 문서 등

10.4 사후 관리 포인트

- 결정된 조건이 목표로부터 벗어나지 않도록 관리되어야 한다.
- 개선 활동을 통해 최적화한 조건을 목표 수준에서 유지시킬 수 있도록 관리하여야 한다.
- 현상 파악 단계의 기간과 사후 관리 기간이 일치하게 하는 것을 기본으로 한다.
- 해석용과 관리용을 명확하게 구분한다.
- 관리 그래프 사용 시 관리선을 명확하게 표기하여야 한다.

11 / STEP 11 : 반성 및 향후 계획 단계

11.1 반성 및 향후 계획이란?

　분임조활동의 마지막 단계로서 그동안 분임조활동 시에 여러 가지 이유로 부족했던 점들을 되짚어보고, 앞으로 분임조활동 시에 잘못된 전철을 밟지 않기 위해서 무엇을 할 것인지를 제시하는 단계이다.

　반성이란 잘못된 점이 무엇이 있었는지를 뒤돌아보는 것인데 활동 중에 바빠서 약속된 기간 내에 자료 조사가 이루어지지 않았다든지, 서로의 의견 대립이 심해서 의견의 조정이 잘 안 되었다든지, 분임조 활동에 필요한 기본적인 지식 습득에 등한시 했다든지 등 여러 가지를 반성할 수 있을 것이다.

　이러한 반성은 형식적으로 해서는 안 되며, 반드시 어떻게 해결할 것인지에 대해서도 분임조원 사이의 회합에 의해서 방향을 수립하여 꾸준히 노력해야 할 필요가 있는 부분이다.

　물론 반성뿐만 아니라 좋았던 점, 잘 되었던 점 등도 있을 것이므로 이러한 것도 잘 찾아 정리를 해 둔다면 앞으로의 분임조활동 시에 적절하게 활용 또는 응용이 가능할 것이다.

　그리고 분임조도 고객의 요구와 함께 회사의 요구가 새롭게 변하므로 이에 맞추어서 분임조가 나아갈 방향을 협의하여 정해두는 것이 필요하다. 회사 내의 분임조 사이에서는 항상 선의의 경쟁을 하고 있으므로, 이러한 경쟁에서 모범 분임조로 인정받기 위해서는 끊임 없는 노력과 도전의식이 필요하다.

　결국 분임조활동을 통해서 얻을 수 있는 가장 큰 이점은 분임조원 개개인의 역량을 향상시킬 수 있다는 것과 회사의 성장에 기여하고 고객의 만족도를 높일 수 있다는 것이다. 분임조활동은 기업의 지속성에 기여할 수 있는 활동 중 하나이다. 따라서 분임조의 향후 목표를 설정하고 이 목표를 달성하기 위해서 실행 계획을 수립하여 제시해야 한다.

11.2 반성 및 향후 계획 포인트

11.2.1 반성의 목적

1) 모든 활동 상황을 돌아보고 다음 활동을 위한 거울로 삼는다.
2) 활동 상황을 문서로 종합 기록하여 다음 활동에 참고한다.
3) 활동 결과를 평가 받고 상사나 사무국 지도를 받을 수 있다.

11.2.2 반성 내용

1) 해결하지 못했던 문제
2) 개선의 추진 방법
3) 활동의 운영 방법

11.2.3 반성을 위한 체크리스트

1) 주제는 적절했는가?
2) 목표값은 타당하게 설정되었는가?
3) 활동 계획은 타당성이 있었고, 협력 체계가 잘 이루어졌는가?
4) 기법의 활용은 충분하였는가?
5) 개체의 흐름은 일관된 논리와 체계로 진행되었는가?
6) 순서대로 각 단계를 밟았는가?
7) 표현 방법(사실)은 적절한가?
8) 활동 경과가 정리되어 있는가?
9) 다음 주제에 반영해야 할 문제는 무엇인가?

11.2.4 향후 계획

1) 반성한 내용을 다음 활동에 활용
2) 이번 활동의 남겨진 과제
3) 다음 활동의 주제

제4장

전국 품질분임조 경진대회
제도 운영 및 체크 사항

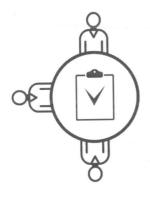

❶ 개요
❷ 신청 방법
❸ 단계별 체크시트

1 / 개요

1.1 목적

기업의 경영 성과와 직결되는 원가 절감, 품질 및 생산성 향상, 고객만족 등에 대한 자주적인 개선 활동으로 현장의 문제를 해결하고 성과 창출에 기여하는 우수분임조를 발굴·포상함으로써 개선 활동을 장려하고 우수 사례의 공유와 확산을 통해 기업의 품질혁신 기반을 확대하기 위함

1.2 포상 계획 : 금상, 은상, 동상

1.3 참가 자격

1) 예선 대회
   대회를 주최하는 지자체 소속업체 분임조로서 대회 개최일 현재 품질경영중앙추진본부인 한국표준협회에 등록되어 있는 분임조
   ※ 해외 법인은 국내 기업 사업장 소재지에 등록되어야 함

2) 전국 대회
   ① 각 예선 대회에서 선발된 분임조
   ② 산업별 단체, 기업군 및 공공기업 추진본부 주최 경진대회에서 추천된 분임조
   ※ 품질경영중앙추진본부에 사전 승인을 받은 대회에 한함

③ 지역 예선 대회 출전 분임조 중 품질경영중앙추진본부에서 추천한 분임조(와일드카드)

1.4 대회 체계도

전국품질분임조경진대회			
산업분야	**품질도구분야**	**관리사례분야**	**제안분야**
현장 개선	설　비 보전경영 6시그마 사무 간접 안전 품질 자유 형식 상생 협력	분임조 운영, 연구, 학습 동아리 사례	제안경진 대회

품질분임조경진대회(예선)		
시·두별 품질경영대회	**관리시례분아 품질경영대회**	**군별 품질경영대회**
산업, 품질도구	운영·연구·학습 동아리 사례	기업별, 산업별

1.5 심사 절차

1) 심사위원 구성
   ① 현지심사 : 품질경영중앙추진본부 및 전문가, 시·도 관계자 등 3명 내외로 구성
   ② 발표심사 : 학계, 업계, 품질경영중앙추진본부 및 관련 분야 전문가 등 10명 내외로 구성

2) 심사
   ① 심사는 부문별로 현지심사와 발표심사로 구분하여 심사기준에 의거하여 평가

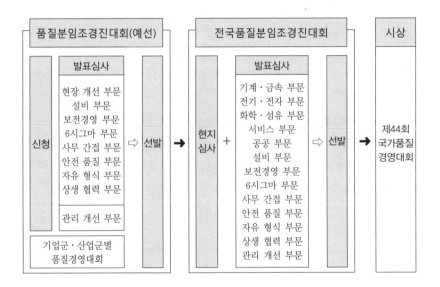

   ② 심사는 부문별로 대기업·중견기업·중소기업·해외법인으로 구분하여 평가함
   ※ 예선 대회의 현장 개선 부문 중 공공 부문은 대기업과 분리 하여 별도로 평가함

③ 대회 개최 및 세부 심사 규정은 '2018년도 품질분임조 경진대회 세부 운영지침'에 따름

1.6 유의사항

1) 기업군 및 산업별·단체 추진본부에서 예선 대회를 개최하여 전국 대회에 추천하고자 할 경우에는 행사 계획을 수립하여 품질경영중앙추진본부에 통보하고, 6월 말까지 결과를 보고하여야 함(사전 승인되지 않은 대회는 예선 대회로 인정하지 않음)
   - 사내 예선 대회를 개최할 경우 시·도 예선 대회 절차에 따르며 품질경영중앙추진본부에서 추천하는 심사위원(2인 이내)을 포함하여 심사위원단을 구성하여야 함
2) 다음 각 호의 사항에 해당하는 경우 해당 사업장은 향후 3년간 품질경영중앙추진본부에서 주관하는 품질분임조 경진대회의 출전을 제한함
   ① 개선 내용이 허위 과장된 경우
   ② 타인의 지적재산권을 모방 또는 표절한 것이 인정된 경우
   ③ 본 대회의 명예를 실추시켰거나 가능성이 있을 경우
3) 품질분임조 경진대회에 관한 제반사항은 한국표준협회 국가품질센터 또는 각 지역본부에 문의 바람

2 / 신청 방법

2.1 신청 및 접수

1) 신청 기한 : 각 대회 개최 30일 전까지

2) 신청 서류
   ① 참가 신청서 1부
   ② 발표 원고 1부

3) 접수처
   ① 예선 대회 : 한국표준협회 국가품질센터 및 관할 지역본부
   ② 전국 대회 : 한국표준협회 국가품질센터

2.2 발표 원고 작성 방법

1) 작성 형식
   ① 규격 : A4(상하좌우에 15㎜ 여백을 둘 것)
   ② 형식 : 세로 형식(좌철)
   ③ 면수 : 표지를 제외하고 20면 이내로 작성하고, PDF파일로 전
     환하여 제출할 것을 권장함
     (단, 자유 형식 부문은 15면 이내, 관리 개선 부문 중 연구 사례
     는 40면 이내)
   ④ 요약서 : 1페이지의 요약서(단계마다 중요사항을 요약하는 형식
     으로 작성)
     ※ 요약서는 총 면수에 포함되지 않음

2) 작성 요령
① 산업 분야(현장 개선)
- 주제 해결 과정을 체계적이고 이해하기 쉽게 작성
- 타 분임조의 모범이 될 수 있도록 추진 과정의 유의사항과 착안사항을 기술
- 회사의 기밀상 실제의 데이터를 제시하기 곤란한 경우는 임의의 수치로 바꾸거나 기타 적절한 방법으로 표현할 수 있으나, 이 경우에는 이를 명시함
- 각 부문별 심사 기준을 참조하여 특색 있게 원고를 작성
- 최근 1년 이내에 개선 완료된 사례이어야 함
② 관리 사례 분야
- 분임조 운영 사례
㉮ 분임조의 성장 및 활동 상황 위주로 작성하되, 운영상의 애로사항 극복 등 사례가 충분히 소개되어야 함
㉯ 최소 3년 이상의 활동 실적 및 효과를 중점 요약하되, 분임조 운영의 특징과 차별성 등 모범 분임조로서 자격을 인정할 수 있는 내용을 기술
- 연구 사례
㉮ 시스템, Process(혹은 공법), Technique, 제도 등의 새로운 관리 방식을 창조(개발)한 성과를 작성
㉯ 연구 개선 내용을 알기 쉽게 정리하되, 참고 문헌 또는 참고 자료를 반드시 기재하기 바람
㉰ 개선 방안에 대한 세부 실행 방안을 구체적으로 기술
- 학습동아리(CoP) 사례
㉮ 학습동아리(CoP)의 운영 현황과 구성원의 전문성 및 참여도가 잘 나타날 수 있도록 작성

    ㉯ 학습 조직화 내용이 공유되고 확산되는 과정을 기술

    ㉰ 업무 개선 내용이 표준화와 연계되어 있는 사례를 기술

③ 자유 형식(Free-style) 부문

  - 주제 해결 과정을 체계적이고 이해하기 쉽게 작성

  - 기존 QC 스토리와 달리 사용한 독특한 개선 방법을 제시

  - 타 분임조의 모범이 될 수 있도록 추진할 때의 유의사항과 착안사항을 기술

  - 회사의 기밀상 실제의 데이터를 제시하기 곤란한 경우는 임의의 수치로 바꾸거나 기타 적절한 방법으로 표현할 수 있으나, 이 경우에는 이를 명시함

2.3 작성 시 유의사항

1) 발표 원고 작성 형식(좌철 세로 형식)을 준수해야 하며 제한 면수를 초과할 경우 불이익을 받을 수 있음

2) 회사 소개, 제품 소개 등을 작성할 경우 최대한 1~2면 이내로 요약하여야 함

3) 발표 원고는 보기 쉽고 알기 쉽도록 작성하여야 하며 현란하지 않도록 하여야 함

4) 분임조활동의 경영 기여도 등 개선 효과를 알기 쉽게 기술하여야 함

3 / 단계별 체크시트

전국 품질분임조 경진대회 발표 문집을 분석하여 관습적으로 범하고 있는 오류에 대한 분석을 실시하였다. 그 결과로 분임조 개선 활동 단계별 체크 포인트를 개발하였다.

3.1 주제 선정 단계

3.1.1 주제 선정 단계의 주요 관심 사항

1) 주제가 가치 있는 것인가?
2) 주제 선정을 위한 방법은 합리적인가?
3) 주제 선정 이유가 타당하고 구체적인 근거가 있는가?

3.1.2 주제 선정 시 공통적인 오류

1) 투표수가 적은 과제를 무조건 개선 제안으로 분류하는 것은 바람직하지 않다. 해결의 난이도가 투표수로 결정되는 것이 아니기 때문이다.
2) 후보 주제의 문제점 파악 시, 부적절한 그래프를 선정하는 경우가 있다.
3) 주제 선정 시 가중치 배분의 방침과 연계성이 부족하다.
4) 주제 선정 시 부서 측면과 분임조 측면에서의 평가 항목이 지나치게 획일적이다.
5) 제시된 주제 선정 절차와 주제 선정 과정이 일치하지 않는다.

아래의 제시된 표는 국가기술표준원의 연구 용역으로 한국표준협회가 개발한 분임조 개선 단계별 체크 포인트이다.

세부 항목	체크 포인트
주제 제목	주제의 수단과 목적이 명확한가?
	주제명의 특성과 활동 전개 시의 특성이 일치하는가?
후보 주제 선정	후보 주제 판정이 합당한가?
주제 선정 동기	올바른 도구 사용으로 명확히 설명되고 있는가?
	주제로 선정할만한 근거가 데이터로 충분히 설명되고 있는가? 예) 사내 타공정 비교, 사외 비교 등
적합성 검토	매트릭스도를 잘 쓰고 있는가?(항목 선정, 가중치 선정)

3.2 활동 계획 수립 단계

3.2.1 활동 계획 수립 단계의 주요 관심 사항

1) 활동 계획 수립 일정이 과제를 해결하기에 적합한가?
2) 전 분임조원이 협력하여 과제를 해결하려 하는가?

3.2.2 활동 계획 수립 시 공통적인 오류

1) 처음부터 계획 단계에서 원인 분석 단계가 다른 기간에 비하여 매우 짧게 책정되어 있다.
2) 추가 개선 활동으로 인해 일정상의 차질이 발생한 것에 대한 기록이 정확하지 않다.

세부 항목	체크 포인트
기 간	활동 계획의 시간 배분은 잘 하였는가?

3.3 현상 파악 단계

3.3.1 현상 파악 단계의 주요 관심 사항

1) 현상 파악을 통해 주제의 문제점을 정확하게 이해할 수 있는가?
2) 사실에 근거한 신뢰성 있는 데이터로 현상을 해석하였는가?

3.3.2 현상 파악 시의 공통적인 오류

1) 현상 파악 단계에서 사용된 관리도(추이도 등)가 현재의 문제점을 정확히 지적하지 못하고 있다.
2) 주제 선정 시 사용하는 근거 자료와 현상 파악 시 분석한 자료에 일관성이 부족하다.
3) 부적합품과 부적합품률에 대한 부적절한 사용이 발생한다.
4) 불필요한 통계 기법의 남용이 이루어지고 있다(주제 선정 동기 시의 데이터와 개선 전의 데이터 차이 검정 혹은 불필요한 그래프의 사용 등).

세부 항목	체크 포인트
현상 파악 대상 선정	데이터의 종류(라인별, 계절별 등)를 올바르게 선정했는가?
데이터의 수집	데이터의 수집 기간 및 데이터수는 적당한가?
	데이터의 이력(샘플링 방법, 측정 방법) 등은 명확한가?
	6하원칙에 의거하여 데이터가 수집되고 있는가? (언제, 어디서, 누가, 무엇을, 어떻게, 왜)
	데이터의 신뢰성은 확보되었는가?
데이터 분석 기법	올바른 도구를 바르게 사용하고 있는가?(파레토도, 추이도 등)
	현상 파악과 관련 없는 기법 및 도구의 남용이 없는가?
	실패 코스트를 분석하여 과제의 심각성을 부각하고 있는가? (특징적 우수 사례)
현상 파악 분석	결론 도출이 잘 되어 있는가?(우선순위, 중요 수준, Vital few 선정)

3.4 원인 분석 단계

3.4.1 원인 분석 단계의 주요 관심 사항

1) 주제를 해결하기 위한 중요한 원인을 발굴하였는가?
2) 그 요인(주요 원인)에 대한 원인계 해석이 타당한가?
3) 제기된 문제점은 체계적이고 합리적인 방법으로 분석되었는가?

3.4.2 원인 분석 시의 공통적인 오류

1) 특성요인도와 주요 요인 계통도의 전개 차수를 무리하게 획일적으로 맞추고 있다.
2) 특성요인도(혹은 연관도)를 작성한 후에 똑같은 내용을 주요 요인 계통도로 작성하는 것은 보기 좋게 재작성한 것 이상의 의미는 없다.
3) 근본 원인에 대한 분석 없이 문제에 대한 나열만 있다.
4) 기능 전개 매트릭스(FDM)와 P-FMEA 등의 기법을 부적절하게 적용하는 경우가 많다. 기법의 용도에 대한 정확한 이해가 부족하다.

세부 항목	체크 포인트
원인 분석 대상	현상 파악 단계에서 파악된 원인에 대해 분석하고 있는가? (특성요인도의 특성 부분)
요인 분류, 그룹핑	대상에 적합한 요인이 분류(4M, 5M1E 등)되었는가?
	원인과 요인을 구분하여 표현하고 있는가?
기법 및 방법	5Why와 같이 근본적인 요인이 도출되었는가?
	특성요인도의 전개가 적절한가?
	특성요인도(주요 요인 계통도)의 전개 차수가 항목별로 적절한가?
	연관도의 경우, 연관도의 특징을 살려서 분석하고 있는가?
	요인 계통도로 전개했을 경우, 특성요인도 혹은 연관도와 일관성이 있는가?
	지나치게 단순한 문제에 기법을 활용하여 오히려 번거롭게 하고 있지는 않은가?

3.5 목표 설정 단계

3.5.1 목표 설정 단계의 주요 관심 사항

1) 목표 설정의 근거와 목표의 수준은 타당한가?
2) 주제 선정 단계에서 제기한 주제의 문제를 해결하는 수준인가?
3) 목표를 달성하기 위한 타당한 근거가 있는가?

3.5.2 목표 설정 시의 공통적인 오류

1) 전체 목표 설정 시 근거 제시가 부족하다.

세부 항목	체크 포인트
설정 근거	목표값의 설정 근거는 타당하고 명확한가?
	전체 목표와 세부 목표가 합리적으로 근거 있게 배분되었는가?
	회사 및 부서의 목표와 부합되는가?
	목표의 3요소(무엇을, 언제까지, 얼마만큼)가 명확하게 표현되었는가?
	목표 설정 시, 사내외 벤치마킹이 적절하게 수행되었는가?

3.6 대책 수립 단계

3.6.1 대책 수립 단계의 주요 관심 사항

1) 세부 과제별 대책 수립안은 최적안인가?
2) 세부 과제의 수행 계획은 적절한 수준인가?

3.6.2 대책 수립 시의 공통적인 오류

1) 대책 수립 계통도 작성 시, 개선의 난이도와는 상관없이 낮은 점수를 즉개선으로 판정한다. 개선의 난이도에 따라 즉개선이 가능한

과제를 먼저 선정하고, 이후에 점수에 따라 개선 대상 혹은 기각 대상 여부를 결정하는 것이 바람직하다.

2) 즉실천의 실행 시점이 늦고 즉시 실행되지 않고 있다. 즉개선은 말 그대로 대책 실시 이전에 이루어지는 것이 바람직하다.

3) 개선 대책 수립이 동시에 진행 가능함에도 불구하고 직렬로 계획 을 수립하는 경우가 있다.

세부 항목	체크 포인트
대책 수립	(대책 수립 계통도)수단의 전개가 형식적이지 않고 실질적인 절차 를 반영하고 있는가?
	요인 계통도에서 선정된 요인과 대책 수립 계통도가 일관성이 있는가?
	대책으로 채택, 즉개선, 기각 판정을 내리는 데 합리적인가?
	즉개선 분류의 기준이 명확한가?
	대책 수립 세부 일정 계획이 적절히 짜여 있는가?

3.7 대책 실시 단계

3.7.1 대책 실시 단계의 주요 관심 사항

1) 개선 대책의 실시는 PDCA에 근거하여 진행하였는가?
2) 각 단계별 개선 효과의 파악은 타당하게 실시되었는가?

3.7.2 대책 실시 시의 공통적인 오류

1) 대책 체크 단계에서 사용되는 통계 기법을 잘못 적용하는 경우가 발생한다.
2) 즉개선 일정이 개선 대책 실시 일정에 포함되지 않고 있다.
3) 개선 전후의 데이터 비교 시에 일관성이 없다.

세부 항목	체크 포인트
Plan (계획의 수립)	개선 대책은 PDCA 사이클에 따라 적절하게 수행되었는가?
	전 단계에서 수립된 대책의 실행 계획이 올바른가?
Do (계획의 준수)	사용되고 있는 기법이 반드시 필요한가? (어려운 기법을 활용하는 낭비는 없는가?)
	위 기법이 반드시 필요하다면 맞게 사용되고 있는가?
	P-value에 대한 바른 이해가 있는가?
	즉개선의 실행 시점이 적절한가?
Check (성과 결과의 확인)	대책 실시 중 성과 확인을 위한 데이터 수집이 적절히 이루어지고 올바르게 표현되고 있는가?
	위 데이터의 분석 내용이 올바른가?
	체크 단계에서의 점검 방법이 대책마다 일관성 있는가?
	개선 실시 성과를 설정된 목표와 충실히 비교하고 있는가?
	즉개선의 효과가 파악되었고 표준화되었는가?
Action (개선 효과의 유지)	개선 후의 내용(즉개선 포함)을 표준화하였는가?
	효과가 목표에 미달 시 2차 대책을 전개하였는가?

3.8 결과 분석 및 효과 파악 단계

3.8.1 결과 분석 및 효과 파악 단계의 주요 관심 사항

1) 분임조활동의 성과로서 타당한가?
2) 유·무형 효과 파악 방법이 정확하고 타당한가?

3.8.2 결과 분석 및 효과 파악 시의 공통적인 오류

1) 비중점 관리 항목에 기대 이상의 효과가 나타날 경우에는 그 이유를 파악해 볼 필요가 있다.

2) 개선 후 파레토도는 개선 전과 다르게 크기순으로 작성되어 있지 않다.
3) 예상 효과 금액을 산출할 때, 과장되게 산출한다.
4) 투자 비용 공제가 이루어지지 않고 있다.

세부 항목	체크 포인트
결과 분석	일관성 있는(현상 파악-목표 설정-결과 파악) 데이터로 충분히 효과 파악을 하고 있는가?
	데이터가 통계적 분석을 수행하기에 충분한가?
	효과 입증을 위한 기법이 바르게 전개되고 있는가? (관리도, 파레토도, 공정능력지수 등)
	목표 대비 효과가 명확히 보이고 있는가?
효과 파악	유형 효과의 계산 및 검증이 바르게 되었는가?
	무형의 효과가 올바르게 제시되었는가?

3.9 표준화 단계

3.9.1 표준화 단계의 주요 관심 사항

1) 필요한 표준화는 실시하고 등록하였는가?
2) 표준을 조직에 정착하기 위하여 어떠한 노력을 하는가?

3.9.2 표준화 시의 공통적인 오류

1) 즉개선 내용이 표준화에 반영되지 않는 경우가 있다.

세부 항목	체크 포인트
표준화	표준화의 사례가 명확하게 제시되는가?

3.10 사후 관리 단계

3.10.1 사후 관리 단계의 주요 관심 사항

1) 새로운 표준의 실행 결과는 모니터링과 관리가 되고 있는가?
2) 정착을 위한 노력은 성과가 있는가?

3.10.2 사후 관리 시의 공통적인 오류

1) 사후 관리 그래프 중의 관리 이상이 발생하고 있으나 별다른 대책이 없다.
2) 사후 관리를 위한 방법(체크시트 등)의 제시가 없다.

세부 항목	체크 포인트
사후 관리	개선 후의 성과가 사후 관리되어 유지되고 있는 것이 적절한 데이터로 나타나고 있는가? (올바른 데이터 기간)
	좋은 결과에 대한 분석이 있었으며 효과 파악에 반영하고 있는가?

3.11 반성 및 향후 계획 단계

3.11.1 반성 및 향후 계획 단계의 주요 관심 사항

1) 개선 완료 후, 부족한 부분에 대한 판단과 대책은 적절한가?

3.11.2 반성 및 향후 계획 시의 공통적인 오류

1) 반성 내용(개선 방향)이 향후 계획에 반영되어 있지 않다.

세부 항목	체크 포인트
반성 및 향후 계획	잘한 일과 잘못한 일이 형식적으로 작성되어 있지 않은가?
	반성 내용이 향후 계획에 반영되었는가?

제5장

발표문집 분석 사례

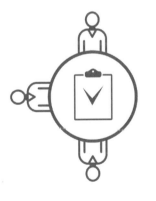

❶ 분임조 담당 공정 소개
❶ 주제 선정
❷ 활동 계획 수립
❸ 현상 파악
❹ 원인 분석
❺ 목표 설정
❻ 대책 수립
❼ 대책 실시
❽ 결과 분석 및 효과 파악
❾ 표준화
❿ 사후 관리
⓫ 반성 및 향후 계획

제5장 발표문집 분석 사례

　　전국적으로 많은 분임조들이 기업의 성과를 향상시키기 위해서 각자의 특징을 살려 열정적으로 분임조활동을 수행하고 있다. 이들 모두가 가장 많이 벤치마킹하는 것 중 하나가 전국 품질분임조 경진대회와 대회에서 발표된 분임조 사례 문집들이다.

　　한국표준협회 '국가품질망(www.q-korea.net)'에서 볼 수 있는 수상 문집들의 데이터베이스는 전국 분임조들에게 마치 교과서와 같은 중요한 역할을 하고 있다. 그러나 전국 품질분임조 경진대회의 수상 문집들이라 하더라도 완벽할 수는 없다. 그 중에는 '옥에 티'도 없지 않다. 수상 문집들을 벤치마킹하는 분임조들은 이러한 옥에 티를 구분하지 못하고 잘못된 부분마저 따라하는 오류를 범하는 것을 종종 목격한다. 이를 바로 잡기 위해 전국 품질분임조 경진대회 문집 중에서 지적해야 할 부분들을 발췌하였다.

　　분임조활동 시에 단계별로 여러 가지 기법을 사용하게 된다. 그러나 기법은 문제 해결을 위해서 활용하는 하나의 수단이지 그 자체가 목적은 아니다. 그럼에도 다양한 기법의 사용만이 좋은 성과를 얻을 수 있는 것처럼, 불필요한 기법을 사용하는 경우도 발견되고 있다. 즉, 기법의 오용 또는 남용은 개선 활동의 단계별 의사결정을 하는 데 있어서 부적절한 정보를 제공하여 개선에 악영향을 미칠 수도 있다.

　　발표문집 사례 분석에서는 기계 금속, 전기 전자, 화학 분야 중에서 주제 선정부터 반성 및 향후 계획까지 분석하여, 부족한 부분을 골라 ※으로 표시하고 이에 대한 코멘트를 하였다. 가급적 논란의 여지가 있는 부분은 피하고, 명확한 오류에 대하여 코멘트를 하려고 수차례 저자들이 논의하였지만 견해를 달리하는 부분도 있을 수 있다.

0 / 분임조 담당 공정 소개

분임조의 발표 원고 중에는 QC-Story에 해당되는 문제 해결 절차를 기술하기 전에 분임조가 수행하고 있는 공정에 관한 내용에 대해서 몇 가지 사례를 살펴 본다.

공정도시기호(기본)는 아래와 같이 KS A 3002에서 규정한 도시기호를 사용하는 것이 바람직하다.

번호	요소공정	기호명칭	기호	뜻	비고
1	가공	가공	○	원료, 재료, 부품 또는 제품의 모양, 성질에 변화를 주는 과정을 나타낸다.	
2	운반	운반	○ (⇨)	원료, 재료, 부품 또는 제품의 위치에 변화를 주는 과정을 나타낸다.	운반기호의 지름은 가공기호 지름의 1/2~1/3로 한다. 기호○ 대신에 기호 ⇨를 써도 좋다. 다만, 이 기호는 운반의 방향을 뜻하지 않는다.
3	정체	저장	▽	원료, 재료, 부품 또는 제품을 계획에 따라 저장하고 있는 과정을 나타낸다.	
4		지체	D	원료, 재료, 부품 또는 제품이 계획에 반하여 지체되고 있는 상태를 나타낸다.	
5	검사	수량검사	□	원료, 재료, 부품 또는 제품의 양 또는 개수를 계량하여 그 결과를 기준과 비교하여 차이를 나타낸다.	
6		품질검사	◇	원료, 재료, 부품 또는 제품의 특성을 시험하고, 그 결과를 기준과 비교하여 로트의 합격, 불합격 또는 개개 제품의 적합품, 부적합품을 판정하는 과정을 나타낸다.	

다음의 사례에서, 3.2 포장 프로세스 소개 시 5-5 제품 적재는 역삼각형으로 표시하여야 하고, 3.3 주조 냉각공정 3-3-2 경화는 가공을 뜻하는 큰 원으로 표시 해야 한다.(KS A 3002 참조)

분임조활동 개선 3-3 캐핑 세부 공정 중 3-3-2는 이송 공정으로 화살표 모양이 적합하다.(KS A 3002 참조)

3.2 포장 프로세스

순서	5-1	5-2	5-3	5-4 ※	5-5	5-6
공정도시기호	⇨	○	◻	◇	◻	⇨
공정 명	캔 적재	라벨부착	잉크출진	뚜껑마감	제품적재	제품출하 (바코드인식)
사진						
공정설명	포장라인에 캔을 적재	제품을 나타내 주는 라벨을 캔에 부착	캔에 잉크제품을 출진·정량 확인	충진된 잉크제품이 흘러나오지 않게 뚜껑 마감,검사	충진된 제품을 규정된 파레트에 적재 (수량 확인)	완제품 출하 (바코드 인식,수량 검사)

3.3 주조 냉각 공정 소개 / 분임조 테마활동공정

공정순서	3-2-1	3-2-2	3-2-3	3-3-1	3-3-2 ※
공정 도시기호	○	○	○	○	⇨
공정 명	형성	이물질 제거	응고	냉각	경화
공정 사진					
설 명	주입된 용강이 빌렛 형태로 만들어 지는 과정	용강에 형성된 이물질을 제거하는 과정	용강이 액체상태에서 고체상태로 변화는 과정	냉각수를 분사하여 빌렛을 냉각 시키는 과정	냉각된 빌렛이 단단하게 굳어지는 과정
관리항목	1) 빌렛 규격 2) 몰드 냉각수량	1) 빌렛 표면 2) 몰드 진동수	1) 빌렛 주조속도 2) 빌렛 중량	1) 빌렛 비틀림 2) 냉각수량	1) 냉각수 노즐 2) 빌렛 단차

3.1.2 분임조 활동 개선 세부 공정

		3-3. 캡핑 세부 공정						3-4. 삽입 세부 공정		
공정 순서	도시기호	공정 명	설비 명	공정 사진	공정 설명	공정 순서	도시기호	공정 명	설비 명	공정 사진	공정 설명
3-3-1	⇩	캡 공급	캡쇼터		2층 캡쇼터에서 선별기로 캡 공급	3-4-1	⇩	진입	이송 컨베어		제품 진입
3-3-2 ※	○	캡 이송	이송 벨트 + 벨판		이송 벨트로 스타휠까지 캡 이송	3-4-2	○	정렬	정렬 가이드		제품 진입 수량 확인
3-3-3	○	캡 픽업	캡척 + 스타휠		스타휠에서 캡척이 캡 픽업	3-4-3	○	픽업	그립퍼		그립퍼 제품 픽업
3-3-4	○	캡 체결	캡척 + 벨판 + 가이드		캡과 용기 체결	3-4-4	○	삽입	삽입 로봇		박스에 제품 삽입
3-3-5	◇	제품 배출 및 검사	벨판 + 비전		체결 완료 후 배출, 비전을 통해 캡핑상태 검사	3-4-5	◇	박스 배출	배출 컨베어		제품 삽입 완료 후 배출

1 주제 선정

주제 선정 절차

NO	제출 안건	분임조 측면 가중치 현상 및 문제점	시급성 3	참여도 3	효과성 2	가능성 2	점수	판정	제안자	안건도출
1	F.E.M 설비공정 개선으로 라인정지 시간 감소	설비작동이상 과다발생	◎	◎	○	○	42	채택		신규안건
2	T/M마운팅장착공정 개선으로 라인정지 시간 감소	마운팅레버 끼임으로 작업 지연 발생	◎	△	○	○	30	보류		신규안건
3	연료탱크 공정개선으로 라인정지 시간 감소	콘베어 센서 이상 및 걸림 현상 발생	◎	◎	○	○	40	채택		신규안건
4	크러쉬페드 투입공정 개선으로 라인정지 시간 감소	삽입작업 이상 및 가스 발생	◎	○	○	○	36	보류		신규안건
5	스트러트 장착공정 개선으로 라인정지 시간 감소	스트러트 삽입홀 불일치로 작업 지연 발생	◎	○	○	○	30	보류		신규안건
6	오피러스 리어범퍼 장착공정 개선으로 부적합품률 감소	부적합품 과다 발생	◎	◎	◎	◎	50	채택		신규안건
7	히터파이프 공정 개선으로 직진율 향상	파이프 틀어짐으로 후공정 작업성 난이함	○	○	◎	○	34	보류		신규안건
12	사이렌샤 장착공정 개선으로 라인정지 시간 감소	사이렌샤 틀어짐으로 체결 작업 지연	○	○	◎	◎	38	보류		문제은행
13	차체부상 방지장치 개선으로 라인정지 시간 감소	헤드걸림 및 설비 작동 이상 발생	◎	◎	○	○	42	채택		문제은행
14	파킹케이블 삽입성 개선으로 직진율 향상	삽입성 난이 및 간섭 발생	◎	○	○	○	36	보류		문제은행
15	엔진데킹 공정 개선으로 라인정지 시간 감소	치구걸림 및 배선걸림	◎	◎	○	◎	46	채택		문제은행
16	브레이크 오일 주입설비 개선으로 직진율 향상	진공 주입불량 과다발생	○	○	◎	◎	38	보류		문제은행

앞 페이지의 예시는 도표에 제시된 주제 선정 절차와 다르게 주제 선정이 이루어지고 있다. 예비 심사의 결과에 따라 적합성 검토 혹은 개선 제안 과제로 분류 되도록 절차가 되어 있으나 실제로는 이와 다르게 진행되고 있다.

주제 선정 절차에서, 예비 심사를 통해 탈락한 모든 과제를 개선 제안할 수는 없다. 실제 분임조활동에서 개선 제안이 가능한 과제가 분임조 주제 안건으로 접수되는 경우는 거의 없다. 따라서 실제 과제 선정 과정과 별도로 임의의 주제 선정 절차에 대한 도표를 무의미하게 만들고 있는 비효율의 예로 생각할 수 있다. 또한 도표에서는 '예비 심사'라는 표현을 쓰고, 선정 시에는 '제출 안건 개략 평가'라고 사용하고 있어서 용어 사용의 일관성이 떨어진다.

주제 선정 절차

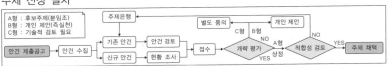

주제 선정 적합성 검토

순	안전	품질	납기	원가	부서 측면	분임조 측면	시급성	효과성	실현성	참여도	평점	등위	검토 결과
					가중치								
	2	3	3	2	후보주제		3	3	2	2			
1	◎	◎	○	○	테일게이트 에어프루핑 장치 설치로 오사양 유출 방지		○	○	◎	○	74	4	주제 은행
2	◎	○	◎	○	후드공정 로더 설비 개선으로 라인 정지율 감소		○	◎	◎	○	80	2	잠정 차기 주제
3	◎	◎	◎	○	J300 후드 장착공정 개선으로 외관 부적합품률 감소		◎	◎	○	◎	92	1	주제 채택
4	○	◎	○	◎	쿨는 브라켓 작업 방법 개선으로 수정 M/H 감소		○	◎	○	○	76	3	주제 은행

주제 선정 절차와 다르게 주제 선정이 이루어지고 있다. 개략 평가 후 개선제안으로 분류하는 오류가 있으며, 적합성 검토 후 차점 과제를 잠정 차기 주제로 한다는 사전 결정이 없음에도 이와 같이 이루어지고 있다.

주제 선정 절차에서 구상된 절차와 다른 절차로 주제 선정이 이루어지고 있다. 즉, 주제 선정 절차에서 제시되는 과정과 상이한 순서로 주제 선정이 이루어지고 있다. 앞의 경우와 마찬가지로 주제 선정 절차를 형식적으로 표현해 놓고 실제로는 이와 무관하게 이루어지는 예이다.

주제를 선정하기 이전에 어떤 순서에 따라 주제를 선정하는 것이 가장 효과적일지 궁리하여 그 순서를 주제 선정 절차와 같은 도표로 만들고, 이후는 그 순서에 따라 진행하는 것이 바람직하다.

주제 선정 절차

아래의 예시처럼 거수에 의해 개인 제안으로 분류하는 것은 바람직하지 않다.

제출 안건 예비 심사에서 예비 주제 선정 시 개선의 난이도나 개선 일정 등을 고려해서 결정하는 것이 바람직하다.

제출 안건 예비 심사

NO.	문제은행(15건)	제안자	판정	결과
1	머드 호퍼 개선으로 폐기물 처리량 감소		△	개인 제안
2	가스 스크레바 배기팬 개선으로 고장 감소		◎	주요 주제
3	건조기 설비 개선으로 고장시간 감소		○	문제 은행
13	원당 출고 계량기 동작방법 개선으로 가동률 향상		△	개인 제안
14	조정품 로봇 적재방법 개선으로 부적합품 발생 감소		◎	주요 주제
15	하안설탕 1kg 라인 개선으로 수리 시간 감소		○	문제 은행

작 성 자		범례	◎주요주제	○문제은행	△개인제안
작성 일자	'09.06.01		5명 이상	4~3명	2명 이하

NO.	신규 안건(6건)	제안자	판정	결과
1	하안설탕 1kg 사카 설비 자동화로 작업공수 감소		△	불채택
2	하안설탕 30kg 래핑기 TOP SHEET 개선으로 원가 절감		○	문제 은행
3	결정공정 설비 개선으로 폐밀발생률 감소		◎	주요 주제
4	원심분리기 스크린 개선으로 원가 절감		○	문제 은행
5	하안설탕 고속 포장기 고장감소로 가동률 향상		◎	주요 주제
6	세당분리기 시럽라인 개선으로 GS발생량 감소		△	개인 제안

아래의 안건 취합 및 예비평가에서 신규 안건과 문제은행에서 주제를 선정하는 작업을 하는데 문제은행으로부터 취합된 No. 22의 '윤활유 관리 표준화'라는 하나의 수단을 가지고 '고장 감소'와 '설비 가동율 향상'이라는 두 가지의 목적을 제시하는 것은 바람직하지 않다. 즉, 설비 고장이 감소되면 가동율이 향상된다고 볼 수 있다.

4.2		안건 취합 및 예비 평가				회합일	'16.02.29	범	● 후보주제	○ 개선제안	△ 기 각
						누 가	분임조 전원	례	14 – 11명	10 – 5명	4명 이하

NO	구분	제출 안건 (신규 안건 14건, 문제은행 8건)	제안자	평가	판정	NO	구분	제출 안건 (신규 안건 14건, 문제은행 8건)	제안자	평가	판정
1	신규 안건	C-Frame Bending Machine 개선으로 작업시간 단축		△	기각	15	문제 은행	Tube 자동용접설비 개선으로 손실시간 단축		○	후보주제
2	신규 안건	보일러 Header 제작 공정 개선으로 손실시간 단축		◎	후보주제	16	문제 은행	Rotor Blast Tube Shot 설비 개선으로 부적합품을 감소		△	기각
7	신규 안건	4˝ CNC Bender Cycle Program 개선으로 설비 고장시간 감소		◎	후보주제	21	문제 은행	MPM Machine 노후 용접기 개선으로 고장 건수 감소		○	개선제안
8	신규 안건	Panel 6 Torch 용접설비 개선으로 용접 수정시간 단축		◎	후보주제	22	문제 은행	윤활유 관리 표준화로 고장 감소 및 설비 가동율 향상		○	개선제안

※ 총 22건 (신규 안건 14건 + 문제은행 8건)의 제출 안건 중 예비 평가를 통해

4가지의 후보 주제에 대해 아래의 예시처럼 서로 다른 그래프로 표현하려고 노력할 필요는 없다.

안 건	CMT용접 부적합품 수정방법 개선으로 비직행율 감소	WBS 램런 개선으로 메탈피니쉬 중단 시간 감소	메탈피니쉬 공정 개선으로 부적 합품 후 공정 유출률 감소	수정장 대차 개선으로 안착 부적합품률 감소
현 상	[%] 4.0 차체바디 비직진율 3.0 2.0 관리목표 : 2% 1.0 / 구분 1주 2주 3주 4주 / 비직행율 3.2% 3.6% 3.1% 3.8%	메탈피니쉬라인 중단시간 4주, 12분 1주, 15분 3주, 10분 2주, 16분	[%] 부적합품율 1.5 1.0 0.5 / 항목 도장 조립 출하 기타 합계 / 부적합품 대수 82 22 5 3 112 / 부적합품률[%] 1.04 0.28 0.06 0.04 1.42	[%] 2.0 1.5 1.0 0.5 / 구분 '09년10월 11월 12월 / 불량률 0.18% 0.20% 0.16%
문제점	CMT용접 부적합품 수정방법 불합리로 비직행율 증가	램런 행가 불합리에 의한 정체 발생으로 메탈피니쉬 중단	차체공정 불합리로 차체 부적합 품 후공정 유출률 증가	수정장대차 아타치 위치 불합리 로 안착 부적합품률 증가
근 거	'09년 12월 부적합품 수정일지	'09년 12월 차체생산 일지	'09.12월 도장바디 수성일시	'09.10.~12일 설비점검 일지

후보 주제 현상을 잘 설명할 수 있는 그래픽 도구를 선정하는 것이 중요하다. 다양한 그래프를 쓰는 것이 무조건 좋은 것은 아니다. 여기서는 무리하게 서로 다른 그래프를 사용하기 위해 시간에 따른 특

성치의 변화를 원그래프와 막대그래프로 표현하고 있다. 이는 당연히 꺾은선그래프로 표현하는 것이 바람직하다.

다음의 내용들은 모순된 현황 분석 자료를 제시한 사례들이다. 현상 및 문제점 파악 단계에서는 중점 관리 항목의 전반적인 문제점만이 제시될 수 있을 뿐이다.

예를 들어 '정기보수시간 단축'의 주제를 제시할 때에는 보수기간이 상당히 많이 걸리고 있다는 자료만을 보어줄 수 있을 뿐이다. 이 시점에서 중점 관리 항목이 구체적으로 층별된 후 수집될 수 있는 내용은 제시될 수가 없다. 후보 주제 중 적합성 검정을 거쳐 주제로 선정되면 그 이후 현상 파악 단계에서 층별 등이 이루어지고 세부 중점 관리 항목이 나타날 수 있는 것이다.

구 분	문제은행	문제은행	신규 안건	신규 안건
후보주제	봉고트럭 도장완성라인 공정개선으로 라인중단 시간 감소	차명라벨 기포발생 방지로 원가절감	외관 수정장 형광등 조도 개선으로 수정시간 단축	사양지시 모니터 LS(Limit switch) 이설로 이종방지
현 황	라인중단 발생현황	월별 차명라벨 부적합발생현황	외관수정장 조도 현황	차명라벨 이종발생 현황
관련근거	글로벌 가동 관리시스템	왁스장 작업일지	G3 외관수정장 조도측정 조사	GQMS, 글로벌 가동관리시스템
내 용	완성라인 공정개선을 통한 라인중단 시간 감소로 가동율 향상	차명라벨 변경후 기포발생으로 부적합품 지속 발생중	외관수정장 조도 확보 불가에 따른 수정작업시 검습능력 저하	사양지시 모니터사양 미술력으로 이종누락 지속발생
기대효과	○ 라인중단 시간감소로 생산성향상 ○ 약1.87억원/년 절감효과 예상	○ 부적합품 감소로 원가경쟁력확보 ○ 약 6.5백만/년 절감효과 예상	○ 작업조도 확보로 작업완료 개선 ○ 검습조도 확보로 품질향상	○ 이종누락 방지로 원가절감 ○ 약 4.2백만/년 절감효과 예상

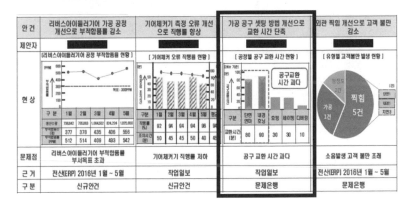

안 건	리버스아이들러기어 가공 공정 개선으로 부적합품률 감소	기어체커기 측정 오류 개선으로 직행률 향상	가공 공구 셋팅 방법 개선으로 교환 시간 단축	외관 찍힘 개선으로 고객 불만 감소
제안자				
현 상	[리버스아이들러기어 공정 부적합품 현황]	[기어체커 오류 직행률 현황]	[공정별 공구 교환 시간 현황]	[유형별 고객불만 발생 현황]
문제점	리버스아이들러기어 부적합품률 부서목표 초과	기어체커기 직행률 저하	공구 교환 시간 과다	소음발생 고객 불만 초래
근 거	전산(ERP) 2016년 1월 ~ 5월	작업일보	작업일보	전산(ERP) 2016년 1월 ~ 5월
구 분	신규안건	신규안건	문제은행	문제은행

예비주제 현상 및 문제점 파악에서 '포장공정 설비개선으로 부적합품률 감소'의 현상으로는 부적합률의 추이가 제시되고 푸셔설비 개선으로 부적합품률 감소는 현상 분석 단계에서 제시하는 것이 바람직하다.

4.3 예비주제 현상 및 문제점 파악 수집기간 2015.01.01~12.31 작성일 2016.01.15 조사자 안건 제안자

분 류	신 규 안 건			문 제 은 행
예비주제	200ml 우유 충전공정 개선으로 부적합품률 감소	포장공정 설비 개선으로 부적합품률 감소	M 340설비 회수거이 개선으로 우유 손실량 감소	용기 공급공정 개선으로 부적합품률 감소
현 상	200ml 우유 부적합품률	포장 공정 부적합품 유형	우유 손실량	포장기 부적합품 유형
문 제 점	충전공정 부적합품률 증가 추세로 부서목표 2,500ppm 초과	포장 공정 중 푸셔 설비가 56%점유하고 있음	제품교환 시 혼합된 우유를 회수 라인 없이 차지 우유 손실 발생	용기 오픈 공정 중 용기공급이 76.5% 점유하고 있음
근거자료	ERP 자료	ERP 자료	ERP 자료	ERP 자료
기대효과	부적합품률 감소로 제품 클레임 감소와 후공정 부대설비 활용 제고	부적합품률 감소로 포장부적합품 클레임 감소 기대됨	우유 손실 감소로 원자재 가격과 에너지 절감이 기대됨	부적합품률 감소로 포장 품질 향상 기대됨

후보주제 현황 분석에서 K-1 전차 스페이스 작업 방법 개선으로 부적합품률 감소 현황 분석 내용은 주제 선정 단계에서 지나치게 층별한 것이며 이는 현상 파악 단계에서 전개할 내용이다.

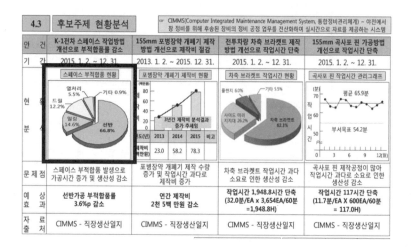

주요 안건 현상 및 문제점 파악에서 샌딩공정 준비 방법 변경으로 가동률 향상이 제출 안건인데 현재 가동에 대한 내용은 없고 가동률을 저하시키는 공부동 현황으로 적합치 않은 현상이다. 또한, 비닐

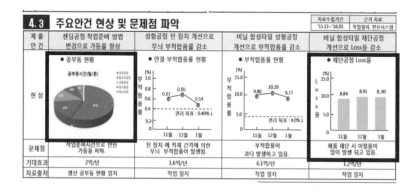

합성타일 재단공정 개선으로 Loss율 감소 현상 분석 내용과 문제점이 다르다.

아래의 후보주제 현상 및 문제점 파악 시 포장 시간, 비용 절감에 대한 꺾은선그래프에 목표나 관리 기준이 없어 과다나 과소 비교가 불가능하다.

4.3 후보주제 현상 및 문제점 파악				수집 기간	16.1.4 ~ 16.6.30
				조사자	안건 제안자
후보주제	백색잉크 공정설비 개선을 통한 포장시간 단축	조색원료 관리시스템 개선으로 조색작업공수 절감	여과필터 사용 방법 개선으로 비용 절감	현장 잔량 사용방법 개선으로 잔량재고량 감소	
구분	신규안건	신규안건	문제은행	문제은행	
제안자	최원희	최정국	노선근	이대식	
현상	백색잉크 포장시간	LOT당 조색작업 공수	여과필터 비용	재고량	
문제점	포장시간 과다	조색작업에 제품교반 및 원료운비 시간이 많이 걸려서 작업공수가 큼	여과필터의 사용비용이 많이 발생하고 있음	현장 잔량의 재사용이 어려워 잔량재고량이 계속 증가하고 있음	
근거자료	일일 생산 현황	일일 작업 현황	여과필터 구입 현황	ERP 자료 및 현장 잔량재고량 조사	
조사기간	'16.1.4 ~ 16.6.30	'16.1.4 ~ 16.6.30	'16.1.4 ~ 16.6.30	'16.1.4 ~ 16.6.30	
예상효과	백색잉크 포장시간 단축	조색작업공수 절감 (생산성 향상)	여과필터 비용 절감	현장 잔량재고량 감소로 비용 절감	

주요 안건 분석 시 주제에 맞는 현황이 분석되어야 한다. 예를 들어 예비 주제가 '연료 탱크 공정 개선으로 라인 정지 시간 감소'라면, 연료 탱크 공정이 잘못되어 라인 정지 시간이 많이 발생하고 있는 현상을 보여 주는 것이 적절하다.

중요 안건 데이터 분석   ※

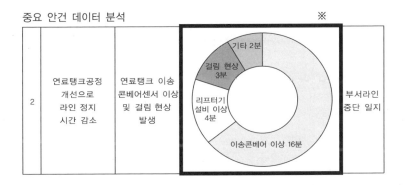

2	연료탱크공정 개선으로 라인 정지 시간 감소	연료탱크 이송 콘베어센서 이상 및 걸림 현상 발생	기타 2분 / 걸림 현상 3분 / 리프터기 설비 이상 4분 / 이송콘베어 이상 16분	부서라인 중단 일지

아래의 표에서는 주요 안건 현상 그래프에 제목을 제시하는 것이 좋다.

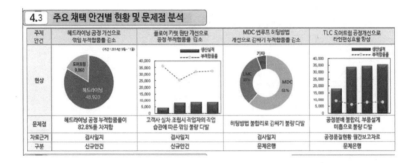

주제 적합성 검토 회사 측면에서 유사 평가 항목(생산성과 납기)이 있다. 이런 경우에는 회사 방침을 고려하여 안전, 환경 등 다양한 측면에서 검토하는 것이 바람직해 보인다.

아래의 표는 주제 적합성 검토 시, 평가 항목에 대해 타당치 않은 점수가 부여되어 있다. 예를 들어 첫 번째 주제는 부적합품 감소를 위한 주제로서, 품질 향상에 대한 기여도가 당연히 높은 과제임에도 불구하고 3점만이 부여되어 있다. 실제로 주제 적합성 검토를 위해 분임조원이 표결을 하여 결정하지 않고 임의로 각 항목에 점수를 부여한 예로 볼 수 있다.

주제 적합성 검토

품질향상	원가절감	생산성	안전성	부서 측면	분임조 측면	시급성	참여도	효과성	가능성	합계	순위	판정
				가중치								
3	3	2	2	안 건		3	3	2	2			
○	○	○	○	사이드 아우트 드로윙공정 개선으로 부적합품률 감소		◎	◎	◎	○	72	4	주제은행
◎	◎	○	△	프론트 도어 금형 최적화로 부적합품률 감소		◎	○	◎	◎	82	3	예비주제
◎	◎	◎	○	프론트 휀더 성형공정 개선으로 부적합품률 감소		◎	◎	○	◎	96	1	채택주제
○	○	◎	◎	프로테 휀더 이송공정 개선으로 금형 가동률 향상		◎	◎	◎	○	80	2	주제은행

아래의 예시는 주제 적합성 검토 매트릭스에서 획일적이고 형식적으로 틀에 맞춘 검토를 진행하고 있다. 작업 시간 단축이 품질 향상에 크게 기여할 것이라고 판단하기 어려운데도 불구하고 채택 주제의 경우 이 항목에 가장 높은 점수가 부여되고 있다.

주제 적합성 검토

생산성	품질	원가	환경안전	부서 측면	분임조 측면	시급성	효과성	참여도	해결성	합계	판정
				가중치							
3	3	2	2	주제 대상 안건		3	3	2	2		
●	○	●	○	부품보관 방법 개선으로 조립공간 확보 ※		●	○	○	●	80	예비주제
●	●	●	○	사출기 정밀판 제작공정 개선으로 작업시간 단축		●	●	●	●	96	채택
●	○	△	●	브라켓트 조립 기준면 개선으로 조립시간 단축		●	●	○	●	76	문제은행
○	○	○	●	사출장치 핸들링 방법 개선으로 무재해 달성		○	●	○	●	68	문제은행
●	○	○	△	형체 실린더 작업 방법개선으로 조립시간 단축		●	○	○	●	72	문제은행

다음의 예시 역시 위와 동일한 오류가 범해지고 있다. ※로 표시된 주제는 생산성 향상을 위한 주제로서 당연히 생산성 향상에 크게 기여할 것으로 기대되는데도 불구하고 생산성 부문에 3점만이 부여되고 있다.

주제 적합성 검토

품질	생산성	원가	안전	부서 관리 항목	분임조 평가 항목	효과성	시급성	가능성	참여도	총점	순위	제안자	판정
				가중치									
3	3	2	2	후보주제 항목		3	3	2	2				
◎	◎	○	○	TQ DASH STUD BOLT 용접분리 개선으로 부적합품률 감소		○	◎	○	○	78	2		문제은행
◎	◎	△	○	아반떼 대쉬 프레스 공정 개선으로 부적합품률 감소 ※		○	○	○	○	68	3		문제은행
◎	△	△ ※	○	제네시스 센터플로어 레이저 용접 부적합품률 감소로 생산성 향상		○	△	◎	○	54	4		문제은행
◎	◎	○	○	투싼IX 도어 인너 가공 공정 개선으로 적합품률 감소		◎	◎	○	○	88	1		채택

다음의 예에서 ※로 표시된 예는 조립시간 단축을 위한 과제로서 생산성 향상에 가장 크게 기여할 것으로 보이지만 생산성 부문에는 3점만이 부여되고 있다.

주제 적합성 검토

제안자	환경	원가	품질	생산성	회사 측면	분임조 측면	시급성	기술성	효과성	참여성	총점	평가
					가중치							
	2	2	3	3	후보주제		3	3	2	2		
김기락	○	●	●		중형차 6속 자동변속기 케이스 개선으로 부적합품률 감소 ※		●	●	●	●	96	채택
강영철	○	●	○	○	가이드 인서트 일체화 공법적용으로 조립시간 단축		○	○	○	○	66	문제은행
백종세	△	●	○	●	냉각수 번호판 개선으로 조립시간 단축		△	△	○	○	52	문제은행
류현우	○	●	△	●	대형 홀더 재질 변경으로 재료비 절감		○	○	○	△	64	문제은행

주제 적합성 검토는 적합성 검토 결과에 따라 주제가 선정되기 때문에 중요한 활동 단계이다. 다음의 예시는 주제 적합성 검토 단계에서 부서 측면에 품질, 생산성, 리드타임, 원가의 평가 항목으로 평가하였는데, 생산성과 리드타임은 유사한 평가 항목이므로 중복되었다.

주제 적합성 검토

NO	품질	생산성	리드타임	※원가	부서 측면 / 분임조 측면 (문제점)	효과성	시급성	가능성	참여성	총점(100점)	제안자	순위	조치사항
	3	3	2	2	가중치 / 3 3 2 2	3	3	2	2				
1	○	◎	△	○	적재 트레이 개선으로 젤리롤 부적합품률 감소	◎	△	○	○	62		4	문제 은행
2	◎	◎	○	◎	패키징 라인 공정 개선으로 외관 부적합품률 감소	○	◎	◎	◎	90		1	채택 ※
3	○	◎	○	◎	권취 용접 공정 개선으로 탭 위치 부적합품률 감소	◎	◎	○	○	82		2	잠정 차기 테마
4	△	△	◎	○	마감 테이프 부착 MISS개선으로 정지 로스 감소	◎	◎	◎	○	68		3	문제 은행

주제 선정 동기에서 '부적합품 후공정 유출 현황'과 '후공정 유출 점유율 현황'은 완전히 중복되었다. '후공정 유출 점유율 현황'에서 새로운 정보는 전혀 제공하고 있지 않아서 불필요한 표현의 낭비가 있다.

부적합품 후공정 유출 현황

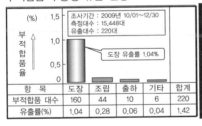

후공정 유출 점유율 현황

고장률에 대해 잘못 정의하고 있는 경우가 종종 발생하고 있다. 아래의 예시에서 조사된 데이터는 가동 시간 중 고장 시간이 차지하는 점유율을 분석하고 있다. 이 점유율은 고장률과는 전혀 다른 지표이다. 고장률은 단위 시간 동안 발생하는 고장 건수로 표현해야 한다.

주제 선정 동기

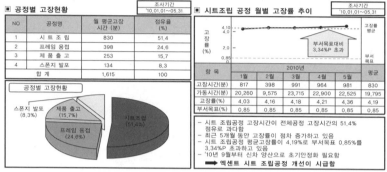

■ 공정별 고장현황

조사기간 '10.01.01~05.31

NO	공정명	월 평균고장 시간 (분)	점유율 (%)
1	시 트 조 립	830	51.4
2	프레임 용접	398	24.6
3	제 품 출 고	253	15.7
4	스폰지 발포	134	8.3
	합 계	1,615	100

공정별 고장현황

스폰지 발포 (8.3%)
제품 출고 (15.7%)
프레임 용접 (24.6%)
시트조립 (51.4%)

■ 시트조립 공정 월별 고장률 추이

조사기간 '10.01.01~05.31

부서목표대비 3.34%P 초과

항 목	2010년					평균
	1월	2월	3월	4월	5월	
고장시간(분)	817	398	991	964	981	830
가동시간(분)	20,260	9,575	23,715	22,900	22,525	19,795
고장률(%)	4.03	4.16	4.18	4.21	4.36	4.19
부서목표(%)	0.85	0.85	0.85	0.85	0.85	0.85

- 시트 조립공정 고장시간이 전체공정 고장시간의 51.4% 점유로 과다함
- 최근 5개월 동안 고장률이 점차 증가하고 있음
- 시트 조립공정 평균고장률이 4.19%로 부서목표 0.85%를 3.34%P 초과하고 있음
- '10년 9월부터 신차 양산으로 초기안정화 필요함

➡ **엑센트 시트 조립공정 개선이 시급함**

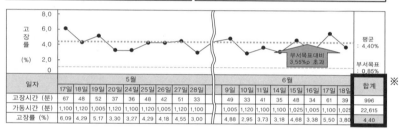

평균 : 4.40%
부서목표 : 0.85%
부서목표대비 3.55%p 초과

일자	5월										6월								합계	※
	17일	18일	19일	20일	24일	25일	26일	27일	28일		9일	10일	11일	14일	15일	16일	17일	18일		
고장시간 (분)	67	48	52	37	36	48	42	51	33		49	33	41	35	48	34	61	39	996	
가동시간 (분)	1,100	1,120	1,005	1,120	1,100	1,120	1,005	1,120	1,100		1,005	1,120	1,100	1,100	1,025	1,005	1,100	1,025	22,615	
고장률 (%)	6.09	4.29	5.17	3.30	3.27	4.29	4.18	4.55	3.00		4.88	2.95	3.73	3.18	4.68	3.38	5.50	3.80	4.40	

2 / 활동 계획 수립

활동 계획 수립 시 5개월간의 분임조활동 중에서 원인 분석 기간이 일주일 정도로 보인다. 원인 분석 기간을 전체 활동 중에서 너무 짧게 계획했다. 또한 대책 수립 및 실시는 별도로 추진하는 것이 바람직하다.

활동 계획 수립

단계 \ 일정	'09년 6월 1	2	3	4	7월 1	2	3	4	8월 1	2	3	4	9월 1	2	3	4	10월 1	2	3	4	담당자	활용 기법
현상 파악																						꺾은선그래프 파레토도, 체크시트 산점도, 히스토그램
원인 분석																						특성요인도, 계통도
목표 설정																						막대그래프
대책 수립 및 실시																						PDCA 관리사이클 체크시트, 히스토그램
효과 파악																						꺾은선그래프 파레토도, 체크시트
표 준 화																						표준 제·개정
사후 관리																						꺾은선그래프 체크시트
반성 및 향후 계획																						레이더차트

아래의 예시는 원인 분석 기간이 지나치게 짧게 책정되어 있다. 원인 분석은 분임조활동 중 개선을 위해 가장 중요한 단계이다. 원인 분석이 잘 이루어져야 이에 대한 올바른 대책이 강구되며 그로 인한 큰 효과도 기대할 수 있게 된다. 따라서 원인 분석은 신중하고 철저히 이루어져야 할 필요가 있다. 여기에서는 상대적으로 상당히 긴 현상 파악 기간에 비해 원인 분석 기간이 지나치게 짧게 책정되어 있고, 어쩌면 이것이 추가 대책을 실시하게 된 근본적인 이유일 수도 있다.

활동 계획 수립

단계	일정	1월		2월				3월					4월					5월					담당	사용 기법
		4주	5주	1주	2주	3주	4주	1주	2주	3주	4주	5주	1주	2주	3주	4주	5주	1주	2주	3주	4주	5주		
현상파악	계획																							체크시트,파레토도,층별 히스토그램,P관리도
	실시																							
원인분석	계획																							특성요인도 계통도
	실시																							
목표설정	계획																							막대그래프
	실시																							
대책수립 및 실시	계획																							체크시트,계통도,칸트차트 PDCA,히스토그램,실험계획법 막대그래프,검정,연관도,시뮬레이션
	실시																							
효과파악	계획																							파레토도,히스토그램, P관리도,검정
	실시																							
표준화 및 사후관리	계획																							체크시트 P관리도
	실시																							
반성 및 향후 계획	계획																							
	실시																							

(추가 대책 실시로 일정 지연)

활동 계획 수립 시 대책 수립 및 실시와 표준화 및 사후 관리는 각
자 구분하여 추진하는 것이 필요하다. 그러므로 아래의 ※ 부분은 활
동 내용이 다르기 때문에 분리 추진하는 것이 바람직하다.

활동 계획 수립

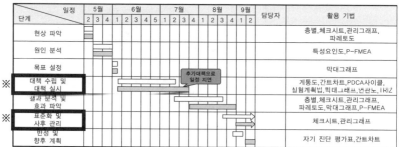

	단계	일정	5월			6월					7월				8월				9월		담당자	활용 기법
			2	3	4	1	2	3	4	5	1	2	3	4	1	2	3	4	1	2		
	현상 파악																					층별,체크시트,관리그래프, 파레토도
	원인 분석																					특성요인도,P-FMEA
	목표 설정																					막대그래프
※	대책 수립 및 대책 실시																					계통도,간트차트,PDCA사이클, 실험계획법,막대그래프,연관도,IRIZ
※	결과 분석 및 효과 파악																					층별,체크시트,관리그래프, 파레토도,막대그래프,P-FMEA
※	표준화 및 사후 관리																					체크시트,관리그래프
	반성 및 향후 계획																					자기 진단 평가표,간트차트

(추가대책으로 일정 지연)

아래처럼 대책 실시 기간이 계획보다 상당히 많이 길어진 경우에는
간략히 그 이유를 설명해 주는 것이 좋다.

활동 계획 수립

추진일정 활동단계	2008년 3월	4월	5월	6월	7월	담당자	활용 기법
현상파악							체크시트,관리그래프,파레토도
원인분석							특성요인도,계통도
목표설정							막대그래프
대책수립			※				계통도
대책실시							PDCA Cycle,막대그래프
결과분석 효과파악							체크시트,관리그래프,파레토도
표준화							표준화 양식
사후관리							관리그래프
반성 및 향후계획							자기진단표,레이더차트

다음의 표는 대책 실시 세부 일정 계획 수립 단계에서 즉개선 일정 계획이 표기되지 않았으며, 대책 1에서 대책 5까지 순차적으로 진행하여 형식적인 일정 계획으로 보이고 있다. 순차적으로 꼭 진행해야 한다면 그 사유를 표기하는 것이 바람직하다.

대책 수립 세부 일정 계획

구분	순위	항목	대책명	7월 1	2	3	4	8월 1	2	3	4	담당자
분리	대책1	원심분리기	진밀 회수라인 설치									※
	대책2	연속분리기	배출슈트 표면 코팅									
	대책3	마스케트 펌프	자동 조절 공급설비 설치									
전당	대책4	결정관	세이브올 세관수 회수설비 설치									
	대책5	시드밍그라	용적식 펌프 설치									

3 / 현상 파악

현상 파악 단계에서 지나친 층별이 이루어지는 곳이 종종 있다. 층별은 개선 대상을 구체화하고 특성의 근본 원인을 파악하기 수월하게 만든다는 이점도 있을 수 있지만 층별을 하면 할수록 개선해야 할 문제점들이 개선 대상에서 제외되는 단점도 동시에 존재한다는 점을 명심해야 한다. 예를 들어 1차 층별에서 전체의 70%에 해당하는 항목을 중점 관리 항목으로 선정하고 이를 또 다시 2차 층별하여 이들의 70%에 해당하는 항목들을 중점 관리 항목으로 선정했다면 전체 부적합품률의 (0.7)(0.7), 즉 49%만이 활동의 대상이 되는 것이고 이 부적합품률을 완전히 없앤다 하더라도 전체 부적합품률의 반도 줄이지 못한다는 결론에 도달한다.

이러한 층별의 부작용이 존재함에도 불구하고 마치 여러 번 층별하는 것이 더 개선 기법을 잘 활용한 듯이 오해하는 경향은 바로 잡아야 할 것이다.

사례에서는 2단계 층별을 하는 과정에서 중점 관리 항목의 59%만이 활동 대상으로 남게 된다. 이는 대상 부적합품률을 0%로 줄인다고 해도 중점 관리 항목의 59%만 해결할 수 있게 된다는 뜻이다. 이렇게 층별을 통해 개선활동 계획이 수월해지는 장점도 있지만 이를 통해 개선이 제약되는 단점이 따라올 수 있다는 것도 명심해야 한다.

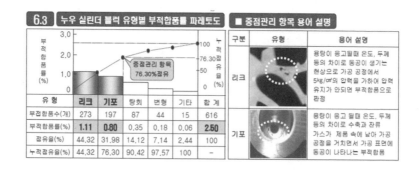

6.3 누우 실린더 불럭 유형별 부적합품률 파레토도					
유 형	리크	기포	탕회	변형	기타	합 계
부적합품수(개)	273	197	87	44	15	616
부적합품(%)	1.11	0.80	0.35	0.18	0.06	2.50
점유율(%)	44.32	31.98	14.12	7.14	2.44	100
누적점유율(%)	44.32	76.30	90.42	97.57	100	-

중점관리 항목 76.30%점유

■ 중점관리 항목 용어 설명

구분	유형	용어 설명
리크		용탕이 응고될때 온도, 두께 등의 차이로 동공이 생기는 현상으로 가공 공정에서 5kg/㎠의 압력을 가하여 압력 유지가 안되면 부적합품으로 판정
기포		용탕이 응고 될때 온도, 두께 등의 차이로 수축과 잔류 가스가 제품 속에 남아 가공 공정을 거치면서 가공 표면에 동공이 나타나는 부적합품

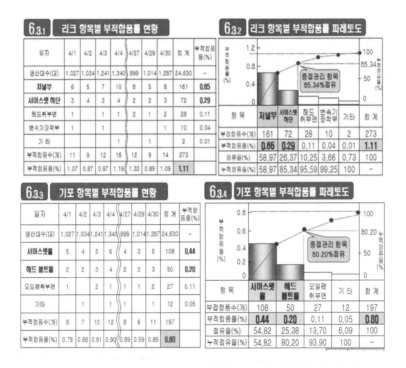

6.3.1 리크 항목별 부적합품률 현황

일자	4/1	4/2	4/3	4/4	4/27	4/29	4/30	합계	부적합품률(%)
생산대수(대)	1,027	1,034	1,241	1,340	899	1,014	1,287	24,630	–
저널부	6	5	7	10	8	5	8	161	0.65
서미스탯 하단	3	4	3	4	2	2	3	72	0.29
헤드취부면	1		1	1	2	1	2	28	0.11
변속기장착부	1		1				1	10	0.04
기 타				1		1		2	0.01
부적합품수(개)	11	9	12	16	12	9	14	273	
부적합품률(%)	1.07	0.87	0.97	1.19	1.33	0.89	1.09	1.11	

6.3.2 리크 항목별 부적합품률 파레토도

중점관리 항목 85.34%점유

항 목	저널부	서미스탯 하단	헤드 취부면	변속기 장착부	기 타	합 계
부적합품수(개)	161	72	28	10	2	273
부적합품률(%)	0.65	0.29	0.11	0.04	0.01	1.11
점유율(%)	58.97	26.37	10.25	3.66	0.73	100
누적점유율(%)	58.97	85.34	95.59	99.25	100	–

6.3.3 기포 항목별 부적합품률 현황

일자	4/1	4/2	4/3	4/4	4/27	4/29	4/30	합계	부적합품률(%)
생산대수(대)	1,027	1,034	1,241	1,340	899	1,014	1,287	24,630	–
서미스탯율	5	4	5	6	4	3	5	108	0.44
헤드 볼트율	2	2	3	4	2	2	3	50	0.20
오일팬취부면	1		2	1	1	1	2	27	0.11
기타		1		1	1		1	12	0.05
부적합품수(개)	8	7	10	12	8	6	11	197	
부적합품률(%)	0.78	0.68	0.81	0.90	0.89	0.59	0.85	0.80	

6.3.4 기포 항목별 부적합품률 파레토도

중점관리 항목 80.20%점유

항 목	서미스탯율	헤드 볼트율	오일팬 취부면	기 타	합 계
부적합품수(개)	108	50	27	12	197
부적합품률(%)	0.44	0.20	0.11	0.05	0.80
점유율(%)	54.82	25.38	13.70	6.09	100
누적점유율(%)	54.82	80.20	93.90	100	–

아래의 예시처럼 부적합품률의 그래프를 그릴 때 생산하지 않은 날 (28일)의 부적합품률을 '0'으로 간주하고 그래프에 타점해서는 안 된다. 만일 현상이 아래 그래프와 같이 나왔다면 부서 목표에 비해 현재 평균이 높다는 것도 중요하다. 하지만 먼저 주시해야 할 점은 산포가 커지고 있다는 점이며 이 원인을 찾는 노력을 해야 한다. 이러한 문제를 현상 파악에서 간파해야만 이에 따른 원인 분석과 대책 수립이 이루어질 수 있다. 이 사례의 경우에는 생산하지 않은 날의 부적합품률을 '0'으로 간주한 데서 문제가 발생했다.

부적합품률 관리 그래프

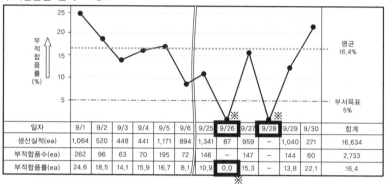

일자	9/1	9/2	9/3	9/4	9/5	9/6	9/25	9/26	9/27	9/28	9/29	9/30	합계
생산실적(ea)	1,064	520	448	441	1,171	894	1,341	87	959	–	1,040	271	16,634
부적합품수(ea)	262	96	63	70	195	72	146	–	147	–	144	60	2,733
부적합품률(ea)	24.6	18.5	14.1	15.9	16.7	8.1	10.9	0.0	15.3	–	13.8	22.1	16.4

다음의 그래프는 '불안정한 품질'과 '높은 부적합품률'이라는 애매한 용어를 사용하고 있다. '불안정한 품질'은 P 관리도에서 한 점이 관리 한계를 넘은 현상을 표현하는 데 적절한 용어가 아니다. '불안정한 품질'은 제품이 소비자의 요구 규격을 종종 벗어나고 있다는 뜻으로 주로 사용된다. 즉, 제품의 산포에 관한 문제를 나타내는 용어이지, 부적합품률의 산포를 나타내는 용어가 아니다.

또한 이 관리도에서는 관리 한계를 넘었는가 넘지 않았는가 보다 더 중요한 것은 평균 부적합품률이 높다는 사실이다.

그림 하단에서 지적한대로 부적합품률이 관리 한계를 넘는 것도 문제가 된다면, 이후 개선 대책을 찾을 때 평균 부적합품률을 낮추는 노력만큼 부적합품률 산포를 줄이기 위한 노력도 기울여야 하는 것이 일관성 있는 진행이다.

부적합품률 P 관리도

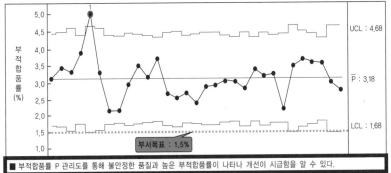

부서목표 : 1.5%

UCL : 4.68
$\overline{P}$: 3.18
LCL : 1.68

■ 부적합품률 P 관리도를 통해 불안정한 품질과 높은 부적합품률이 나타나 개선이 시급함을 알 수 있다. ※

아래의 P 관리도는 평균 부적합품률이 0.0515로서 상당히 높다는 것을 지적하는 대신, 이상점 없이 안정적으로 관리되고 있다는 결론을 내리고 있다.

그러나 현상 파악에서는 부적합품률이 높은 것이 문제이지, 높은 평균 부적합품률을 중심으로 관리 상태 내에 있다는 것이 중요한 것은 아니다.

부적합품률 P 관리도

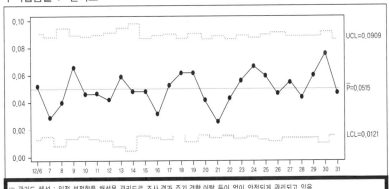

UCL=0.0909
$\overline{P}$=0.0515
LCL=0.0121

☞ 관리도 해석 : 입점 부적합품 해석용 관리도로 조사 결과 주기,경향,이탈 등이 없이 안정되게 관리되고 있음.
☞ 해석 기준 : ◆ 6개점 상승 또는 하락 ◆ 중심선 한쪽 9개점 런 ◆ 14개점 연속 교대로 상승,하락 ◆ 3점 중 2점 2~3σ 위치 ◆ 3σ범위 밖 등 ※

매일매일 생산 횟수가 다르면 부적합품수를 서로 비교하는 데 의미가 없다. 당연히 부적합품률로서 비교되어야 한다. 여기서는 부적합품 수라는 잘못된 지표로서 그래프를 그리고 있다.

공정 부적합 추이도

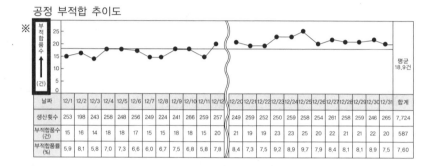

날짜	12/1	12/2	12/3	12/4	12/5	12/6	12/7	12/8	12/9	12/10	12/11	12/12	12/20	12/21	12/22	12/23	12/24	12/25	12/26	12/27	12/28	12/29	12/30	12/31	합계
생산횟수	253	198	243	258	248	256	249	224	241	266	259	257	249	259	252	250	259	258	254	261	258	259	246	265	7,724
부적합품수 (건)	15	16	14	18	18	17	15	15	18	18	15	20	21	19	19	23	23	25	20	22	21	21	22	20	587
부적합품률 (%)	5.9	8.1	5.8	7.0	7.3	6.6	6.0	6.7	7.5	6.8	5.8	7.8	8.4	7.3	7.5	9.2	8.9	9.7	7.9	8.4	8.1	8.1	8.9	7.5	7.60

아래의 표는 앞의 경우와 동일한 오류를 범하고 있다. 매일매일 생산 대수가 다르면 부적합품수는 서로 비교하는 데 의미가 없다. 당연히 부적합품률로서 비교되어야 한다.

조립 공정별 부적합품 발생 현황

체크일자 / 항목		2/1	4	5	11	12	13	14	15	16	18	19	20	21	22	23	25	26	27	28	29	합계	일 평균 부적합품
일 생산대수		273	320	320	320	320	273	320	320	320	320	273	320	320	319	290	273	320	320	320	290	6151	307.55
공정	범퍼 장착	11	7	10	8	7	9	10	9	9	12	7	10	6	8	13	7	9	6	8	10	176	8.80
	바디 장착	18	21	16	27	24	23	22	26	17	22	23	25	34	25	19	27	25	26	25	23	469	23.45
	도어 장착	3	2	4	5	2	1	6	4	3	1	4	3	5	3	4	2	1	5	3	2	63	3.15
	데크 장착	1	2	2	1	0	1	1	0	0	1	1	2	1	2	1	0	0	1	1	1	19	0.95
	기 타	1	0	1	1	0	0	0	0	1	0	1	1	0	1	1	0	1	2	0	0	11	0.55
부적합품		34	32	33	42	33	34	39	39	30	36	36	41	46	39	38	36	36	40	37	36	738	36.90

주제 선정 시점과 개선 전 시점에서는 공정 유출률의 차이가 클 수 없다. 다음의 예시는 당연한 사실에 대해 불필요하게 비율 차이 검정을 실시하고 있다. 기법의 남용과 낭비이다.

부적합품 후공정 유출률(P) 관리도 ※

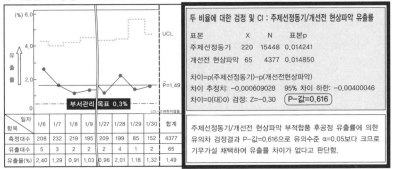

두 비율에 대한 검정 및 CI : 주제선정동기/개선전 현상파악 유출률

표본	X	N	표본p
주제선정동기	220	15448	0.014241
개선전 현상파악	65	4377	0.014850

차이=p(주제선정동기)-p(개선전현상파악)
차이 추정치: -0.000609028 95% 차이 하한: -0.00400046
차이=0(대)0 검정: Z=-0.30 P-값=0.616

주제선정동기/개선전 현상파악 부적합품 후공정 유출률에 의한
유의차 검정결과 P-값=0.616으로 유의수준 α=0.05보다 크므로
기무가설 채택하여 유출률 차이가 없다고 판단함.

일자\n항목	1/6	1/7	1/8	1/9	1/27	1/28	1/29	1/30	합계
측정대수	208	232	219	195	209	199	85	152	4377
유출대수	5	3	2	2	2	4	1	2	65
유출률(%)	2.40	1.29	0.91	1.03	0.96	2.01	1.18	1.32	1.49

아래의 예시는 삽입력과 탈거력에 대한 공정 능력을 분석하고 있는데, 우측에는 하나의 그래프만을 그리고 있다. 삽입력과 탈거력에 대한 공정 능력 분석은 따로따로 이루어져야 한다.

또한 부적합품의 기준은 규격 상한만이 존재하는데 우측 분석에서는 양쪽 규격으로 분석하고 있다. 규격 상한만이 존재할 때에는 한쪽 규격에 대한 공정 능력 분석이 이루어져야 한다.

공정 능력 분석

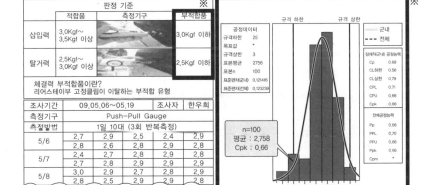

다음은 불필요한 Cp 분석에 대한 사례이다. 부적합품률을 감소시키는 주제를 다룰 때 현상 파악에서 부적합품률이 충분히 많은 데이터로부터 산출이 되었으면 공정 능력 분석이 굳이 이루어질 필요가 없는 경우가 많다. 부적합품률을 추정하는 단계에서 충분히 신뢰할 만한 부적합품률을 구해놓고 다시 한 번 공정 능력 분석을 하는 것은 기법의 중복 사용에 불과하다.

특히 공정 능력 분석은 특성치가 정규분포를 따를 때에만 사용할 수 있다는 점도 명심해야 한다.

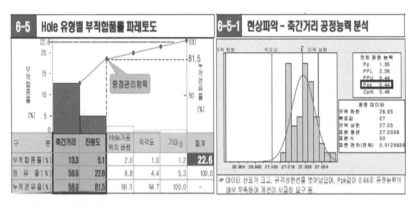

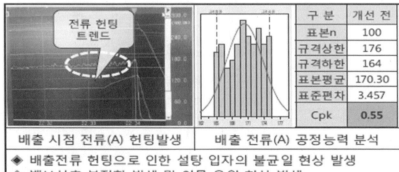

원그래프는 제일 큰 항목부터 12시 방향에서 크기 순으로 정리하는 것이 바람직하다. 즉, 제품 파손, 제품 누액, 내용물 불만, 사용감 불만, 기타 순으로 정리해야 한다.

4 / 원인 분석

    중점 관리 항목 외관과 치수 부적합품을 또다시 내면층, 내면 긁힘 부적합품과 내경, 전장으로 각각 층별하였다. 그러면 이후 특성요인 도에서는 이렇게 층별된 내면층, 내면 긁힘 부적합품, 내경, 전장에 대한 분석이 이루어져야 하는데도 불구하고 그 이전 단계 중점 관리 항목인 외관과 치수 부적합품에 대해 원인 분석을 하고 있다. 그렇다면 외관과 치수에 대한 층별은 불필요했다.

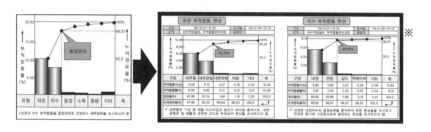

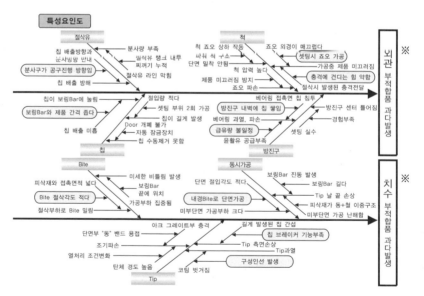

　원인 분석에서 요인 정리 계통도 작성 시 1차 요인은 요인에 대한 내용이 정리되어야 한다. 아래의 예처럼 1차 요인을 항목의 형태로 나열하는 것보다는 요인을 명확하게 표현하는 것이 바람직하다.

요인 정리 계통도

　다음의 예시처럼 요인 전개를 억지로 획일적 차수에 맞출 필요는 없다. 본 문집에서도 요인 전개를 3차 요인까지 획일적으로 전개하려 다 보니 부적절한 부분이 발생하고 있다. 예를 들어 볼트홀 항목의 요인 전개 시 공기 배출이 안 좋은 1차 요인이 진공 압력이 부족한 2차 요인으로 전개된다. 이는 다시 진공압이 부족하다는 3차 요인으로 전개된다. 하지만 3차 요인은 2차 요인과 동일한 것이다.

주요 요인 계통도

아래처럼 설비 부분의 1차 요인에 '측정 도구', '배합기'로만 표기하는 것은 바람직하지 않다. 측정 도구와 배합기의 문제점에 대한 의미를 명확하게 표기해야 한다.

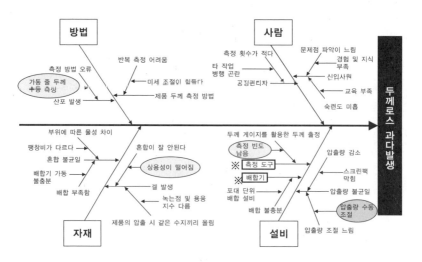

특성요인도에서는 문제를 야기시킬 수 있는 요인을 찾아 세부적으로 분석해 나가 근본적인 원인을 찾아야 한다. 그리고 특성요인도를 작성할 때는 그 문제점이 지적되어야 한다. 다음의 예시에서 '창의성'

과 '자동화 무인 설비'와 같이 현상을 나열하거나 애매모호한 표현을
해서는 안된다.

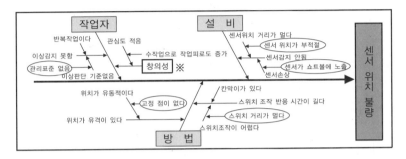

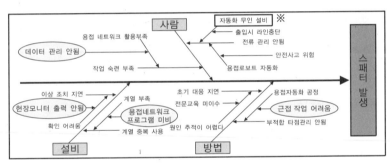

현상 파악 단계에서 분석된 주요 요
인과 관계없는 요인에 대한 분석이 이
루어지고 있다. 옆의 표에서는 고장 시
간을 줄이기 위한 과제로서 고장 시간
이 긴 3가지 주요 요인을 파악하였다.
그렇다면 원인 분석 단계에서는 고장
시간이 긴 원인을 찾기 위한 특성요인
도를 그려야 한다. 그러나 다음의 예시
를 살펴보면 여기서는 고장 시간 대신
고장 건수가 많은 원인을 분석하고 있

고장 항목별 집계표 및 파레토도			
고장항목	고장시간(분)	고장률(%)	점유율(%)	누적점유율(%)
클램프 부적합	392	1.73	39.4	39.4
지그진입 부적합	267	1.18	26.8	66.2
지그정위치 부적합	186	0.82	10.7	84.0
근접센서 감지 부적합	57	0.25	5.7	90.6
로보트롤 부적합	43	0.19	4.3	94.9
트랙테스터 부적합	34	0.15	3.4	98.3
기 타	17	0.08	1.7	100
합 계	996	4.40	100	–

다. 물론 건수가 많음으로써 고장 시간도 길어질 수 있지만 항상 그런
것은 아니기 때문에 고장 건수 분석과 고장 시간 분석은 구분하여 이
루어져야 한다.

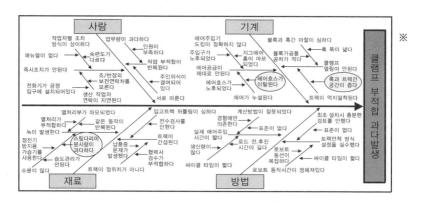

아래의 예시에는 연관도에서 분석된 내용이 그대로 주요 요인 계통
도로 표현되어 있다. 주요 요인 계통도는 특성에 대한 요인을 찾는
데 기여한 것이 아니고 연관도를 그리면서 찾은 결론을 그대로 정리
해 놓았을 뿐이다. 연관도에서 찾은 결론을 보기 쉽게 계통도의 형태
로 표현한 것 이상의 가치는 없다.

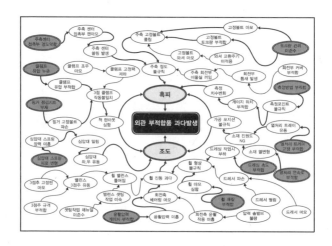

아래의 예시를 살펴보면 앞에서 언급한 내용과 마찬가지로 이번에는 특성요인도에서 분석된 내용이 그대로 주요 요인 계통도로 표현되어 있다. 특성요인도에서 찾은 결론을 보기 쉽게 계통도의 형태로 표현한 것 이상의 가치는 없다.

특성요인도

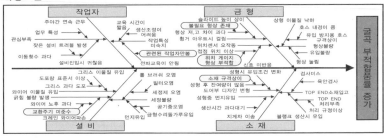

포장 시간 과다는 '구분' 보다는 '특성'으로 표기하고 주요 요인 1차 요인이 문제점이면 2차 요인은 세부 요인이 되고 3차 요인은 세세부 요인으로 이루어져야 한다.

'수동으로 이루어진 설비이다'가 1차 요인이면 '잉크 충진 작업에 집중할 수 없다'가 세부 요인이어야 하는데 연결이 매끄럽지 못하다.

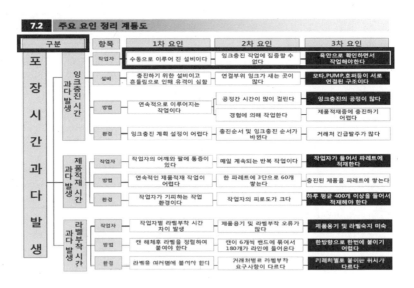

주요 요인 계통도에서 품질 검사 시간 과다는 '목적'이 아니라 '특성'으로 표시해야 하며 범례에는 채택/불채택 기준이 없다.

문제점 도출을 위해 '전위차 검사 사이클 타임 과다 요인도'를 작성
하였으나 여기서 요인도는 특성요인도로 표기해야 하며 '체결 시간이
오래 걸림'과 '측정 시간이 오래 걸림' 등 같은 문제점들이 다수 발견
되고 있으므로 연관도를 작성하는 것이 바람직해 보인다.

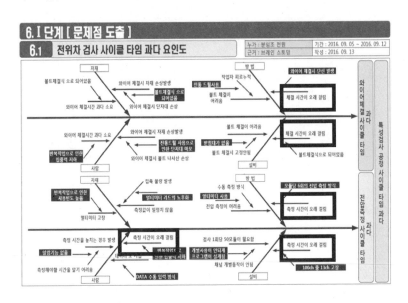

특성요인도를 작성한 후에 XY matrix를 사용하는 경우도 종종 있
다. XY matrix는 한 요인이 여러 중점 관리 항목에 동시에 영향을
미칠 수 있는 경우 전체의 영향을 고려하여 최종 요인을 선정하기 위
한 방식이다. 즉, 각 중점 관리 항목에 대해 특성요인도를 그렸다는
것은 각 항목에 서로 다른 요인들이 영향을 미치고 있지 않다고 판단
했기 때문이다. 그렇지 않으면 특성요인도 대신 연관도가 그려져야
했을 것이다. 따라서 이 경우의 XY matrix는 matrix로서의 의미가
전혀 없이 한 쪽 중점 관리 항목에만 점수가 주어지고 다른 쪽에는
0점이 주어지는 matrix가 되어버린다. 이와 같은 경우에는 matrix를
그릴 필요 없이 각각의 중점 관리 항목별로 높은 점수를 받은 요인을

최종 요인으로 선정하는 것과 동일하게 되어 불필요한 기법 사용에 시간 낭비를 하는 셈이다.

■ O.5.2 계기 작업 X-Y Matrix

범례 배점 개별평가(1~10점)합계 / 분임원 수(8명)

X-Y Matrix	출력변수 Y	계기		누적점유율 80%이내 선정	
	가중 1~10	7		76.7% 8개 인자 선정	
순번	입력 변수 X	배점	합계	점유율 (%)	누적점유율 (%)
1	계기 취부판 호환이 불가함	9.0	63.0	11.7	11.7
2	과다한 힘을 가함	8.5	59.5	11.1	22.8
3	인력프로그램이 다양함	8.3	58.1	10.8	33.6
4	활선작업이 필요함	7.5	52.5	9.8	43.4
5	불필요한 공정이 포함됨	7.3	51.1	9.5	52.9
6	삽입전선이 굵음	6.5	45.5	8.5	61.4
7	설치위치 기준이 불명확함	6.0	42.0	7.8	69.2
8	취부판 종류가 다양함	5.8	40.6	7.5	76.7
9	수작업 관리대상이 과다함	5.3	37.1	6.9	83.6
10	계기별 작업자재가 상이함	4.8	33.6	6.3	89.9
11	점검항목이 포괄적임	4.0	28.0	5.2	95.1
12	장비소용이 큼	3.8	26.6	4.9	100.0

■ O.5.3 변류기 작업 X-Y Matrix

범례 배점 개별평가(1~10점)합계 / 분임원 수(8명)

X-Y Matrix	출력변수 Y	변류기		누적점유율 80%이내 선정	
	가중 1~10	6		74.2% 8개 인자 선정	
순번	입력 변수 X	배점	합계	점유율 (%)	누적점유율 (%)
1	상별로 각각 시공함	8.5	51.0	10.6	10.6
2	점검기가 상호 연동이 안됨	8.3	49.8	10.4	21.0
3	결선작업이 복잡함	7.8	46.8	9.7	30.7
4	외부 진동이 발생함	7.8	46.8	9.7	40.4
5	전선 색상이 다양함	7.5	45.0	9.4	49.8
6	방호기준이 미흡함	7.0	42.0	8.8	58.6
7	장착 공간이 한정됨	6.5	39.0	8.1	66.7
8	인력으로 작업함	6.0	36.0	7.5	74.2
9	단자접속이 불완전함	5.8	34.8	7.2	81.4
10	상별 전지선을 개별 시공함	5.8	34.8	7.2	88.6
11	외부에 노출되어 있음	4.8	28.8	6.0	94.6
12	실습교육시간이 부족함	4.3	25.8	5.4	100.0

원인 분석 후 고장 유형 영향 분석(P-FMEA)으로 주요 요인을 선정하였다. FMEA 분석이 꼭 필요하지 않으면 주요 요인 정리만으로 충분하다.

7.2 고장유형 영향분석(P-FMEA)

작성일자 '16.10.19
작성방법 분임초 Multivoting 결정
채택기준 RPN=심각도x발생도x검출도 RPN 100이상 채택(전원참여)

정비 발생 유형			예상 대책	실각두 (1~10)	실제고상 원인	발생도 (1~10)	현재 프로세스 관리상태	검출노 (1~10)	위험도 (RPN)	채택 여부
펌프 수차 기동 프로세스 정비시간 과다	SFC 정비 시간 과다	단로기	개폐 동작시간 지연으로 써지발생	6	개폐형식 부적합	6	계획중간점비(1회/월)	4	144	채택
			제어카드 및 구동모터 소손		서지유입	5	주간점검(1회/주)	2	72	불채택
			정비경험 인력 부족		빈번한 인사이동	5	1회/3년	2	60	불채택
			형식적 점검		전문인력 부족	5	직무교육(1회/월) 집합교육(1회/1년)	2	60	불채택
		제어카	반출정비 시간과다	6	제어카드 오동작	5	계획중간점비(1회/월)	4	120	채택
			제수리통 재사용 오동작 빈번		외산소자 단종	5	1회/3년	2	60	불채택
			정비경험 인력 부족		빈번한 인사이동	5	직무교육(1회/월) 집합교육(1회/1년)	2	60	불채택
			형식적 점검		전문인력 부족	5		2	60	불채택
	공기 압축기 정비 시간 과다	구동부	공기 누설로 인한 정비 빈번	8	재질선정 부적합	7	월간점검(1회/월)	3	168	채택
			구동부 부동작		밀점검기준 부적합	5	월간점검(1회/월)	4	160	채택
			정비방법 복잡		단종된 구형설비	5	월간점검(1회/월)	2	80	불채택
			정비경험 인력 부족		빈번한 인사이동	5	1회/3년	2	80	불채택
			형식적 점검		전문인력 부족	5	직무교육(1회/월) 집합교육(1회/1년)	2	80	불채택
		공기 탱크	운전상태 파악 곤란	8	설비 원격감시 미구성	6	주간점검(1회/주)	3	144	채택
			압력 저하 고장 확인 어려움		신호전송 설비 부재	6	주간점검(1회/주)	4	192	채택
			정비경험 인력 부족		빈번한 인사이동	5	1회/3년	2	80	불채택
			형식적 점검		전문인력 부족	5	직무교육(1회/월) 집합교육(1회/1년)	2	80	불채택
	G/M 쿨러 정비 시간 과다	누수	누수시 고장개소 파악 곤란	8	점검포인트 미반영	4	주간점검(1회/주)	3	96	불채택
			외주수리로 정비조치 지연		정비/시험장비 부재	3	주간점검(1회/주)	6	144	채택
			정비경험 인력 부족		빈번한 인사이동	5	1회/3년	2	80	불채택
			형식적 점검		전문인력 부족	5	직무교육(1회/월) 집합교육(1회/1년)	2	80	불채택

5 목표 설정

목표 설정 근거에서는 왜, 어떤 근거에 의해 목표가 설정되었는지를 설명해야 한다. 여기에서는 분임조 목표 부적합품률 4.7%가 어떻게 책정되었는지를 설명해야 한다. 다시 말해서 4.5%도 아니고 5%도 아닌 4.7%의 목표 수치가 나온 것에 대한 설명이 필요한 것이다. 그러나 여기서는 설정의 근거가 아니라 어떻게 해서 목표를 달성하겠다는 방향만을 제시하고 있다. 이는 뒤에 대책 수립 단계에서 더 정밀하게 분석될 것이기 때문에 이보다는 명확한 근거를 제시할 필요가 있다. 목표 설정이 타당한 근거에 의해 책정된 것이 아니라면 분임조활동을 통해 이 목표를 달성해도 큰 의미가 없다.

목표 설정 근거

특성	현상	목표	절감금액	근거
찍힘	찍힘 부적합 7.2%	찍힘 부적합 0.7%	월 평균 6.5% P 절감 시 : 2백 8십만 원 예상	■부적합품률 11.1% P 감소를 목표 → 연간 5,760만 원의 절감 예상
주름	주름 부적합 5.1%	주름 부적합 0.5%	월 평균 4.6% P 절감시 : 2백만 원 예상	

☞ 프레스 공정의 부적합률이 타차종 및 부서 목표 대비 과다하여 부적합품 비중이 가장 높은 리어 도어 인너 부적합품률 16.4%를 개선하여 분임조 목표 4.7%를 달성하고자 함.
☞ 리어도어 인너 부적합품률 中 가장 높은 점유율을 차지하는 찍힘 및 주름을 버큠 스프링 개선, 슬라이드 정도 개선 등의 활동을 통해 목표 4.7%를 달성하고자 함.
☞ 주름과 크랙의 상관관계는 쿠션압력 상승 시 크랙 발생. 쿠션압 하강 시 주름 발생. 주름을 개선하여 크랙 발생 부적합률을 감소시킬 수 있음.

다음의 예시를 보면 목표 설정 근거에서는 어떤 근거에 의해 현재의 부적합품률 3.18%를 1.50%로 낮추는 목표를 잡았는가에 대한 설명이 없고 단지 세운 목표를 정리해 주고 있다. 참조 부분에서 선진업체 평균에 의거한 회사 관리 목표를 기준으로 잡았다는 간략한 언급만이 있다.

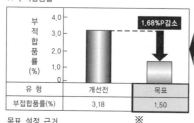

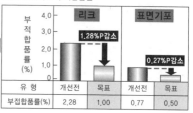

목표 설정 근거   ※

리크 부적합품률 감소

주요요인	개선방향	개선전 (%)	목표 (%)	감소율 (%)
유압 홀	연결부 품질확보	1.28	0.5	61
볼트 홀	보압 증가	0.82	0.4	51
하우징 체결홀	–	0.16	–	–
기타	–	0.02	–	–
합계	–	2.28	1.0	56

표면기포 부적합품률 감소

주요요인	개선방향	개선전 (%)	목표 (%)	감소율 (%)
센서 홀	공간을 확보	0.44	0.3	32
밸브바디 유로홀	제품구조를 재검토	0.27	0.2	27
피스톤 홀	–	0.04	–	–
기타	–	0.02	–	–
합계	–	0.77	0.5	35

■ 참조 : 독일,일본 선진업체 평균에 의거한 회사 관리목표를 기준으로 목표를 설정하였다.   ※

아래의 예시를 보면 A제품의 부적합품수를 줄이는 목표를 C제품의 부적합품수를 근거로 설정하였으나, A제품과 C제품의 생산량이 다르기 때문에 수량보다는 부적합품률로서 목표를 설정하는 것이 타당하다.

부서 측면 및 분임조 측면   ※

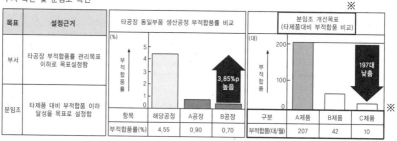

분임조활동 개선 목표는 부서에서 미리 정해진 목표를 기준으로 설정될 때가 흔히 있다. 정해진 부서의 목표는 그 자체가 목표 설정 근거도 될 수 있다. 따라서 많은 분임조가 공정 설명 단계에서 부서 목

표를 제시하기도 한다. 그러나 합리성이 결여될 정도로 지나치게 세분화된 공정에 부서 목표가 정해진 듯이 보여주는 경우가 있다. 실제로 이렇게 구체화된 세부 공정마다 부서 목표가 정해지는 경우는 거의 있을 수 없으므로 이러한 접근은 지양할 필요가 있다.

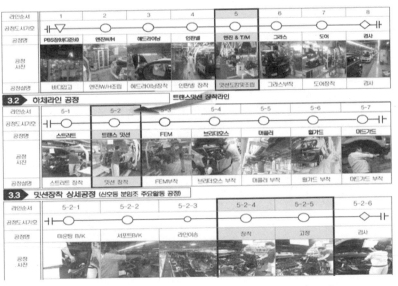

다음의 사례에서는 총 정비 시간 목표 설정을 48%로 정하는 객관
적 근거를 찾기 어려우며 세부 항목별로 목표 설정한 근거가 약하다.

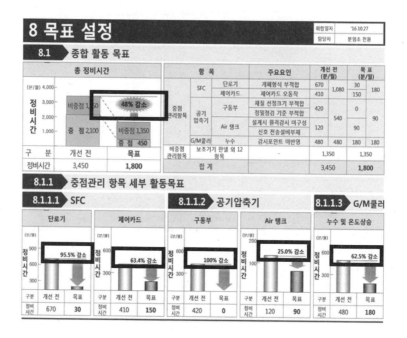

목표 설정 시에 근거 제시보다는 목표를 달성하기 위한 활동 방향
에 대해서 설명하고 이러한 활동을 통해 어느 정도의 목표가 달성될
지를 예상하고 이를 목표로 잡고 있는 경우가 흔히 있다. 이러한 목표
설정 방법은 바람직한 방향이 아니다. 왜냐하면 목표를 세운 후 대책
수립 과정을 거쳐야만 목표 달성을 위해 어떠한 활동을 할 것인지를
알 수 있는데 대책 수립 이전에 이미 활동 방향이 나온다는 것은 개선
활동의 진행 순서로 보아 바른 방법이 아닐 수 있다.

8. 목표설정

8.1 목표설정

참석자	작성일자	작성자
분임조 전원	'16. 03. 14	

8.2 목표설정 근거

부적합품	주요 요인	개선 방향	개선전(%)	목표(%)
기 포	배기량 많음	배기량 변경	4.55	1.37
	버너 열량부족	버너열량 증대		
	열풍량 부족	열풍량 증대		
	브러시가 털어내지 못함	원료 달라붙음 방지		
	Chip 쏠림 발생	Chip 쏠림 방지		
	Chip 배열 두께 두꺼움	Chip배열 두께 조정		
	Chip과 노즐 간격 멀음	노즐 간격 조정		
	분진 흡입력 약함	분진 제거장치 설치		
	교육부족	교육증대		
크 랙	흔들이 진동 약함	흔들이 진동 조정	3.13	0.94
	Chip 배열 불균일 힘	Chip 걸림 방지		
	Chip향 좌, 우 쏠림	Chip량 쏠림 방지		
	압연비 크다	압연비 감소		
	전문지식 부족	설비전문교육실시		
기 타	비중점 관리항목		0.88	0.88
합 계			8.56	3.19

구 분	설 정 근 거
고객측면	• 부적합품으로 인한 고객불만 해소. • 고객의 품질 need 충족.
부서측면	• 2016년 품질 경쟁력 확보와 사업부목표달성을 위해서는 부적합품률을 부서 목표 4.0% 이하로 관리하여야 함.
분임조측면	• 제조원가 악화 요인을 개선하고 수익성 향상을 위해 분임원이 열정적으로 참여하여 성형공정의 중첩관리 항목인 기포, 크랙을 70% 감소 하기로 함.

6 / 대책 수립

다음 예시를 살펴보면 즉개선의 기준은 채택 기준 11점 이상과 불채택 기준 8점 이하의 사이 점수인 9점에서 10점 사이로 정하고 있다. 그러나 분임조원 간의 투표에 의한 점수가 채택된 대책보다 조금 낮다고 해서 그 대책이 손쉽게 해결될 수 있는 즉개선 대책으로 돌변할 수는 없다. 일단 어느 점수 이상이면 채택되도록 기준을 정하고, 채택된 대책을 검토하여 이 중 손쉽게 해결할 수 있는 대책은 즉개선하는 것이 올바른 수순이다.

대책 수립 계통도

			채택기준	11점 이상
		※	즉개선기준	9점~10점
			작성자	
			작성일자	2010.10.17

범례	◎ 5점	○ 3점	△ 1점
	5명 이상	3~4명	2명 이하

목적	주요 요인		수단 1	수단 2	수단 3	기술성	해결성	효과성	점수	판정
부적합품률 감소	찍힘 개선	작은 인원변동에 의한 교육부족	표준서를 개정하자	표준서 영문으로 기재하자	제품 이해도를 높이자	○	○	△	7	불채택
		청소할 때 틈 사이 낌	이물질 쌓임을 방지하자	클램프와 클램프 사이 넓히자	클램프 면을 사상하자	○	◎	◎	13	대책2
		스프링 길이가 짧다	스프링 길이 연장	소재의 두께차 보다 크게하자	접촉면을 추철합금 사용	◎	◎	◎	15	대책1
		삐기구 고정 되어있다	회전 타입으로 변경	엘보를 삽입하자	측면부 방향 전환	○	△	○	7	불채택
		검사 난이	검사대 변경	수평에서 수직타입 변경		○	○	○	9	즉개선
		2매 센서 탈 부착식이다	2매 센서 탈부착식을 변경	높낮이를 제어하자	고정타입 변경	○	○	○	9	즉개선
		이물실 배출구 없다	이물질 쌓임을 방지하자	스크랩 커터부 공간 확보	스크랩 커터부 접촉면 사상	○	○	○	9	즉개선
	주름 개선	작업 조건 셋팅 미흡	작업조건 표준 설정/게시	작업자 교육실시	작업조건 기록관리	△	○	△	7	불채택
		슬라이드 수평도 편차 발생	수평도를 조절하자	높이를 조절하자	정도를 개선하자	○	◎	◎	11	대책4
		가형상부 높이가 낮다	가형상부를 높이자	용접 육성하자	가형상부 육성	◎	◎	◎	15	대책3
		하형 면 꺼짐	하형 면을 올리자	하형 면 평탄도를 유지	산소 육성하자	△	△	○	5	불채택
		가이드 간섭부 소재 쌀다	두꺼운 소재 가이드 밀착	소재 로딩방향 개선		○	○	○	9	즉개선
		발란스 블럭(추) 동판 마모 발생	마모에 강한 것으로 교체	동판 재질 변경		○	○	△	7	불채택
		도포량 관리 기준 미흡	관리 기준을 설정하자	성우 조건을 요구하자	고객 요청하자	△	△	◎	7	불채택

다음의 계통도는 앞에서 언급한 것과 동일한 오류가 범해지고 있다. 여기서도 즉개선의 채택 기준을 9점에서 11점 사이로 정하고 있다. 그러나 분임조원 사이의 투표에 의한 점수가 채택된 대책보다 조금 낮다고 해서 그 대책이 손쉽게 해결될 수 있는 즉개선 대상이 될 수는 없다.

대책 수립 계통도

전체 '10.04.13		5점	3점	1점	채택	즉개선	불채택
능가	분임원전원	례 13명이상	7~12명	6명이하	13점이상	9~11점	8점이하

목적	항목	주요요인	1차 수단	2차 수단	3차 수단	기능성	경제성	기술성	평점	결과
밀봉조립체공정 부적합품 감소	몰딩 부적합품 감소	기포	실린더 점검 미흡	점검 방법 강화	주기적 실린더 점검	점검표 작성	○	△	○	7	불채택
			치구의 공기 배출구 미흡	공기배출구 개선	공기 배출구 수량 조절	공기 배출구 수량과 각도 조절	●	●	●	15	채택1
				공기배출구 방향 개선	공기배출구 각도 조절						
		조립	에어 조절 기능미흡	에어 조절 기능 보완	에어 조절 밸브 설치		○	△	○	7	불채택
			조립 틈새 발생	틈새 발생 방지	각각의 이탈피 틈새 최소화	틈새 방지 치구 제작	○	○	○	9	즉개선1
			이탈피 번호 확인이 어려움	이탈피 번호 확인 방법 보완	이탈피 번호 확인 치구 제작		●	●	●	15	채택2
	폐쇄링조립 부적합품 감소	외경 편차	작업장 온도 영향	작업장 환경 보완	작업 환경 검토	작업장 적정 온도 설정	△	○	△	7	불채택
			복원 불균일	불균일 발생 방지	균일복원 방법 검토	적합 온도 설정	●	○	●	13	채택3
		찍힘	미세 조절 부족	미세 조절 방법 개선	미세 조절 밸브 설치		●	○	●	13	채택4
			유닛 압력 낮음	유닛 압력 검토	토출량 향상	유닛 용량 증가	○	○	○	9	즉개선2
			작업기회 적음	순환 보직제 활용			△	△	○	5	불채택

채택되지 않은 대책은 즉개선 혹은 즉실천할 필요가 없다. 분임조 원들이 모여 표결한 끝에 효과를 거둘 수 있는 대책들을 선별하였고, 나머지는 대책을 실시할 필요가 없다고 결정한 것들이다. 이 대책들 이 아무리 즉개선을 통해 간단히 실행할 수 있다고 하여도 그 효과는 클 수가 없다. 만일 효과가 기대된다면 좋은 점수를 받아 실행할 대책 으로 채택되었을 것이다.

대책 수립 계통도

담당자	작성일	범	5점:10명이상	3점:6~9명	1점:5명이하
전 원	'10.07.09	례	10점 이상 : 채택		

목적	항목	주요 요인	1차 수단	2차 수단	3차 수단	작업성	경제성	기술성	합계	판정	개선순서	제안자
시트 조립공정 고장률 감소	클램프 부적합 감소	훅과 트랙간 공간이 좁다	훅과 트랙간 공간늘림	링크홀과 훅턱 사이 공간 늘림	클램프 훅 공간 늘임	◎	○	○	15	채택	1	
		에어호스가 이탈된다	에어호스 체결력 강화	에어호스 탄성 증가	에어호스 재질 변경	○	○	○	9	즉개선	※	
		스팀다리미 분사량이 과다하다	스팀량 조절	스팀분사 방식 변경	스팀분사 다리미 타입 변경	○	○	△	7	기각		
	지그진입 부적합 감소	가이드가 변형된다	가이드 싱쉬지 고침	가이드 고정볼트 개수 늘림	가이드 고정방법 표준화	△	◎	○	9	즉개선	※	
		진동이 발생한다	컨베어 진동 줄임	모터구동부 진동 줄임	구동부 진동방지용 고무방진대 설치	○	○	○	7	기각		
		플레이트 재질이 무르다	지그 플레이트 재질 강도 증가	플레이트 재질 변경		◎	○	○	13	채택	2	
	지그 정위치 부적합 감소	지그와 컨베어간 공간이 발생한다	지그와 컨베어 간 유격 줄임	지그 고정시킴	지그 고정장치 설치	◎	○	○	13	채택	3	
		로보트 동작 구간이 제한된다	로보트 동작 범위 증가	로보트 툴 크기 줄임	로보트 툴 형태 변경	○	△	○	7	기각		

다음의 예시는 목적을 달성하기 위한 수단을 전개하는 데 있어 획일적으로 동일한 차수로 맞추려다 보니 무리한 전개가 이루어지고 있다. 아래 전개 내용 중 표시된 부분은 2차 수단까지 굳이 전개할 필요 없이 바로 전개될 수 있는 것들이다.

목적		항목	주요요인	1차 수단	2차 수단	평가 항목			평점	판정	비고
						효과성	가능성	시급성			
차체 부적합품 도장 유출률 감소	부적합품 보류설정 공정 유출률 감소	방법	수성싸인펜으로 보류표시	보류 표시방법 개선	보류 표시판 제작	○	◎	◎	13	채택	대책1
		※	설정구간 확인 어려움	구간 설정방법 개선	구간표시 현황판 제작 설치	◎	○	◎	13	채택	대책2
		설비	보류차 확인 램프 바디에 가린다	보류 확인 램프 개선	현황판 상단부위 확인램프 설치	○	◎	○	11	채택	동시추진
		※	설정 스위치 LH측에만 있다	스위치 추가설치	RH측 보류설정 스위치 추가	○	○	○	9	즉시 실천1	
		환경	※ 작업발판이 낮다	작업발판 개선	발판높이 재조정	○	○	○	9	즉시 실천2	
	부적합품 패스설정 공정 유출률 감소	방법	패스설정 이원화	설정방법 개선	패스 설정방법 일원화	○	△	○	7	기각	
		설비	설정구간에 작동스위치 없다	작동스위치 개선	패스설정 구간에 작동 스위치 설치	○	◎	◎	13	채택	대책3
			패스 표시가 없다	표시방법 개선	램런 레이아웃 표시방법 변경	○	○	◎	11	채택	대책4
		환경	※ 품질 확인 공간 부재	확인공간 개선	품질확인 공간 확보	○	△	○	7	기각	

다음의 대책 수립 계통도를 보면 4개의 즉개선이 채택되었다. 그러나 다음 페이지의 대책 수립 일정 계획에서는 이러한 즉개선에 대한 일정 계획이 표현되어 있지 않다. 즉개선 일정 계획도 나타내는 것이 바람직하다.

대책 수립 계통도

목적	특성	항목	주요 요인	1차 수단	2차 수단	시급성	가능성	효과성	점수	판정	순위
배기관 부적합품률 감소	절단 부적합품	예 열	깔때기 두께 얇음	깔때기 형상 변경	각도 및 외경 축소	◎	◎	◎	15	채택	1
		카메라	작업 뒤편 가려지지 않음	외부 조명 차단	가림막 설치	○	◎	○	11	즉개선	
					조도 변경	△	○	○	7	보류	
			검사Line 측정 Point 많음	검사 Line 축소	검사Line Program변경	◎	○	◎	13	채택	3
		방열판	Hole 내경이 큼	방열판 Hole 변경	방열판 Hole 크기축소	○	◎	◎	13	채택	2
			방열판 넓음	간섭부위 형상 변경	간섭 부위 절곡	○	○	○	9	즉개선	
	길이 부적합품	Head	Head 높이 기준 없음	높이 기준 설정	Head 높이 동일설정	◎	○	◎	13	채택	5
			테프론 내부 직각임	테프론 모양 변경	내부 각도 변경	○	○	◎	11	즉개선	
					내부 지름 확대	△	○	△	5	보류	
			체크시트 관리 안됨	체크방법 변경	입력 프로그램 삽입	△	○	◎	11	즉개선	
		버 너	버너 높이 차이 발생	버너 간격 설정	작업높이 동일설정	◎	◎	○	13	채택	4

대책 수립 일정 계획 ※

회합일	'09.01.04
장 소	분임조 회합실
참석자	분임조 전원

구분		순위	대책안	기간 (대책 실시 일정)		담당
				1월	2월	
부절단적합품	예 열	1	깔때기 각도 및 외경 축소			
	방열판	2	방열판 Hole 크기 축소			
	카메라	3	카메라 검사 Line Program 변경			
부길이적합품	버 너	4	버너 작업높이 동일 설정			
	Head	5	Head 높이 동일 설정			

(추가대책으로 인한 지연)

앞에서 지적한 경우와 마찬가지로 아래에서도 대책 세부 일정 수립 시에 즉개선 일정도 표기되는 것이 바람직하다.

대책 체크시트

항목	문제 발생 패턴	원인	대책 명칭		발생할 수 있는 부작용 (기타)	부작용 발생에 대한 대책 방안
대책1	만성적 → 개선	소켓 스프링이 약함	응급	스프링 길이 늘임	별 문제 없음 (소켓 제조 업체 협업 필요)	-
			항구	스프링 탄성 변경		
대책2	만성적 → 개선	낙하 높이,배출 압력 부적합	응급	설비 파라메터 별 낙하 높이,배출 압력 변경	설비 작업 속도 저하	작업 속도에 영향이 미치지 않는 범위에서 최적화
			항구	이동피커 넉히 높이,배출 압력 최적화		
내책3	만성적 → 개선	출발,도착 시 속도 부적합	응급	설비 파라메터 별 트레이 이송 가,감속도 변경	설비 작업 속도 저하	작업 속도에 영향이 미치지 않는 범위에서 최적화
			항구	트레이 이송 키,권속도 최적화		
대책4	만성적 → 개선	트레이 쿠션바 구조 부적합	응급	트레이 쿠션바 위치 조정	제품 크기별 유의차 발생	제품 크기별 부적합품 발생 차이없는 범위에서 최적화
			항구	트레이 쿠션바 길이,재질 변경		
즉개선1	만성적 → 개선	검사보드 프레임 연결 부적합	응급	검사보드 판넬과 프레임 연결 나사 체결	투자 비용 과다 발생	기존 제품 활용을 통한 투자 비용 절감
			항구	검사보드 프레임 판넬 일체화		
즉개선2	산발적 → 개선	소켓 핀 위에 이물질 적층	응급	이물질 제거	별 문제 없음	-
			항구	에어 분사형 기구 설치		
즉개선3	산발적 → 개선	진공 패드 흡착 부적합	응급	설비 공급 압력 증가	별 문제 없음	-
			항구	진공 패드 흡착면 변경		

대책 실시 세부 일정 계획

범례	계획	
	실시	■■■■

실시 순서	항목	대책안	4월			5월				6월	담당자	협조 부서/업체
			3	4	5	1	2	3	4	1		
대책1	들뜸	스프링 탄성 변경	04.13~05.02					추가 대책 실시				소켓 제조 업체
대책2		이동피커 낙하높이, 배출압력 최적화				05.03~05.17						
대책3	이탈	트레이 이송 가,감속도 최적화	04.13~04.25									제조 부서
대책4		트레이 쿠션바 길이, 재질 변경				05.06~05.25						

※

다음은 부적절한 대책 선정 절차에 대한 사례이다. 대책 수립 단계에서는 대책을 수립하고 실시할 대책을 선별하기 위해 대책 수립 계통도를 흔히 사용하고 있다. 현상 파악 단계에서 층별한 중점 관리 항목들에 대해 각각 최종 요인을 열거하고 이를 해결하기 위한 여러 가지 수단을 찾는다. 그 후 이 수단들 중 대책으로 채택할 수단을 선정하기 위해 보통 분임원 간의 표결이 이루어진다. 그래서 일정 점수 이상을 얻은 수단을 실행 대책으로 선정한다. 계통도는 이에 효과적인 도구이지만 사용에 문제가 있을 때가 있다. 층별된 중점 관리 항목의 수가 1~2개 정도로 적은 경우에는 문제가 되지 않을 수 있다. 그러나 중점 관리 항목의 수가 4~5개 등으로 많을 경우 분임원 표결에서 높은 점수를 받은 수단들을 대책으로 채택하면 일부 중점 관리 항목을 해결하기 위한 수단은 선정되지 않을 가능성도 높아진다. 따라서 중점 관리 항목(아래의 사례에서는 '유형'으로 표시된 부분)의 수가 많은 경우에는 중점 관리 항목별로 표결하여 각각의 중점 관리 항목을 해결할 수 있는 대책이 적어도 1개 이상 채택될 수 있게 해야 한다.

9.1 대책 수립 계통도

※ 과제 특성상 각특성별 1개이상 필수 채택함

즉개선 완정기준: 10점 이상 채택
조치기준: 2일 이내 해결은 즉개선 실시

목적	공정	유형	구분	주요 요인	1차 수단	2차 수단	경제성	효과성	가능성	점수	판정	순서
원형용기세제부적합품률감소	캡핑공정	캡헤드들림	재료	컵 스트로우 강도 강함	컵 스트로우 강도 변경	컵 스트로우 재질 변경	△	○	○	7	불채택	
			방법	제결 구간 짧음	체결 구간 거리 변경	제결 구간 거리 넓힘	●	△	○	9	불채택	
			설비	컵 홀더가 컵을 눌러주지 못함	컵 홀더 구조 변경	캡 헤드 고정 지그 설치	●	●	●	15	채택	대책1
		컵 뒤잠김	방법	컵척 회전 속도 낮음	컵척 회전 속도 변경	캡척 회전 속도 높임	●	●	●	15	채택	대책2
				순간 정지 발생시 컵 제결도 정지	컵핑 체결 시간 변경	컵핑 체결 시간값 설정	○	○	△	7	불채택	
			설비	가이드 구조 불합리	가이드 타입 변경	벨트 타입 가이드로 변경	●	●	●	13	채택	즉개선1
			재료	고무 라바 재질 약함	라바 재질 변경	우레탄 재질 사용	●	●	○	9	불채택	
			사람	고무 라바 마모	고무 라바 교체	라바 교체 주기 설정	○	○	○	7	불채택	
		컵 파손	방법	스타휠 진입시 컵 회전함	컵 방향 조정 장치 설치	캡 회전 방지 구간 설정	●	●	○	11	채택	즉개선2
				컵 방향 조정 가이드 구간 짧음	컵 방향 조정 가이드 구간 조정	캡 방향 조정 가이드 구간 연장	●	●	●	13	채택	대책3
			재료	선별기 회전 속도 빠름	선별기 회전 속도 변경	선별기 회전 속도 낮춤	●	●	○	9	불채택	
			설비	컵 리젝트 기능 없음	컵 리젝트 장치 설치	에어 브로어 설치	●	○	○	9	불채택	
	삽입공정	컵 헤드 파손	방법	제품 용기를 고정시키는 장치 없음	고정 스토퍼 적용	개별 고정 스토퍼 설치	●	●	○	13	채택	대책4
				제품 이송 구간에 컵 방향 정렬 장치 없음	컵 방향 정렬장치 설치	터널식 캡 가이드 설치	●	●	○	11	채택	즉개선3
			설비	제품 이송 구간 길음	제품 이송 구간 변경	이송 컨베어 구간 단축	△	○	●	7	불채택	
		용기 찌그러짐	방법	제품을 놓는 위치가 높음	로봇 티칭값 조정	제품을 놓는 위치값 낮춤	○	○	●	9	불채택	
				대기 박스가 기울어짐	대기 박스 기울기 낮춤	박스 스토퍼 길이 조정	●	○	●	13	채택	대책5

9.1 대책 수립 계통도

회팀일 2015.04.06
담당자 분임조 전원
범 ◎ 5점 ○ 3점 △ 1점
례 ◎ 9점 이상 ○ 5~8점 △ 4점 이하
채택기준 10점이상
즉개선 설정 5명이상

목적	항목	원인	1차 수단	2차 수단	3차 수단	시급성	효과성	경제성	점수	판정	즉개선 가능성	판정
폐열회수공정스팀손실량저감	열교환공정	드럼블로우 다운	수위 제어 프로그램부 적합	단속운전 특성 고려한 프로 그램개발	드럼 수위 예측 프로세스 개발	●	○	△	9	기각		
					단속운전 상응한 프로세스개발	●	●	●	15	채택	5명	대책1
		연속블로우다운	수질 분석시일 과다소요	분석시간 단축 시스템 구축	실시간 수질 분석 시스템 설치	●	●	●	15	채택	4명	대책2
					수질연동 블로우다운 시스템설치	●	●	●				
		열교환튜브	가동중 분진 제거 못함	운전중 분진 제거 프로세스 개발	멤브레인 내벽 분진 부착방지	●	●	○	11	기각		
					멤브레인 내벽 분진 미부착 코팅	●	○	●	13	채택	3명	대책3
					멤브레인 내벽 분진 충격기	●	●	○	11	기각		
	제어공정	송기스팀	스팀 소량 송기시 미감지	미감지 구간 측정 장치 적용	가변 오리피스 타입 측정기설치	●	●	○	11	기각		
				측정 가능한 스팀량을 송기	송기 바이 개도 프로세스 개발	미감지 송기스팀 측정 프로세스	●	●	●	15	채택	10명	즉개선1
		공기차단	공기 유입 차단밸 작동	차단 제어용 프로세스개발	공기유입 차단프로세스 이원화	●	●	●	13	채택	9명	즉개선2
		후드압	후드 압력제어기 부적합	후드 제어압력 설정값 변경	후드 압력 최적 제어값 설정	○	●	○	11	채택	3명	대책4
				유량제어 속도를 고속 운전	유량제어 RSW 속도 높임	RSW 작동 유압 유량 증대	●	○	○	7	기각		
	청정공정	유인팬	공정에 미연동 속도제어	공급사의 운전 기능 최저 속도 획득	공정 연동 가동한 속도 돕움	●	●	●	15	채택	6명	대책5
					유인팬 가동공정 연동 프로세스	●	○	○	9	기각		
				Low 모드 속도 하향 운전								
		집진노즐	집진 노즐 분사높이가 높음	외부서 각도 조정 적용	상하 좌우 조정 가능 장치 적용	●	○	△	9	기각		
				노즐 조정 불필요 방법 적용	노즐 배관에 벨로우즈관 적용	교화기 집진노즐 분사높이 최적화	●	●	○	11	채택	10명	즉개선3

9.1 대책수립 계통도

작성일자 2016.02.15~02.18. | 범례 5점(●) 3점(○) 1점(△) | 채택 / 불채택
담당자 전 분임원 | 12명 이상 6~11명 5명 이하 | 10점 이상 9점 이하

목적	공정	구분	항목	주요요인	1차 수단	2차 수단	3차 수단	기술	효과	안전	평점	결과	난이도
품질보정 재작업시간 감소	최종안정화공정	보일링	사람	온도측정기 메다기 방식	온도 측정방법 교육	T.I.C 측정방법 변경	T.I.C 디지털화 변경	●	○	○	13	즉개선3	下
			설비	분사구멍이 많다	분사압력 증대	세관작업 실시	스팀공급량 증대	○	○	△	7	불채택	
						분사노즐 교체	스팀 분사노즐 변경	●	○	○	11	대책3	中
			방법	수동 공급방식	적정공급량 산출	용수 정량범위 표기	레벨게이지감지센서변경	○	●	△	9	불채택	
		브렌딩						○	○	△	9	불채택	
			설비	날개 회전 시 부하발생	교반기 회전속도 변경	교반기 모터용량 확대		○	○	△	9	불채택	
					임펠라 상/하 간격조정	임펠라Bushing위치 변경	교반기 임펠러 조정	●	○	○	15	대책4	上
			재료	공압실린더 흔들림	공압실린더고정볼트조정	실린더 브라켓 개선	압력브라켓실린더 변경	●	○	●	15	즉개선2	下
	슬러리제조공정	초화	사람	압력제어 안됨	압력조절밸브게이지조정	공압배관 청소	배출 슬레노이드 개선	●	△	○	9	불채택	
			설비	자체발열 고려안됨	온도계 적정범위 표기	온도측정 방법 변경	초화공정작업조건변경	●	○	●	15	대책1	上
					혼산온도 컨트롤 매뉴얼 배치	혼산온도제어방법 개선	온도 컨트롤러 설치	○	○	●	9	불채택	
		방법		작업자 조작누락	타이머 조작방법 변경	초화공정 일람 설치	배출조작 자동제어 구축	○	○	△	9	불채택	
		탈산	설비	오픈을 낮음	Sieve 천공면적 점검	Sieve 오픈율 변경	탈산기 Sieve 변경	○	○	○	13	대책2	中
					Sieve 표면적 래핑	표면적 연마기술 발굴							
		방법	회전방향에 따른 비산	도어하부 슬러리 청소	Air 분사방안 검토	Air Blower 설치	○	○	○	11	즉개선1	下
		재료	교체방법이 어렵다	리테이너링 교체주기 검토	재질 내식성 증대	리테이너 링 재질개선	○	○	△	9	불채택	

판정항목 평가기준
기술성 : 최종수단이 이론적, 기술적으로 해결이 가능한가?
효과성 : 최종수단이 실현될 경우 목표달성에 효과적인가?
안전성 : 최종수단 실시에 있어 불안전요소는 없는가?

대책순서 설명 : 대책 간 효과를 증대하기 위하여 공정순서에 따라 정함
즉개선 판정기준 : 개선의 난이도가 '下'에 해당되고, 개선내용이 단순하고, 쉽게 해결이 가능하다 판단되는 안건의 경우 즉개선으로 실시하기로 함

본 대책은 두 수단이 동시실현 가능하다 판단되어 동시에 실시함

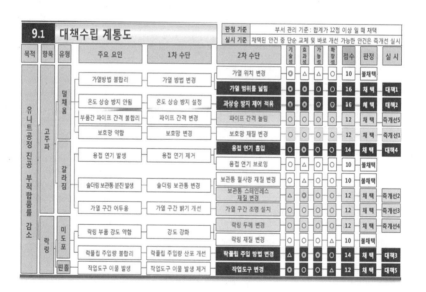

9.1 대책수립 계통도

판정 기준 | 부서 관리 기준: 합계가 12점 이상 일 때 채택
실시 기준 | 채택된 안건 중 단순 교체 및 바로 개선 가능한 안건은 즉개선 실시

목적	항목	유형	주요 요인	1차 수단	2차 수단	기술성	효과성	가능성	확장성	점수	판정	실시
유니트공정 진공 부적합품률 감소	고주파	덜채움	가열방법 불합리	가열 방법 변경	가열 위치 변경	○	△	△	○	10	불채택	
			온도 상승 방지 안됨	온도 상승 방지 설정	가열 범위를 넓힘	○	○	○	○	16	채택	대책1
					과승방지 제어 적용	○	○	○	○	16	채택	대책2
			부품간 파이프 간격 불합리	파이프 간격 변경	파이프 간격 넓힘	○	○	○	○	12	채택	즉개선5
			보호망 약함	보호망 변경	보호망 재질 변경	○	○	○	○	12	채택	즉개선1
		갈라짐	용접 연기 발생	용접 연기 제거	용접 연기 흡입	○	○	○	○	14	채택	대책4
					용접 연기 브로잉	○	○	○	○	10	불채택	
			솔더링 보관통 분진 발생	솔더링 보관통 변경	보관통 철사망 재질 변경	○	○	○	○	10	불채택	
					보관통 스테인레스 재질 변경	△	○	○	○	12	채택	즉개선2
			가열 구간 어두움	가열 구간 밝기 개선	가열 구간 조명 설치	○	○	○	○	12	채택	즉개선3
	락킹	미도포	락링 부품 강도 약함	강도 강화	락링 두께 변경	○	○	○	○	12	채택	즉개선4
					락링 재질 변경	△	○	△	△	10	불채택	
			락플립 주입량 불합리	락플립 주입량 산포 개선	락플립 주입 방법 변경	△	○	○	○	14	채택	대책3
		핀홀	작업도구 이물 발생	작업도구 이물 발생 제거	작업도구 변경	○	○	○	○	12	채택	대책5

대책 수립 계통도 작성에서 주요 요인이 문제점이면 1차 수단은 대책을 제시하고, 2차 수단은 좀 더 구체적 대책을 표현한다. 초기 유량 흐름이 막혀있다는 문제점을 해결하기 위해 1차 수단으로 해수 인양 펌프 운전 전류 분석은 대책을 실시하기 위한 전개 내용으로 보인다.

목적	항목	주요요인	1차 수단	2차 수단	3차 수단	가능성	효과성	작업성	점수	판정	실시
공용설	해수인	설비	초기 유량 흐름이 막혀있다	해수인양펌프 운전전류분석	기력 및 타발전사 운전 로직 검토	해수배출 전동밸브 개도조정	◎	○	○	13	채택	대책2
			기력·복합 간 선택수단 부재	기동정지시 전화로 운전상태 확인	기력 복합 운전시스템 연동	해수인양펌프 통합운전 시스템 구축	◎	○	○	11	채택	대책3

9.1 대책수립 계통도

대책 수립에서 주요 요인으로 슬립링 무게 불균형의 1차 수단에는 무게 부족 개소 무게 추 삽입, 2차 수단에는 슬립링 무게 균형 작업 시행으로 되어 있는데 1차 수단과 2차 수단이 바뀌었다. 즉, 슬립링 무게 불균형의 문제점을 해결하기 위해 슬립링 무게 균형 작업을 시행하고 2차 수단으로 구체적인 무게 추 삽입이 바람직하다.

9. 대책수립

9.1 대책수립 계통도

작성일 '16.09.05 대 상 분임조 전원
범례 ● 5점 ○ 3점 △ 1점 채택 불채택 / 10명 이상 5~9명 4명 이하 10점이상 10점미만
※ 10점 이상 채택 후 단기간 실시 가능한 수단은 즉개선 처리

목적	항목	주요요인	1차 수단	2차 수단	기술	효과성	가능성	총점	판정	실시 순서
슬립링 불꽃 정비시간	설비	슬립링 무게 불균형	무게 부족개소 무게 추 삽입	슬립링 무게 균형 작업 시행	○	●	●	13	채택	즉개선1
		슬립링 축 강성 불균형	슬립링 축 강성 조정	슬립링 축 개선	●	●	●	15	채택	대책1
		회전자와 베어링 폭 증가	베어링 내부 폭 조정	베어링 메탈 패드 개선	○	●	●	13	채택	즉개선2
		스프링 장력 감소	매거진 개선	고장력 매거진 개발	△	△	●	7	불채택	

주제 선정을 위한 적합성 검토 시 가능성, 참여도, 시급성, 효과성으로 평가하고 대책 수립 시에도 같은 평가 항목을 사용하는 것은 바람직하지 않다.

4.4 적합성 검토

○ 회합일 : '16.04.18
○ 작성자 : 허호성
○ 총 점 : 항목별 가중치 × 평가척도

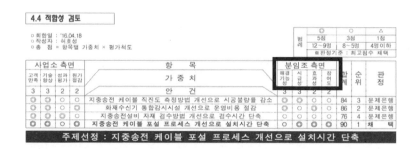

주제선정 : 지중송전 케이블 포설 프로세스 개선으로 설치시간 단축

9   대책수립

9.1 대책수립 계통도

7 / 대책 실시

통계 기법이 오용되는 경우가 종종 있다. 아래의 예시는 귀무가설과 대립가설이 잘못 설정되어 사용되고 있다. P=0.0173 : P<0.0173의 가설을 설정하여야 하며 개선 후 고장률(고장 점유율) 0.0009는 검정 통계량 계산에 사용되어야 한다.

정규 분포로 검정할 수 없는 부분(고장률)에 대해서 정규 분포를 사용하고 있다. 정규 분포에 의거하여 검정할 수 있다는 확실한 근거(통계적 검토)가 없다.

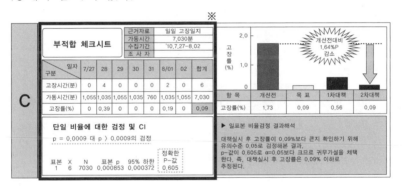

목표를 세우고 개선 후 데이터를 확인하여 목표 달성 여부를 확인해야 한다. 다음 예시의 경우는 개선 후 부적합품률이 0.08이 되어 목표 0.10을 초과 달성했다는 것을 확인하였다.

여기서 한 가지 더 고민해야 할 것은 1,305개의 작업 수 중 단 1개의 부적합수가 발생하였다는 것에 관심을 가져야 한다. 왜 이 한 개의 부적합품이 발생했는지를 추가로 분석할 필요가 있다.

일자	06/15	06/16	06/17	06/18	06/19	06/20	합계
작업수 (개)	218	220	226	218	213	210	1,305
부적합품수 (개)	0	0	1	0	0	0	1
부적합품률 (%)	0.00	0.00	0.44	0.00	0.00	0.00	0.08

C 개선후 부적합품률 현황

개선 전, 후 비교 작성자 :

구 분	대책3 실시후	목 표	개선후
부적합품률	0.16	0.10	0.08

목표 초과 달성

아래의 예시는 조립 시 편차를 줄일 수 있는 적합 온도를 찾는 것이 목적이다. 여러 온도로 요인의 수준을 구분하여 실험을 하는데 편차가 최소인 온도를 찾는 것이 아니라, 평균치가 최소인 온도를 선정하고 있다. 최적의 평균치와 최적의 편차를 찾는, 서로 완전히 상이한 문제를 혼동하고 있다.

적합 온도 설정

문제점 : 오븐에 가열된 폐쇄링 조립시 편차로 인한 외경치수 부적합품 과다 발생

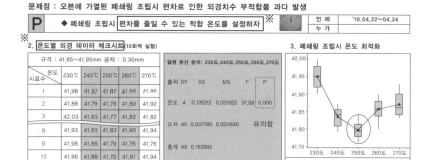

P	◆ 폐쇄링 조립시 편차를 줄일 수 있는 적합 온도를 설정하자 ※		언 제	'10.04.22~04.24
			누 가	

2. 온도별 외경 데이터 체크시트(10회씩 실험)

규격 : 41.65~41.95mm 공차 : 0.30mm

온도 시료수	230℃	240℃	250℃	260℃	270℃
1	41.98	41.87	41.82	41.86	41.86
2	41.88	41.79	41.76	41.89	41.92
3	42.03	41.83	41.77	41.82	41.82
8	41.93	41.83	41.83	41.90	41.94
9	41.98	41.86	41.79	41.76	41.76
10	41.96	41.88	41.75	41.91	41.94
판 정	NG	최적 작업 구간			NG

일원 분산 분석 : 230도,240도,250도,260도,270도

출처 DF	SS	MS	F	P
온도 4	0.126212	0.031553	37.58	0.000
오차 45	0.037780	0.000840		유의함
총계 49	0.163992			

S=0.02898 R-제곱=76.96% R-제곱(수정)=74.91%

3. 폐쇄링 조립시 온도 최적화

폐쇄링조립 적합 온도 : 250℃

분임조원이 해결할 수 있는 대책을 실시해야 한다. 이를 넘어서는 대책은 분임조의 개선 사항이 아니라 회사 차원에서의 개선 정책으로 볼 수 있다. 다음의 예시처럼 로봇 용접기를 추가로 설치하는 문제는 분임조 차원에서 실시할 수 있는 영역을 넘어선다.

대책5 용접 조건을 개선하자

♣ 문 제 점 : 장시간 용접에 의한 열변형으로 뒤틀림이 발생함
♣ 최종원인 : 용접조건이 부적절하고, 용접시간이 많이 걸려 뒤틀림이 발생한다.
♣ 개선방향 : 용접조건을 개선하여 열변형 및 용접시간을 단축하여 뒤틀림을 방지하자.

P 용접조건개선으로 뒤틀림을 방지하자

◈ 누   가 :
◈ 언   제 : 2009년 06월 15일 ~ 06월 26일
◈ 어 디 서 : 백킹 플레이트 용접라인
◈ 무 엇 을 : 용접에 의한 변형을 줄이자
◈ 어 떻 게 : 로보트 용접기 추가 설치로 열에 의한 뒤틀림 방지 ※

아래의 예시를 보면 탭 정렬 기류 유입 방지 커튼 및 Air Vent Hole 설치로 기류 유입 방지를 위한 개선 과정이 구체적이지 못하다. 배출부 와류 발생 부위 설비문에 기류 Air Vent Hole을 만들었는데, Hole 개수 결정과 치수 결정 과정이 표현되어야 한다.

탭 정렬 기류 유입 방지 커튼 및 Air-Vent Hole 설치로 기류 유입 방지

■ 문 제 점 : 제품 투입부 기류 유입과 배출부 와류 발생에 의해 이물성 찍힘 부적합품 발생
■ 최종 원인 : 제품 투입부가 개봉되어 있고 배출부에 기류가 빠지지 못함
■ 개선 방향 : 기류 유입 방지 커튼과 Air-Vent Hole을 설치하여 기류를 설비 내부에서 설비 외부로 유도하자

P
■ 누 가 :   ■ 언 제 : '08.07.01 ~ '08.07.10
■ 어디서 : 탭 정렬부   ■ 무엇을 : 제품 투입부, 배출부 설비 문에
■ 어떻게 : 기류 유입 방지 커튼과 Air-Vent Hole 설치로 기류 변동을 유도하여 발생 이물 수를 줄이자

D

▶ 탭 정렬 제품 투입부가 개봉되어 있어 설비 내부로 기류 유입   ▶ 탭 정렬 제품 투입부에 무정전 비닐로 커튼을 설치 ※
▶ 배출부에서 기류가 빠져나가지 못해 와류 발생   ▶ 배출부 와류 발생 부위 설비 문에 기류 Air-Vent Hole을 만듦

다음의 대책 실시 내용을 보면 깔때기 각도 및 바깥지름 축소 대책안의 충격 감소를 위한 형상 변경에서 최소 바깥지름 10.85±0.5mm, 최소

감소 각도 20.5°를 설정한 근거 제시가 약하므로 구체적 과정을 표현해야 한다.

대책 실시

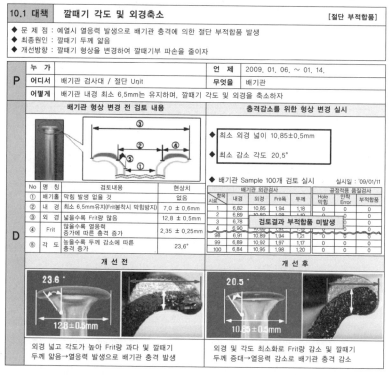

| 10.1 대책 | 깔때기 각도 및 외경축소 | | | | [절단 부적합품] |

◆ 문 제 점 : 예열시 열응력 발생으로 배기관 충격에 의한 절단 부적합품 발생
◆ 최종원인 : 깔때기 두께 얇음
◆ 개선방향 : 깔때기 형상을 변경하여 깔때기부 파손을 줄이자

다음은 p-value를 잘못 해석한 사례이다. 대책 실시 단계에서는 주로 PDCA 사이클을 통해 대책 수립 단계에서 채택된 대책들을 실시하고 이 대책들의 효과를 분석한 후 효과가 입증되면 이를 표준화하는 단계이다. 이 단계에서 최근 들어 통계적 기법이 많이 사용되고 있는데 특히 가설 검정과 실험계획법 등이 많이 사용되고 있다. 이러한 기법을 사용하는데 p-value가 종종 언급된다. 대책의 효과가 있는지에 대한 검정, 혹은 실험계획법을 실시했을 경우 각 요인에 의해

특성치에 유의한 차이가 나타나는지에 대한 결론을 내리기 위해 p-value를 많이 사용하고 있다.

그러나 문제는 거의 모든 분임조가 모든 사안에 대해 획일적으로 p-value를 0.05와 비교하고 있는 데 있다. 1종 과오를 범했을 경우 수반되는 불이익 혹은 위험성의 크기에 관계없이 무조건 0.05와 비교하여 이보다 p-value가 큰 경우에는 귀무가설을 기각시키지 못하는 결론을 내리고 있다. 1종 과오로 인한 피해가 그다지 크지 않을 경우에는 너무 엄격한 기준이 되고 오히려 2종 과오로 인한 피해가 나타나는 경우가 종종 있을 수 있다. 따라서 사안에 따라 올바른 기준에 의해 귀무가설의 기각 여부가 결정되어야 한다.

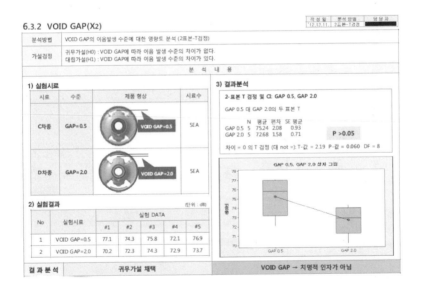

다음의 사례에서는, '대책 1의 대책명으로 계기 취부판 호환 젠더 개발'이라 하고 대책안 수립에서 ECRS를 통해 개선 방법으로 '계기 취부판 호환 젠더 개발'이라는 개선안을 내는 것은 형식적으로 문제 해결 방식에 포함시킨 것 같다.

■ W.2.2 대책실시 1

계기	대책 1. 계기 취부판 호환 젠더 개발			
T (Thought)	문제점	계기 취부판 호환불가로 벽을 천공하여 계기 부설이 장시간 소요됨		누 가
	언 제	'16.03.15 ~ 04.20	무엇을	계기 취부판 호환젠더
	대책안	ECRS기법을 활용한 회의결과로 계기 취부판 호환젠더를 개발하자		협업팀

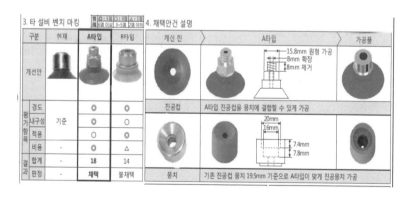

대책 실시 중 새로운 아이디어 발상을 하고 여러 대안을 선정함에
있어 타 설비 벤치마킹 A타입과 B타입 평가 항목으로 경도와 내구
성, 적용, 비용 등으로 평가하였다. 경도와 내구성은 객관적 실험 데
이터 등을 활용해야지 정성적 평가인 거수 평가는 옳은 평가라 보기
어렵다.

다음의 사례에서는, SCAMPER를 이용한 아이디어 회의에서 판정 부분에 채택과 불채택 기준이 없으며, MUST 조건을 만족시켰다는 표시 'O'에 대한 범례가 없다.

2. 선정된 기준점(크러트 끝)을 이용한 스네이크 측정기 개발

① SCAMPER를 이용한 아이디어 회의 ② 도출된 최적 안건 선정   채택: Must 조건 충족, Want 조건 최고점수 범례: 5점(12~9점), 3점(8~5점), 1점(4점이하)

유형	내용	안건	판정	Must 조건		걸쇠형태	자 형태	볼트형태	걸쇠형태 선정
S	대체	심각자 형태로 바꾸자	불채택	크러트 고정	크러트 끝부분에 고정될 것	O	O	O	※
C	결합	기준선을 측정기에 붙이자	채택	착탈 용이성	착탈시간이 단축될 것	O	O	O	
A	응용	규격별 표시하자	불채택	정밀성	측정 정밀성 높을 것	O	O	O	
M	변형			Want 조건	가중치	걸쇠형태	자 형태	볼트형태	
P	모방	줄자 형식으로 만들자	채택	기준선 조정이 쉬울 것	5	5 / 25	1 / 5	3 / 15	
E	제거	기준선을 없애자	불채택	부피가 작을 것	3	5 / 15	3 / 9	1 / 3	
R	재배열	-	-	무게가 가벼울 것	3	3 / 9	5 / 15	5 / 15	
				합 계		49	29	33	

[**걸쇠형태**의 스네이크 측정기 개발·적용으로 인상·스네이크 시간을 단축하기로 함]

아래의 예시를 보면 즉개선 활동이 개선 전과 개선 후만 표현되어 있는데, 즉개선의 효과도 정리되어 있어야 한다. 또한 향후 효과 파악 시 투자비 계산이나 표준화 내용도 표현되어야 한다.

즉개선 사례

(STS) 투입 비커 변경		(STS) 언로딩대 하부 취출구 면적 축소	
담당자 :		담당자 :	
개선 전	개선 후	개선 전	개선 후
제품 투입 시 정전기(1.2kV) 발생으로 인한 잔류칩 발생(플라스틱)	정전기 감소를 위해 재질을 변경함으로써 잔류칩 제거(스텐레스[0kV])	언로딩대 하부 취출구 면적이 넓어 칩 벗어남 발생	하부 취출구 면적을 축소하여 칩 벗어남 예방 ※

8 결과 분석 및 효과 파악

　제품 생산이 없는 날의 부적합품률을 '0'으로 하여 그래프를 그리면 아래처럼 잘못된 추이로 읽힐 수 있다. 생산이 없는 날은 그래프에 타점하지 말아야 한다.

부적합품률 관리 그래프

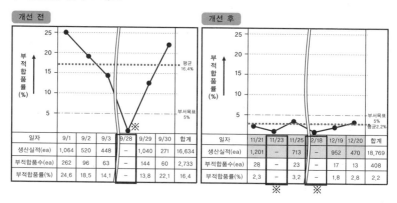

다음의 예시는 개선 활동 직후 관찰한 데이터와 결과 분석 시 관찰한 데이터 간의 차이가 너무 크다. 개선 전 4건을 3건으로 줄인다는 목표를 많은 대책 실시를 통해 겨우 달성했는데 결과 분석 시에는 추가 대책이 없었음에도 불구하고 1건으로 감소하였다. 이런 경우에는 결과가 좋아진 것을 그대로 받아들이지 말고 왜 이런 결과가 나왔는지 면밀히 분석해볼 필요가 있다.

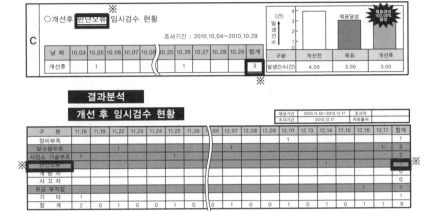

아래의 예시를 보면 구간의 수가 데이터의 수에 비해 부적절하다. 데이터의 수가 100개면 구간의 수를 10개 정도로 해서 그리는 것이 현상 파악을 잘할 수 있는 히스토그램이 된다. 특히 개선 후의 히스토그램은 구간의 수가 3개밖에 되지 않아 이 히스토그램을 정규 분포로 근사적으로 생각하는 것 자체에도 문제가 있다.

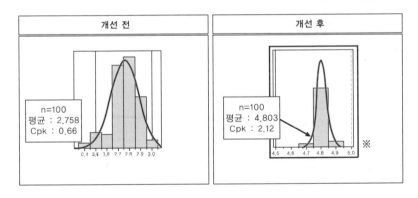

아래의 예시에서는 비중점 항목에도 상당한 효과가 나타나고 있는데 왜 이런 결과가 생겼는지 분석할 필요가 있다.

작업시간 파레토도

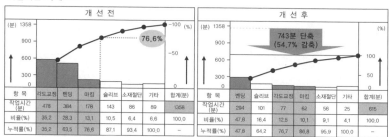

작업시간 목표대비 실적

파레토도 작성은 현상 파악이나 결과 분석 시 많이 사용되는 기법이다. 잘 이해하고 작성할 필요가 있다. 아래의 개선 전/후 회로 형성 공정 유형별 부적합품률 파레토도 비교에서 개선 후 기타 부문은 크기에 관계 없이 마지막에 정리해야 한다.

개선 전/후 유형별 부적합품률 파레토도

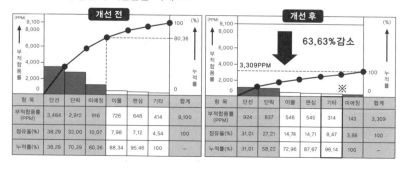

아래처럼 개선 후의 파레토도 역시 항목을 크기 순으로 배열하여
그리는 것이 옳다.

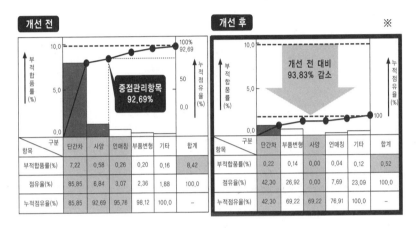

개선 전

구분 항목	단간차	사양	언매칭	부품변형	기타	합계
부적합품률(%)	7.22	0.58	0.26	0.20	0.16	8.42
점유율(%)	85.85	6.84	3.07	2.36	1.88	100.0
누적점유율(%)	85.85	92.69	95.76	98.12	100.0	–

개선 후 ※

중점관리항목 92.69%

개선 전 대비 93.83% 감소

구분 항목	단간차	부품변형	사양	언매칭	기타	합계
부적합품률(%)	0.22	0.14	0.00	0.04	0.12	0.52
점유율(%)	42.30	26.92	0.00	7.69	23.09	100.0
누적점유율(%)	42.30	69.22	69.22	76.91	100.0	–

아래의 예시를 보면 개선 전 접합이 중점 관리 항목 86.74%로 선
정되었지만, 개선 후에는 접합, 조정, 정렬이 중점 항목으로 표시되
어 있다. 개선 후의 3가지 중점 항목 선정이 부적절해 보인다.

개선 전·후 공정별 부적합품률 파레토도 비교

개선 전

중점관리항목 86.74%

구 분	접합	조정	정렬	검사	기타	합계
부적합품수(ea)	12,403	663	562	169	502	14,299
부적합품률(ppm)	2,017	108	91	27	82	2,325
점유율(%)	86.74	4.64	3.93	1.18	3.51	100.00
누적점유율(%)	86.74	91.38	95.31	96.49	100.00	↵

개선 후

61.60% 감소

구 분	접합	조정	정렬	검사	기타	합계
부적합품수(ea)	3,002	657	566	159	512	5,491
부적합품률(ppm)	625	107	92	26	83	895
점유율(%)	65.60	11.97	10.31	2.90	9.23	100.00
누적점유율(%)	65.60	77.57	87.87	90.77	100.00	↵

개선 전·후 결과 분석에서 비 중점 항목인 '시험 정리 정돈', '고정 Off-Set'와 '설치 준비'의 개선 전과 개선 후 데이터가 같은 경우는 거의 있을 수 없는데 아래의 예시도 같은 값을 나타내고 있다.

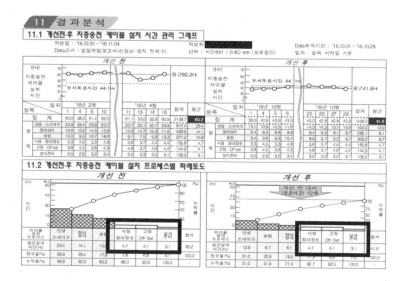

아래의 경우도 개선 전·후 펌프수차 기동 프로세스 정비 시간 파레토도에서 비 중점 항목 데이터의 수집 기간이 다른데도 불구하고 개선 전과 개선 후가 일치하는 것으로 제시되어 있다.

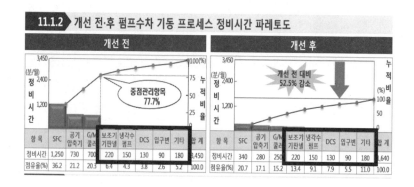

　아래의 경구도 개선 전·후 비 중점 항목인 'ESR 검사', '라벨 부착', '대차 적재'와 '용량 검사'는 측정 일자가 다른데도 같은 데이터를 제시하고 있다.

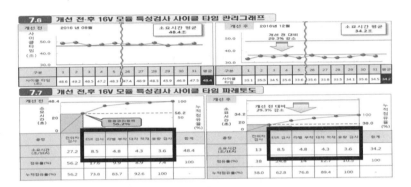

　'개선 후 발전 설비 부적합품률 현황 P 관리도'의 개선 전·후 비교 그래프에서 P 관리도라면 관리상한선과 관리하한선이 표기되어야하나 아래의 그림은 추이도를 나타내고 있다.

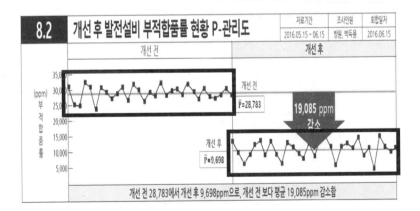

다음의 '유형 효과 파악' 표는 유형 효과 계산이 중복되고 있다.

유형 효과 파악

항목		산출근거		금액
효과금액	부적합품률 감소	○ 월생산량×{(개선전 부적합품률−개선후 부적합품률)÷100}×제품단가 　　* 개선전 부적합품률 : 3.38　　　　　 * 월생산량 : 19,500개 　　* 개선후 부적합품률 : 1.53　　　　　 * 제품단가 : 10,320원 ● 월간효과 : 19,500×{(3.38−1.53)÷100}×10,320		3,722,940원
	재생산 비용	○ 월생산량×{(개선전 부작합품률−개선후 부적합품률)÷100}×M.H당 임률 　　* 개선전 부적합품률 : 3.38　　　　　 * 월생산량 : 19,500개 　　* 개선후 부적합품률 : 1.53　　　　　 * M.H당 임률 : 15,000원 ● 월간효과 : 19,500×{(3.38−1.53)÷100}×15,000		5,411,250원
	추가수정 공수절감	○ 월생산량×{(개선전 부적합품률−개선후 부적합품률)÷100}× 대당수정작업시간(분)×(M.H당 임률×1.5)×투입인원 　　* 대당수정작업시간 : 6분　　　　　 * 투입인원 : 2명 ● 월간효과 : 19,500×{(3.38−1.53)÷100}×0.1×(15,000×1.5)×2		1,623,375원

※

	항목	소요량	금액	소 계	합 계
투자금액	게이지 제작	2	230,000원/EA	460,000원	1,450,000원
	주축 센터	20	190,000원/EA	190,000원	
	보조지그 제작	2	40,000원/EA	80,000원	
	노무비(특근)	32HR	(15,000×1.5)/시간	720,000원	

연간효과금액	○ (효과금액×12개월)−투자금액 ● {(3,722,940+5,411,250+1,623,375)×12}−1,450,000	127,640,780원/년

아래는 유형 효과 파악 시 계산식에서 판가로 계산하여 유형 효과가 부풀려졌다. 기업에서 실제 효과를 파악해야 하는 것이므로 판가 대신 제조 원가를 사용하는 것이 바람직하다.

유형 효과 파악

항목		산출 근거　　　(판가, 환율 : 2009.06월 30일 기준)	산출 금액
절감 금액	계산식	(개선 전 부적합품률−개선 후 부적합품률)×연간생산량×판가×환율	297,189,648원
	기준값	◆ 생산량(평균) : 5,100,000개/月 ◆ 판가 : $4.1/개　　　　◆ 환율 : 1,260원/$	
	산출식	(0.001823−0.000883)×5,100,000개×12개월×$4.1×1,260원	
투자 금액		① 고무자석 구매(50,000원×6ea):300,000원 ② 스크랩 블록 가공비(100,000원×13ea):1,300,000원 ③ 픽업 헤드부 가공비(300,000×4대):1,200,000원 ④ 폼 패드 가공비(50,000원×6ea):300,000원	3,100,000원
유형 효과 금액		절감 금액(297,189,648원)−투자 금액(3,100,000원)=294,089,648원	

아래의 표는 용어를 일관성 없게 사용하고 있다. 부적합품률 혹은 불량률로서 일관성 있게 사용할 필요가 있다. 효과 금액 산출 과정이 불분명하므로 이해하기 쉽고 명확한 계산 방식이 제시되어야 한다.

유형 효과 파악

구분	항목	산출식					금액
효과 금액	수정비용 (인건비)	◆ 수정비용 절감(주름, 레이저불량, 찍힘, 기타)					98,822,170 (원/년)
		구분	개선 전	개선 후	감소분	계산식	
		ⓐ 불량률	0.144	0.015	0.129	-	
		ⓑ 불량수량	31,334	3,264	28,070	ⓐ×①	
		ⓒ 수정시간	5,222	544	4,678	(ⓑ×②)/60	
		ⓓ 수정비용	77,813,760	8,105,600	69,708,160	ⓒ×③	
		◆ 폐기비용 절감(크랙)					
		구분	개선 전	개선 후	감소분	계산식	
		ⓔ 불량률	0.020	0.007	0.013	-	
		ⓕ 불량수량	4,352	1,523	2,829	ⓔ×①	
		ⓖ 폐기비용	44,790,784	15,676,774	29,114,010	ⓕ×④	
		- ① 생산량 : 217,600대/년					
		- ② 부적합품 수정 소요시간 : 10분/대					
		- ③ 임율 : 14,900원/hr					
		- ④ 리어도어 단가 : 10,292원/대					
투자비	2매센서 지지대	◆ 고정 지지대 설치비용 : 314,900원					314,900원
	레벨스프링 구입비	◆ 레벨스프링 단가 EA당 168,000×12ea : 2,016,000원					2,016,000원
	검사대 제작	◆ 사각 PIPE 6mm당 15,000×4ea : 60,000원					60,000원
순수 효과금액		◆ 98,822,170－(314,900＋2,016,000＋60,000)＝96,431,270원/년					96,431,270(원/년)

9 / 표준화

다음의 예시처럼 즉개선 활동을 하고 난 후에는 즉개선 내용에 대한 표준화가 정리되어야 한다.

즉개선2 진공 패드 흡착 가이드 설치

항목	대책안	개선 전	개선 후	문제점 발생에 대한 검증	실시일	담당자
※ 걸침	진공 패드 흡착 가이드 설치	진공 패드의 편 마모로 인해 제품 기울어짐으로 걸침 발생	진공 패드 가이드 설치로 제품 걸침 발생 감소	외관 검사공정 시료 수 10 만개 검사결과 제품 긁힘 부적합품 없음 [검증 설비 : CI-T120]	04/13 ~ 04/18	

즉개선3 이동 피커 일체형 기구 변경

항목	대책안	개선 전	개선 후	문제점 발생에 대한 검증	실시일	담당자
※ 유실	이동피커 일체형 기구 변경	분리형 이동 피커로 인해 진공 압력 누출로 제품 유실 발생	진공 피커의 일체형 변경으로 압력 누출로 인한 유실 감소	외관 검사공정 시료 수 10 만개 검사결과 제품 볼 눌림 부적합품 없음 [검증 설비 : CI-T120]	05/10 ~ 05/16	

표준화

				작성일	'10 07 12
				작성자	

No	항목	개선 전		개선 후		표준 명칭 및 번호	등록일
1	이동 피커 간격 블록 변경		넓히고 좁히는 동작이 하나의 블록에서 동작		넓히고 좁히는 동작 블록을 개별로 동작 하도록 변경	▶ 자재 코드 신규 등록 - 명칭 : 간격 블록 - 번호 : SPTD2042	'10.04.26
2	이동 버퍼 안착면 높이, 각도 최적화		이동버퍼 임시각 32° 안착면 높이 15mm		이동 버퍼 임시각 25° 안착면 높이 0.9mm	▶ 이동 버퍼 도면 개정 - 명칭 : 이동 버퍼 도면 - 번호 : HT-FOHM-0189-01	
3	렛치 버튼 가이드		렛치 버튼 가이드 낮음		렛치 버튼 가이드 높이 변경	▶ 자재 코드 신규 등록 - 명칭 : 렛치(가이드 높이 변경) - 번호 : P1215786	'10.05.16
4	설비 일벽 압력 관리 기준		진공 발생기로 압력 직접 인가		압력 조절기 장착 입력 압력 최적화(0.45Mpa)	▶ 사내 표준 개정 - 명칭 : 설비 점검 표준 - 번호 : HTPT-S0093	
5	설비 건조 공정 관리 기준		건조 공정 온도 50℃ 팬 속도 2,500RPM		건조 공정 온도 60℃ 팬 속도 2,900RPM	▶ 사내 표준 개정 - 명칭 : 설비 점검 표준 - 번호 : HTPT-S0094	'10.06.04

10 / 사후 관리

분임조활동에서 적당한 기법 사용은 활동 전체를 바르게 진행시킨다. 현상 파악이나 결과 분석, 사후 관리에 관리도를 많이 사용하고 있으나 정확히 이해하고 사용해야 한다. 아래의 예시는 P 관리도를 사용했으나 UCL, LCL이 일정하므로 NP 관리도를 사용하는 것이 바람직하다.

공정 부적합품률 P 관리도

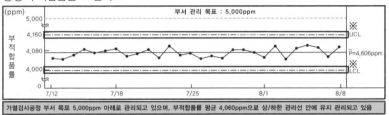

가열검사공정 부서 목표 5,000ppm 아래로 관리되고 있으며, 부적합품률 평균 4,060ppm으로 상/하한 관리선 안에 유지 관리되고 있음

사후 관리는 분임조활동 단계에서 마지막 단계이다. 사후 관리를 잘해서 지속적으로 성과가 나올 수 있도록 다음 페이지의 예시처럼 관리 점검 항목을 포함한 체크 시트를 작성하는 것이 바람직하다. 하지만 개선 후에도 지속적으로 성과가 나오고 있는 근거(그래프)가 없다.

관리 점검 항목	점검 내용	점검 방법	주기	담당자
석션라인 댐퍼 Close	마모 Open 상태	석션은 되지 않는가?	1개월	4호 원료분쇄기 근무자
키니온 펌프 측면 Air 공급 밸브	밸브 Close 상태	밸브 Open으로 Air 소비는 되지 않는가?	점검 중	〃
부하측 더스트 씰행 Air 압력	Air 압력 $1.5kg/cm^2$ 유지	Air 압력계 고장은 없는가?	점검 중	〃
반부하측 베어링 Air 공급 밸브	항상 Close 상태	밸브 Open으로 Air 공급은 되지 않는가?	점검 중	〃
키니온 펌프 홈퍼 상한 레벨 스위치	레벨 동작 상태	상한 레벨 스위치 고정 상태는?	1개월	〃
슈트 상단 레일 절단	절단 부위 마모 상태	절단 부위 탈락 이탈 상태는 없는가?	점검 중	〃
링크 체인 와이어 브러쉬	마모 변형 상태	스크래핑 상태는 좋은가?	점검 중	〃
홈퍼 하단 슈트 슬라이드 게이트 스토퍼	마모 변형 상태	탈락 변형 이탈 상태는 없는가?	사용 시	〃

　　사후 관리 단계에서는 목표를 지속적으로 달성하고 있는 모습을 보여 주는 것이 주목적이라 할 수 있다. 개선 전·후의 비교는 이미 앞에서 이루어졌으므로 아래처럼 중복해서 보여줄 필요는 없다.

　　사후 관리의 목표선과 함께 가능한 한 전체 데이터를 그래프로 표시하여 추세를 보여주는 것이 바람직하다. 아래의 내용으로는 성과를 내기 위해서 필요한 점검 및 관리를 어떻게 하는지 알 수 없다.

생산 증가량

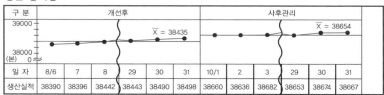

구 분	개선후						사후관리					
일 자	8/6	7	8	29	30	31	10/1	2	3	29	30	31
생산실적	38390	38396	38442	38443	38490	38498	38660	38636	38682	38653	38674	38667

사이클 타임 꺾은선그래프　　※

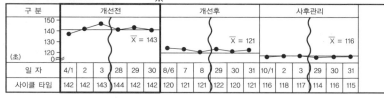

구 분	개선전						개선후						사후관리					
일 자	4/1	2	3	28	29	30	8/6	7	8	29	30	31	10/1	2	3	29	30	31
사이클 타임	142	142	143	144	142	142	120	121	121	122	120	121	116	118	117	114	116	115

　　다음의 예시는 손실률이 부서 관리 목표 5% 이하로 관리되고 있는 모습을 보여주고 있으나, 지속적 성과를 내기 위한 관리 및 점검 항목을 어떻게 관리하고 있는지를 나타내는 체크시트가 없다. 22일 이후의 손실률이 증가 추이를 보이고 있으므로 이에 대한 분석이 필요해 보인다.

손실률 관리 현황

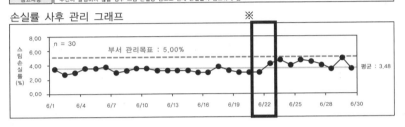

구분 \ 일자		6/1	6/2	6/3	6/4	6/5	6/26	6/27	6/28	6/29	6/30	합 계	평 균	손실률(%)
스팀 사용량(Ton/hr)		4.02	3.99	4.00	4.02	4.02	4.06	4.04	4.02	4.08	4.02	120.66	4.02	-
사용 기준값(Ton/hr)				3.88					3.88					
손실량 발생 항목 (Ton/hr)	운휴배관 보온	0.00	0.00	0.00	0.00	0.00	0.00	0.00	0.00	0.00	0.00	0.00	0.00	0.00
	트랩고장	0.00	0.00	0.00	0.00	0.00	0.00	0.00	0.00	0.00	0.00	0.00	0.00	0.00
	우천시 방열	0.02	0.00	0.00	0.01	0.00	0.06	0.02	0.01	0.08	0.02	0.41	0.01	0.25
	트레이싱 설치 오류	0.05	0.04	0.05	0.06	0.07	0.05	0.06	0.06	0.05	0.05	1.69	0.06	1.49
	기 타	0.07	0.07	0.07	0.07	0.07	0.07	0.08	0.07	0.07	0.07	2.16	0.07	1.74
스팀 손실량(Ton/hr)		0.14	0.11	0.12	0.14	0.14	0.18	0.16	0.14	0.20	0.14	4.26	0.14	
손실률(%)		3.48	2.76	3.00	3.48	3.48	4.43	3.96	3.48	4.90	3.48	-	3.48	3.48
참고사항	우천이 발생하지 않을 경우 스팀 손실량 감소로 전체 손실률이 감소하게 됨													

손실률 사후 관리 그래프

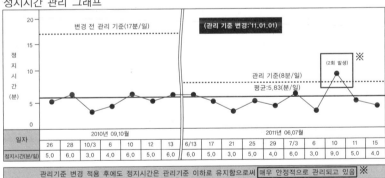

아래의 예시를 살펴보면 관리 기준을 초과한 경우가 2회나 발생하
였다. 이는 안정적으로 관리되고 있다고 볼 수 없으며, 이러한 경우
왜 기준을 초과하는 일이 발생했는지 반드시 분석해야 한다.

정지시간 관리 그래프

일자	2010년 09,10월							2011년 06,07월								
	26	28	10/3	6	10	12	13	6/13	17	21	25	29	7/3	6	10	11	15
정지시간(분/일)	5.0	6.0	3.0	4.0	6.0	5.0	6.0	6.0	5.0	3.0	5.0	4.0	6.0	3.0	9.0	5.0	4.0

변경 전 관리 기준(17분/일)

(관리 기준 변경:'11.01.01)

(2회 발생)

관리 기준(8분/일)

평균:5.83(분/일)

관리기준 변경 적용 후에도 정지시간은 관리기준 이하로 유지함으로써 매우 안정적으로 관리되고 있음

　　다음의 예시에서도 관리 상·하한 안에서 잘 관리되고 있다는 것을
보여주려면 관리 상·하한선을 표기하는 것이 좋다. 또한 관리도의
중심선 계산도 잘못된 것으로 보인다.

B공정 부적합품률 관리도

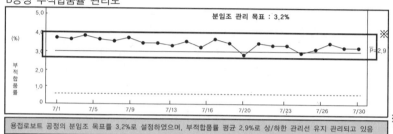

11 / 반성 및 향후 계획

활동 단계별 반성 및 개선 방향이 향후 계획에 충분히 반영되어야 한다. 아래의 예시는 QC 기법 교육 활성화만 반영되어 있고, 다른 내용은 향후 계획에 포함되어 있지 않다.

활동 단계별 반성 및 개선 방향

활동 단계	잘했던 점	반성할 점	개선 방향	
주제 선정	활기찬 회합분위기 조성으로 다양한 현안과제가 도출되었을 때	분임원간 의견대립 시 해결방법에 어려움을 느꼈을 때	벤치마킹, 브레스 스토밍 등 객관적인 방법을 활용하여 문제해결	※
현상 파악	담당자가 열의를 가지고 데이터 및 문제점을 파악하였을 때	측정기구 및 방법에 대한 지식이 부족하였을 때	측정기구 활용에 대한 교육 실시	
원인 분석	분임원의 적극 참여로 많은 원인이 도출 되었을 때	특성요인도 작성 시 많은 오류가 발생하였을 때	QC기법 교육 활성화	※
대책 수립 및 실시	획기적인 아이디어가 도출 되었을 때	나노스프레이 장착으로 발생 가능한 부작용에 대한 검토가 부족했을 때	제조부서와 사전에 충분한 협의 및 조율을 통한 대책 실시	
효과 파악	목표치 이상의 효과가 나왔을 때	정량적인 업무에만 치중되었을 때	정성적인 효과 및 이로 인한 체질 변화 파악	
표준화 및 사후관리	신속한 표준서 개정이 잘 되었을 때	사후관리 데이터 공유가 부족했을 때	이메일 활성화로 데이터 공유 활성화	

향후 계획

범례		
계획	████████
실적	□□□□□□□

항목		목표	활동 계획 기간				세부 활동 내용
			2011년				
			1분기	2분기	3분기	4분기	
교육	QC기법교육	전원 참여	████				QC기법 및 활용을 통한 문제 분석 및 해결 능력 향상
	FDC교육	전원 참여		████			FDC 중급과정 이수
	6시그마교육	전원 참여	████				6시그마 교육과정 이수
	TRIZ교육	전원 참여			████		TRIZ기법 활용을 통한 문제 분석 및 해결능력 향상
분임조	주제 해결	3건/년	██				분임원 전원참여로 주제 해결 활동 전개
	불합기 적출	1건/월,인	██				잠재된 불합리를 제거하여 발생원을 사전에 제거
	개선제안	13건/년,인	██				획기적인 아이디어 제안으로 성과 표출
조직 활성화	GWP활동	전원 참여		████			반기별 체육대회, 야유회를 통한 단합

활동 단계별 반성 및 개선 방향으로 '다양한 개선 활동으로 문제 접 근성 강화', '당사 데이터의 정확한 파악 및 경쟁사 동향 파악'이 필요 하다고 하였으나 향후 계획에 반영되지 않았다.

15.2 활동 단계별 반성 및 개선 방향

		회의일자	'16.12.19
		참석인원	전 분임원
		작성자	

활동단계	잘된 점	반성할 점	개선방향
주제선정	유출율 개선하기 위해 선정 배경 파악 활동	주제 선정 배경에 대한 다양한 접근성 부족	다양한 개선 활동으로 문제 접근성 강화
현상파악	다양한 데이터 수집 활동	통계적 기법 사용의 한계	통계적 기법 관련 교육 강화
원인분석	프로세스 별 문제점 파악 활동	분임원 교대 근무로 인한 분석 데이터 회합시 집중력 약화	아이디어 수시 접수, 사전 연락등을 통한 분임 참여 강화
목표설정	유출율을 개선 하고자 함	경쟁사 현황 파악을 못함	당사 데이터의 정확한 파악 및 경쟁사 동향 파악
대책수립/실시	분임원간 적극적 참여	다양한 측면으로의 문제해결 방법및 기법 사용의 한계	품질교육 강화 및 통계 기법 교육 강화
효과파악	유출 손실비용 과 중점 항목 개선	무형의 효과에 대한 구체적, 다양한 효과 파악 부족	고객, 분임조, 부서 측면의 다양한 효과 교육 창출
표준화/사후관리	표준화 및 사후관리 체계 구축	개선 활동에 대한 연계성과 다양한 관점 부족	개선 활동 공유 및 전파/ 연계성 및 다양한 개선 활동 실행

15.3 향후 계획

		회의일자	'16.12.19	범례	계획	
		참석인원	전 분임원		실시	
		작성자	강민중			

구분	활동 내용	활동 목표	일정 계획 [17년 06월 현재]				활동 방안
			1분기	2분기	3분기	4분기	
분임조 활동	주제 해결	3 건 /년					지속적인 주제 해결로 품질 경쟁력 강화
	제안 활동	12건/년·인					신규 검사 방법 도출 및 검사 방법 개선
	분임조 회합	48 회/년					정기적인 분임회합 실시(매주 목요일)
사내 활동	S-TPM 혁신활동	최우수상 1회이상					전 분임원의 참여로 목표 달성
조직 활동	GWP 활동	2회/년					분기별 폴겨 핮기 이벤트 활동

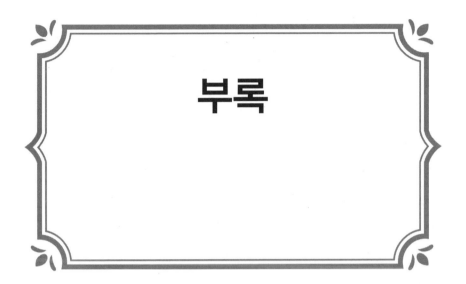

부록

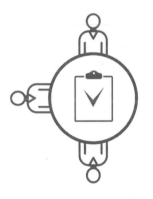

❶ 개선 사례 발표 심사 기준
❷ 분임조 현지 심사 기준
❸ 2016년도 전국 품질분임조
　경진대회 우수 사례

부록1 / 개선 사례 발표 심사 기준

1.1 현장 개선 부문

1) 현장 개선 부문 - 공공 부문 제외

심 사 항 목	착 안 사 항	배 점	
0. 공 통	① 주제, 문제 해결 방법과 내용에 있어 표절 여부	[등외결정가능]	
	② 해당 분임조원의 발표 여부		
	③ 발표 부문과의 적합성 여부	감점(-5)	
1. 주제 선정 및 활동 계획의 적합성	① 주제 선정을 위한 안건 제출이 명확한가?	3	16
	② 제출한 안건은 적합하게 표현되었으며, 회사와 분임조 측면 모두를 고려해 평가되고 있는가?	5	
	③ 주제 선정 이유는 타당하고, 구체적 근거가 있는가?	5	
	④ 전 분임조원의 역할 분담 및 참여도는 좋은가?	3	
2. 현상 파악과 원인 분석	① 선정한 주제의 현상은 정확하게 파악되었는가?	11	40
	② '사실에 의한 관리'에 근거해 데이터의 수집·정리 등이 충실하게 이루어졌는가?	11	
	③ 선정된 중점 관리 항목에 대한 원인 분석은 적절한가?	13	
	④ 제기된 문제점에 대하여 체계적인 접근 방법으로 분석되었는가?	5	
3. 목표 설정, 대책안 수립과 실시	① 목표 설정은 적절하게 진행되었는가?	4	23
	② 대책 수립을 위해 도출된 아이디어는 최적안이라고 할 수 있는가?	5	
	③ 개선을 위한 PDCA는 적절하게 진행되었는가?	14	
4. 효과 파악, 유지 및 반성	① 분임조 활동을 통해 얻은 충분한 개선 결과라고 볼 수 있는가?	3	12
	② 유형 효과와 무형 효과를 명확히 구분하여 구체적·객관적으로 파악하고 있는가?	3	
	③ 개선 내용에 대한 표준화와 사후관리 상태는 원활한가?	4	
	④ 개선 완료 후 남은 문제점에 대한 향후의 대책안과 활동 계획은 잘 수립되어 있는가?	2	
5. 원고 작성 및 발표의 충실성	① 경영진 빛 지원 부서의 관심도는 이띠힌가?	2	9
	② 작성 체제와 내용이 충실하여 모범사례로서의 활용 가치가 있는가?	2	
	③ 원고 내용 및 발표 내용은 이해하기 쉽고, 성실하게 표현되어 있는가?	1	
	④ 발표자는 조장을 포함하며, 발표 내용을 전달하는 데 있어 청중을 이해시키려 노력하고 있는가?	1	
	⑤ 질문에 정확한 이해와 답변을 하였는가?	3	
계		100	

2) 현장 개선 부문 - 공공 부문

심 사 항 목	착 안 사 항	배 점	
0. 공 통	① 주제, 문제 해결 방법과 내용에 있어 표절 여부	[등외결정가능]	
	② 해당 분임조원의 발표 여부		
	③ 발표 부문과의 적합성 여부	감점(-5)	
1. 주제 선정의 적합성	① 주제 선정은 회사 방침 및 부문 방침에 부응하고 있으며, 분임조의 활동 가능 수준에 알맞은 것인가?	4	14
	② 선정 주제는 수단과 목적을 쉽게 알 수 있도록 간단·명료하게 설정되어 있는가?	3	
	③ 주제 선정을 위한 문제점의 파악은 충분한가?	4	
	④ 주제 선정 이유는 타당하며, 구체적인 근거가 있는가?	3	
2. 개선 활동 계획 및 대책 수립	① 전 분임조원의 역할 분담 및 참여도는 좋은가?	4	21
	② 문제 해결의 전체적인 흐름이 논리적·체계적인가?	4	
	③ 개선 활동 계획은 적절하며, 계획대로 진행되었는가?	4	
	④ 제기된 문제점에 대한 현상 파악과 원인 분석은 체계적인가?	9	
3. 개선 활동의 추진 방법	① 개선 활동의 충실성과 노력도는 어떤가?	6	29
	② '사실에 의한 관리'에 입각하여 데이터의 수집·정리 등이 충실하게 이루어졌는가?	9	
	③ 현상 파악에서 도출된 정량적 데이터에 근거한 목표 설정과 대책 수립 및 실시는 적절한가?	7	
	④ 간단한 기법일지라도 정확히 적용해 효과적으로 사용하고 있으며, 불필요한 기법을 억지로 사용하지는 않았는가?	7	
4. 결과 분석, 효과 파악, 유지 및 반성	① 분임조 활동으로서 충분한 개선 결과라고 볼 수 있는가?	4	21
	② 유형 효과와 무형 효과를 명확히 구분하여 구체적·객관적으로 효과를 파악하고 있는가?	6	
	③ 다른 부문(공정), 다른 항목에 부작용이 없는지 전체적인 관점에서 효과를 파악하고 있는가?	4	
	④ 개선 내용에 대한 표준화와 사후관리 상태는 좋은가?	4	
	⑤ 개선 완료 후 남은 문제점에 대한 향후의 대책안과 활동 계획은 잘 수립되어 있는가?	3	
5. 원고 작성 및 발표의 충실성	① 경영진 및 지원 부서의 관심도는 어떠한가?	3	15
	② 작성 체제와 내용이 충실하여 모범사례로서의 활용 가치가 있는가?	4	
	③ 원고 내용 및 발표 내용은 이해하기 쉽고, 성실하게 표현되어 있는가?	2	
	④ 발표자는 조장을 포함하며, 발표 내용을 전달하는 데 있어 청중을 이해시키려 노력하고 있는가?	3	
	⑤ 질문에 정확한 이해와 답변을 하였는가?	3	
계		100	

1.2 설비(TPM) 부문

심 사 항 목	착 안 사 항	배 점	
0. 공 통	① 주제, 문제 해결 방법과 내용에 있어 표절 여부	[등외결정가능]	
	② 해당 분임조원의 발표 여부		
	③ 발표 부문과의 적합성 여부	감점(-5)	
1. TPM 분임조의 성장 과정	① TPM 분임조 성장 발전 과정이 잘 나타나 있는가?	2	10
	② TPM 방침과 분임조 활동과의 연계성이 구체화되어 있는가?	3	
	③ 분임조 활동에 필요한 교육 과목이나 시간은 적절하며, 효율적으로 응용되고 있는가?	3	
	④ 지속적인 TPM 활동을 위한 방향과 과정이 잘 나타나 있는가?	2	
2. 분임조 활동 수준	① TPM 스텝별 진행 정도의 활동 기간은 충분한가?	4	20
	② TPM 스텝별 진행 활동에 대한 분임조원 숙지 및 의욕은 높은가?	6	
	③ 연구회, 교류회, 발표회(사내·외) 참가 실적과 수상 실적은 어떠한가?	6	
	④ TPM 분임조 개선활동 성과는 양호하며 수평 전개 활동은 어떠한가?	4	
3. 분임조 스텝 활동 내용, 성과 및 반성	① 자주 보전 STEP별 추진 목적과 절차가 명확하고 일관성 있게 추진되었는가?	8	40
	② 자주 보전 활동 STEP별 추진 방법 및 기법은 목적 달성을 위해 효과적으로 적용되고 있는가?	8	
	③ 스텝별 개선 활동 사례들은 목적 달성에 적합한가?	8	
	④ 자주 보전 스텝별 관리 지표 선정과 성과 관리는 체계적으로 관리되고 있는가?	8	
	⑤ TPM 스텝별 활동에 대한 전반적인 반성과 향후 계획은 이루어졌는가?	8	
4. 개별 개선의 활동 내용과 성과	① 3건 이내의 개선 사례가 5쪽 이내로 작성되었으며, TPM 활동과 연관된 사례인가?	5	20
	② 개선 사례의 문제점 분석은 충분하고, 현상 파악과 원인 분석은 효과적인가?	5	
	③ 개선 실시와 효과 파악은 적절하고 표준화, 사후관리는 잘 되고 있는가?	5	
	④ 최근 3년간 개선 사례는 TPM 활동에 효과적인가?	5	
5. 원고 작성 및 발표의 충실성	① 경영진과 협조 부서의 관심도는 어떠한가	2	10
	② 작성 체제와 내용이 충실하여 모범사례로서의 활용 가치가 있는가?	3	
	③ 원고 내용 및 발표 내용은 이해하기 쉽고, 성실하게 표현되어 있는가?	1	
	④ 발표자는 조장을 포함하며, 발표 내용을 전달하는 데 있어 청중을 이해시키려 노력하고 있는가?	2	
	⑤ 질문에 정확한 이해와 답변을 하였는가?	2	
계		100	

1.3 보전경영(EAM) 부문

심 사 항 목	착 안 사 항	배 점	
0. 공 통	① 주제, 문제 해결 방법과 내용에 있어 표절 여부	[등외결정가능]	
	② 해당 분임조원의 발표 여부		
	③ 발표 부문과의 적합성 여부	감점(-5)	
1. 보전경영 분임조의 성장 과정	① 보전경영 분임조 성장 발전 과정이 잘 나타나 있는가?	2	10
	② 보전경영 방침과 분임조 활동과의 연계성이 구체화되어 있는가?	3	
	③ 분임조 활동에 필요한 교육 과목이나 시간은 적절하며 효율적으로 응용되고 있는가?	3	
	④ 지속적인 보전경영을 위한 방향과 과정이 잘 나타나 있는가?	2	
2. 분임조 활동 수준	① 계획 보전 스텝별 진행 정도의 활동 기간은 충분한가?	4	20
	② 계획 보전 스텝별 진행 활동에 대한 분임조원 숙지 및 의욕은 높은가?	6	
	③ 연구회, 교류회, 발표회(사내·외) 참가 실적과 수상 실적은 어떠한가?	6	
	④ 보전경영 분임조의 개선 활동 성과는 양호하며 수평 전개 활동은 어떠한가?	4	
3. 분임조 스텝활동 내용 및 성과 및 반성	① 계획 보전 스텝별 추진 목적과 절차가 명확하고 일관성 있게 추진되었는가?	8	40
	② 계획 보전 스텝별 추진 방법 및 기법은 목적 달성을 위해 효과적으로 적용되고 있는가?	8	
	③ 계획 보전 스텝별 개선 활동 사례들은 목적 달성에 적합한가?	8	
	④ 계획 보전 스텝별 관리지표 선정과 성과 관리는 체계적으로 관리되고 있는가?	8	
	⑤ 계획 보전 스텝별 활동에 대한 전반적인 반성과 향후 계획은 이루어졌는가?	8	
4. 개별 개선의 활동 내용과 성과	① 개별 개선 사례가 2쪽 이내로 작성되었으며 보전경영 활동과 연관된 사례인가?	5	20
	② 개선 사례의 문제점 분석은 충분하고, 현상 파악과 원인 분석은 효과적인가?	5	
	③ 개선의 실시와 효과 파악은 적절하고 표준화, 사후관리는 잘 되고 있는가?	5	
	④ 최근 3년 내 개선 사례는 보전경영 활동에 효과적인가?	5	
5. 원고 작성 및 발표의 충실성	① 경영진과 협조 부서의 관심도는 어떠한가?	2	10
	② 작성 체제와 내용이 충실하여 모범사례로서의 활용 가치가 있는가?	3	
	③ 원고 내용 및 발표 내용은 이해하기 쉽고, 성실하게 표현되어 있는가?	1	
	④ 발표자는 조장을 포함하며, 발표 내용을 전달하는 데 있어 청중을 이해시키려 노력하고 있는가?	2	
	⑤ 질문에 정확한 이해와 답변을 하였는가?	2	
계		100	

1.4 6시그마 부문

심 사 항 목	착 안 사 항	배 점	
0. 공 통	① 주제, 문제 해결 방법과 내용에 있어 표절 여부	[등외결정가능]	
	② 해당 분임조원의 발표 여부		
	③ 발표 부문과의 적합성 여부	감점(-5)	
1. 프로젝트 선정의 적합성	① 프로젝트 선정을 위하여 경영 전략 및 주요 지표를 확인하였는가?	5	16
	② 고객의 소리로부터 CTQ를 확인하고, 프로젝트를 선정하였는가?	5	
	③ 프로젝트 범위, 팀원 선정 및 회합 계획이 명확한가?	3	
	④ 분석한 내용들이 프로젝트 실행계획서(팀 헌장)에 반영이 되었는가?	3	
2. 사용 도구의 적절성과 효과성	① 프로젝트의 성과지표(CTQ-Y)를 합리적으로 선정하였는가?	6	43
	② 프로젝트 성과지표(CTQ-Y)의 데이터 수집에 대한 신뢰성을 확보하였는가?	5	
	③ 프로젝트 성과지표(CTQ-Y)의 수준을 적절하게 산출하였는가?	5	
	④ 잠재인자 도출 및 선정을 위해 팀원들이 참여하고, 근본 원인까지 파악하였는가?	6	
	⑤ 핵심인자를 객관적이며 합리적으로 선정하였는가?	5	
	⑥ 개선 방안 도출시 적합한 도구를 효과적으로 사용하였는가?	5	
	⑦ 개선 방안에 대한 실행 방안을 구체적으로 작성하였는가?	5	
	⑧ 최적 대안/최적 조건에 대한 Pilot 검증을 효과적으로 실시하였는가?	6	
3. 효과 파악 및 사후관리	① 분임조 활동으로 충분한 개선 결과라고 볼 수 있는가?	3	25
	② 개선 활동을 위한 관리 시스템 구축이 적절한가?	5	
	③ 관리 시스템에 따라 프로세스 사후관리가 실행되고 있는가?	7	
	④ 개선 내용과 연계하여 프로젝트 효과를 합리적으로 파악하였는가?	5	
	⑤ 개선 완료 후 남은 문제점에 대한 향후의 대책안과 활동 계획은 잘 수립되어 있는가?	5	
4. 원고 작성 및 발표의 충실성	① 경영진 및 지원 부서의 관심도는 어떠한가?	3	16
	② 작성 체제와 내용이 충실하여 모범사례로서 활용 가치가 있는가?	5	
	③ 원고 내용 및 발표 내용은 이해하기 쉽고, 성실하게 표현되어 있는가?	2	
	④ 발표자는 조장을 포함하며, 발표 내용을 전달하는 데 있어 청중을 이해시키려 노력하고 있는가?	3	
	⑤ 질문에 정확한 이해와 답변을 하였는가?	3	
계		100	

1.5 사무 간접 부문

심 사 항 목	착 안 사 항	배 점	
0. 공 통	① 주제, 문제 해결 방법과 내용에 있어 표절 여부	[등외결정 가능]	
	② 해당 분임조원의 발표 여부		
	③ 발표 부문과의 적합성 여부	감점(-5)	
1. 주제 선정의 적합성	① 주제 선정은 회사 방침 및 부문 방침에 부응하고 있으며, 분임조의 활동 가능 수준에 알맞은 것인가?	4	14
	② 선정 주제는 수단과 목적을 쉽게 알 수 있도록 간단·명료하게 설정되어 있는가?	3	
	③ 주제 선정을 위한 문제점의 파악은 충분한가?	4	
	④ 주제 선정 이유는 타당하며, 구체적인 근거가 있는가?	3	
2. 개선 활동 계획 및 대책 수립	① 전 분임조원의 역할 분담 및 참여도는 좋은가?	4	21
	② 문제 해결의 전체적인 흐름이 논리적·체계적인가?	4	
	③ 개선 활동 계획은 적절하며, 계획대로 진행되었는가?	4	
	④ 제기된 문제점에 대한 현상 파악과 원인 분석은 체계적인가?	9	
3. 개선 활동의 추진 방법	① 개선 활동의 충실성과 노력도는 어떤가?	6	29
	② '사실에 의한 관리'에 입각하여 데이터의 수집·정리 등이 충실하게 이루어졌는가?	9	
	③ 현상 파악에서 도출된 정량적 데이터에 근거한 목표 설정과 대책 수립 및 실시는 적절한가?	7	
	④ 간단한 기법일지라도 정확히 적용해 효과적으로 사용하고 있으며, 불필요한 기법을 억지로 사용하지는 않았는가?	7	
4. 결과 분석, 효과 파악, 유지 및 반성	① 분임조 활동으로서 충분한 개선 결과라고 볼 수 있는가?	4	21
	② 유형 효과와 무형 효과를 명확히 구분하여 구체적·객관적으로 효과를 파악하고 있는가?	6	
	③ 다른 부문(공정), 다른 항목에 부작용이 없는지 전체적인 관점에서 효과를 파악하고 있는가?	4	
	④ 개선 내용에 대한 표준화와 사후 관리 상태는 좋은가?	4	
	⑤ 개선 완료 후 남은 문제점에 대한 향후의 대책안과 활동 계획은 잘 수립되어 있는가?	3	
5. 원고 작성 및 발표의 충실성	① 경영진 및 지원 부서의 관심도는 어떠한가?	3	15
	② 작성 체제와 내용이 충실하여 모범사례로서의 활용 가치가 있는가?	4	
	③ 원고 내용 및 발표 내용은 이해하기 쉽고, 성실하게 표현되어 있는가?	2	
	④ 발표자는 조장을 포함하며, 발표 내용을 전달하는 데 있어 청중을 이해시키려 노력하고 있는가?	3	
	⑤ 질문에 정확한 이해와 답변을 하였는가?	3	
계		100	

1.6 서비스 부문

심 사 항 목	착 안 사 항	배 점	
0. 공 통	① 주제, 문제 해결 방법과 내용에 있어 표절 여부	[등외결정가능]	
	② 해당 분임조원의 발표 여부		
	③ 발표 부문과의 적합성 여부	감점(-5)	
1. 주제 선정의 적합성	① 주제 선정이 고객만족 방침 및 전략에 부합하고 시장 및 고객 요구사항에 바탕을 두고 있는가?	4	14
	② 주제는 수단과 목적을 쉽게 알 수 있도록 간단·명료 하게 설정되어 있는가?	4	
	③ 주제 선정 이유가 타당하고 분임조의 활동 가능 수준 에 적합한가?	3	
	④ 주제 선정을 위한 문제점 파악이 충분하고 구체적인 근거가 있는가?	3	
2. 활동 계획 및 현상 파악과 원인 분석	① 서비스 개선 활동 계획은 적절한가?	5	19
	② 문제점에 대한 현상 파악과 원인 분석은 체계적인가?	5	
	③ 문제 해결의 전체적인 흐름이 고객 및 고객접점 특성에 맞고 논리적, 체계적인가?	5	
	④ 분임조원의 역할 분담 및 참여도는 높은가?	4	
3. 서비스 개선 활동 추진 방법	① 개선 활동의 충실도와 노력의 정도는 어떠한가?	8	26
	② 데이터 수집, 분석이 사실에 입각하여 충실하게 이루어졌는가?	8	
	③ 목표 설정과 대책 수립 및 실시는 적절하게 이루어졌는가?	6	
	④ 서비스 개선 활동을 위해 사용된 기법이 독창적이고 우수한가?	4	
4. 서비스 개선 활동의 효과 파악, 유지 및 반성	① 개선 활동 결과의 정성적, 정량적 효과를 객관적으로 파악하였는가?	7	25
	② 개선 활동이 고객만족 향상에 어떤 영향을 주었는지 전체 관점에서 효과를 파악하였는가?	7	
	③ 개선 활동 결과에 따른 서비스 표준의 설정과 사후관리 상태는 좋은가?	6	
	④ 개선 활동 결과에 대한 반성과 피드백이 이루어지고 향후 활동 계획은 잘 되었는가?	5	
5. 원고 작성 및 발표의 충실성	① 경영진 및 지원 부서의 관심도는 어떠한가?	3	16
	② 작성 체제와 내용이 충실하여 모범사례로서 활용 가치가 있는가?	5	
	③ 원고 내용 및 발표 내용은 이해하기 쉽고, 성실하게 표현되어 있는가?	2	
	④ 발표자는 조장을 포함하며, 발표 내용을 전달하는 데 있어 청중을 이해시키려 노력하고 있는가?	2	
	⑤ 질문에 정확한 이해와 답변을 하였는가?	4	
계		100	

1.7 환경 / 안전 품질 부문

심 사 항 목	착 안 사 항		배 점
0. 공 통	① 주제, 문제 해결 방법과 내용에 있어 표절 여부		[등외결정가능]
	② 해당 분임조원의 발표 여부		
	③ 발표 부문과의 적합성 여부		감점(-5)
1. 주제 선정 및 활동 계획의 적합성	① 주제 선정이 환경/안전 품질 방침 및 전략에 부합하고, 예방적 관점에 바탕을 두고 있는가?	3	16
	② 주제 선정을 위한 예상 문제점의 파악은 충분한가?	5	
	③ 주제 선정 이유는 타당하고, 분임조의 활동으로 해결 가능한 수준인가?	3	
	④ 전 분임조원의 역할 분담 및 참여도는 좋은가?	5	
2. 활동 계획 및 상황 파악과 원인 분석	① 안전 품질의 개선 활동 계획은 적절한가?	6	40
	② 예상되는 환경/안전 사고에 대한 발생 상황과 발생될 수 있는 원인에 대해서 체계적인 접근하고 있는가?	13	
	③ 위험의 크기 및 유형을 파악하고, 우선순위를 결정하였는가?	11	
	④ 발생 상황 및 원인 분석에 사용한 기법은 적절한가?	10	
3. 개선 대책 수립 및 개선 실시	① 위험의 크기 및 유형에 따라 개선 대책과 목표 설정은 적절한가?	5	22
	② 대책 수립을 위해 도출된 아이디어는 최적안이라고 할 수 있는가?	5	
	③ 개선 대책 실시는 사전예방 관점에서 철저히 이루어졌는가?	12	
4. 효과 파악, 유지 및 반성	① 개선 활동이 환경/안전 품질 향상에 어떤 영향을 주었는지 전체 관점에서 파악하였는가?	4	12
	② 유형 효과와 무형 효과를 명확히 구분하여 구체적·객관적으로 파악하고 있는가?	4	
	③ 개선 내용에 대한 표준화와 사후관리 상태는 원활한가?	2	
	④ 개선 활동 결과에 대한 반성과 피드백이 이루어지고 향후 활동 계획은 잘 수립되어 있는가?	2	
5. 원고 작성 및 발표의 충실성	① 경영진 및 지원 부서의 관심도는 어떠한가?	3	10
	② 작성 체제와 내용이 충실하여 모범사례로서의 활용 가치가 있는가?	3	
	③ 원고 내용 및 발표 내용은 이해하기 쉽고, 성실하게 표현되어 있는가?	1	
	④ 발표자는 조장을 포함하며, 발표 내용을 전달하는 데 있어 청중을 이해시키려 노력하고 있는가?	1	
	⑤ 질문에 정확한 이해와 답변을 하였는가?	2	
계			100

1.8 자유 형식(Free Style) 부문

심 사 항 목	착 안 사 항	배 점	
0. 공 통	① 주제, 문제 해결 방법과 내용의 표절 여부	[등외결정가능]	
	② 해당 분임조원의 발표 여부		
	③ 프리스타일(Free Style) 프로세스에 의한 전개 여부		
1. 주제 선정	① 회사의 분임조 운영 및 지원 체계는 어떠한가?	5	15
	② 주제는 회사의 개선 방향에 맞게 분임조 주변의 문제점으로부터 선정되었는가? - 주제 선정은 Top Down/Bottom Up 방식 모두 가능	5	
	③ 분임조원의 역할 분담 및 참여도는 좋은가? - 분임조 편성인원은 2인~10인으로 권장하되 인원 제한은 없음	5	
2. 문제 분석	① 문제점 파악에 적합한 항목이 선정되었는가?	5	20
	② 문제점은 사실적으로 파악되었는가? - 문제 특성에 따라 언어적 혹은 수치적 데이터 활용 가능함	8	
	③ 문제점 분석은 체계적이고 객관적으로 되어 있는가?	7	
3. 개선 전개	① 대책안을 도출하기 위한 아이디어 발상은 우수한가?	7	34
	② 선정된 대책이 명확하며 실행 내용이 체계적인가?	7	
	③ 문제 해결 프로세스는 해당 주제를 해결하는 데 적합한가?	9	
	④ 문제 해결 프로세스의 독창성이 사내/타사에서 벤치마킹할 수 있는 수준인가?	11	
4. 개선 결과	① 유형 효과와 무형 효과는 신뢰할 수 있도록 명확한 근거를 제시하였는가?	7	14
	② 개선 결과가 업무에 지속적으로 반영되고 있는가?	7	
5. 원고 작성 및 발표의 충실성	① 경영진 및 지원 부서의 관심도는 어떠한가?	3	17
	② 작성 체계와 내용이 충실하여 모범 사례로서의 활용 가치가 있는가?	5	
	③ 원고 내용 및 발표 내용은 이해하기 쉽고 충실하게 표현되어 있는가?	2	
	④ 발표자는 조장을 포함하며, 흥미롭게 전달하여 청중을 이해시키려 노력하고 있는가?	5	
	⑤ 질문에 정확한 이해와 답변을 하였는가?	2	
계		100	

1.9 상생 협력 부문

심 사 항 목	착 안 사 항		배 점
0. 공 통	① 주제, 문제 해결 방법과 내용에 있어 표절 여부	[등외결정가능]	
	② 해당 분임조원의 발표 여부		
	③ 발표 부문과의 적합성 여부		
1. 주제 선정 및 활동 계획의 적합성	① 주제 선정이 상호 조직이 추구하는 궁극적 목적과 상생 협력 전략에 부합하고, 협업의 관점을 고려하여 진행 되었는가?	3	16
	② 주제 선정을 위한 예상 문제점의 파악은 충분한가?	5	
	③ 주제 선정 이유는 타당하고, 협업에 의한 분임조의 활동으로 해결가능한 수준인가? - 연합분임조 활동도 가능	3	
	④ 전문임원의 역할 분담 및 참여도는 좋은가?	5	
2. 현상 파악 및 원인 분석	① 상호 조직 구성원의 업무나 역할에 따른 개선 활동 계획은 적절한가?	6	40
	② 개선 활동에 적합한 정성적인 자료나 정량적인 자료를 수집하고 층별하여 분석하고 있는가?	6	
	③ 예상되는 협업에 대한 발생 문제와 발생될 수 있는 원인에 대해서 체계적인 접근하고 있는가?	7	
	④ 선정된 중점 관리 항목에 대한 원인 분석은 적절한가?	11	
	⑤ 제기된 문제점에 대하여 체계적인 접근 방법으로 분석 되었는가?	10	
3. 개선 대책 수립 및 개선 실시	① 원인 분석 결과에 대해 개선 대책과 목표 설정은 절적한가?	5	22
	② 대책 수립을 위해 도출된 아이디어는 최선안이라고 할 수 있는가?	5	
	③ 개선 대책 실시는 사전예방 관점에서 철저하게 이루어 졌는가?	12	
4. 효과 파악 및 성과 공유	① 협업 개선 활동이 쌍방의 조직에 도움을 주는 방향으로 전체적인 관점에서 파악하였는가?	4	12
	② 유형 효과 및 무형 효과를 명확히 구분하고 유형 효과에 대한 협업의 성과 공유가 구체적·객관적으로 파악 하고 있는가?	4	
	③ 개선 내용에 대한 표준화와 사후관리 상태는 원활한가?	2	
	④ 개선 활동 결과에 대한 반성과 피드백이 이루어지고, 향후 협력에 대한 활동 계획은 잘 수립되어 있는가?	2	
5. 원고 작성 및 발표의 충실성	① 상호 경영진 및 지원 부서의 관심도는 어떠한가?	3	10
	② 작성 체제와 내용이 충실하여 모범사례로서의 활용 가치가 있는가?	3	
	③ 원고 내용 및 발표 내용은 이해하기 쉽고, 성실하게 표현되어 있는가?	1	
	④ 발표자는 조장을 포함하며, 발표 내용을 전달하는 데 있어서 청중을 이해시키려 노력하고 있는가?	1	
	⑤ 질문에 정확한 이해와 답변을 하였는가?	2	
계			100

1.10 창의 개선 부문

1) 분임조 운영 사례

심 사 항 목	착 안 사 항	배 점	
0. 공 통	① 주제, 문제 해결 방법과 내용에 있어 표절 여부	[등외결정가능]	
	② 해당 분임조원의 발표 여부		
	③ 발표 부문과의 적합성 여부	감점(-5)	
1. 운영 조직 및 시스템	① 운영 조직 및 시스템이 효율적인가?	4	15
	② 경영자와 부서장의 리더십 및 지원사항은 우수한가?	5	
	③ 분임조원의 변화 관리를 위해 어떤 노력을 하고 있는가?	3	
	④ 분임조 활동에 적합한 교육을 실시하고 있는가?	3	
2. 분임조의 성장 과정	① 지속적으로 활동해 왔는가?	8	39
	② 성장 발전 과정이 잘 나타나 있는가?	8	
	③ 성공 사례 및 실패 극복 사례가 잘 나타나 있는가?	11	
	④ 장단기 성장 목표와 계획은 어떠한가?	6	
	⑤ 다른 분임조 활동에 대한 기여 정도는 어떠한가?	6	
3. 최근 3년간의 활동 실적 및 효과	① 주제 해결 건수 및 내용은 어떠한가?	4	15
	② 제안건수, 채택건수, 제안 활동 시 애로사항 해결 프로세스는 어떠한가?	4	
	③ 월평균 회합수, 회합 시간, 회합 방법, 회합 참석률은 적절한가?	3	
	④ 사내·외 발표회 및 교류회 참가, 수상 실적은 적절한가?	2	
	⑤ 개선 내용의 양적·질적 성과는 충분한가?	2	
4. 활동의 자주성과 창의성 정도	① 분임조활동에 대한 이해 및 인식은 높은가?	3	21
	② 분임조활동에 대한 의욕 및 협동심과 참여도는 좋은가?	4	
	③ 분임조활동의 독특한 추진모델, 활동 방법은 있는가?	7	
	④ 분임원의 능력 개발과 그 개발 방법은 적절한가?	4	
	⑤ 귀감이 될 만한 개선 사례가 5쪽 이내로 소개되고 있으며 창의성이 있는가?	3	
5. 원고 작성 및 발표의 충실성	① 경영진 및 지원 부서의 관심도는 어떠한가?	2	10
	② 작성 체제와 내용이 충실하여 모범사례로서 활용 가치가 있는가?	3	
	③ 원고 내용 및 발표 내용은 이해하기 쉽고, 성실하게 표현되어 있는가?	1	
	④ 발표자는 조장을 포함하며, 발표 내용을 전달하는 데 있어 청중을 이해시키려 노력하고 있는가?	2	
	⑤ 질문에 정확한 이해와 답변을 하였는가?	2	
계		100	

2) 연구 사례

심 사 항 목	착 안 사 항		배 점
0. 공 통	① 주제, 문제 해결 방법과 내용에 있어 표절 여부	[등외결정가능]	
	② 해당 분임조원의 발표 여부		
	③ 발표 부문과의 적합성 여부	감점(-5)	
1. 주제 선정의 합성	① 주제 선정을 위한 문제점 파악은 적절한가?	6	20
	② 주제의 문제점이 연구 활동과 관련이 있는가?	6	
	③ 연구팀은 주제에 타당성 있게 구성되었는가?	4	
	④ 연구 주제의 발굴 과정과 방법은 합리적인가?	4	
2. 연구 내용의 충실성	① 주제를 추진하기 위한 연구팀의 구성 및 역할 분담은 명확한가?	3	30
	② 주제에 관한 정보의 수집과 연구 절차는 적절하게 이루어졌는가?	3	
	③ 대상 정보에 대한 현상 분석은 철저하게 이루어졌는가?	3	
	④ 참고문헌의 연구 주제에 활용도는 어떠한가?	3	
	⑤ 문제 해결의 흐름이 합리적, 체계적으로 전개되었는가?	6	
	⑥ 아이디어 도출 및 평가가 합리적으로 이루어졌는가?	6	
	⑦ 개선 방안 도출시 적합한 도구를 효과적으로 사용하였는가?	6	
3. 연구 내용의 창의성	① 연구 활동의 접근 방법은 독창적인가?	5	25
	② 개선 방안에 대한 세부 실행 방안을 구체적으로 작성하였는가?	5	
	③ 기존 프로세스 등과의 차이 정도는 어떤가?	5	
	④ 최적 대안/최적 조건에 대한 Pilot 검증을 효과적으로 실시하였는가?	5	
	⑤ 연구 결과는 새로운 프로세스로서 실용화는 가능한가?	5	
4. 효과 관리 및 사후 관리	① 분임조활동으로 충분한 개선 결과라고 볼 수 있는가?	3	15
	② 개선 활동을 위한 관리 시스템의 구축이 적절한가?	3	
	③ 관리 시스템에 따라 프로세스 사후관리가 실행되고 있는가?	3	
	④ 관련 기업 및 산업계에 미치는 파급 효과는 어떠한가?	3	
	⑤ 그후에 자사, 기업, 산업계에 보급, 활용하거나 확대할 계획은 어떠한가?	3	
5. 원고 작성 및 발표의 충실성	① 경영진 및 지원 부서의 관심도는 어떠한가?	3	10
	② 작성 체제와 내용이 충실하여 모범사례로서 활용 가치가 있는가?	2	
	③ 원고 내용 및 발표 내용은 이해하기 쉽고, 성실하게 표현되어 있는가?	1	
	④ 발표자는 조장을 포함하며, 발표 내용을 전달하는 데 있어 청중을 이해시키려 노력하고 있는가?	2	
	⑤ 질문에 정확한 이해와 답변을 하였는가?	2	
계			100

3) 학습 조직(CoP) 사례

심 사 항 목	착 안 사 항	배 점	
0. 공 통	① 주제, 문제 해결 방법과 내용에 있어 표절 여부	[등외결정가능]	
	② 해당 CoP 조원의 발표 여부		
	③ 발표 부문과의 적합성 여부	감점(-5)	
1. 학습 동기 부여 및 CoP활성화	① 해당 주제에 대한 학습 의욕을 고취하기 위해 다양한 노력을 하였는가?	10	20
	② CoP 활동은 양적,질적으로 활성화되어 있는가?	10	
2. 주제 선정 및 활동 계획 수립	① CoP 주제는 조직의 전략 및 경영 목표와 연계되고, 학습할만한 가치가 있는가?	3	15
	② 주제는 시급성, 중요성, 효과성, 실현 가능성 등이 고려되고, CoP 조원의 공통된 관심 사항으로 선정되었는가?	4	
	③ 활동 계획은 *SMART 원칙에 의해 수립되고, 학습 계획은 충분히 반영되었는가?	5	
	④ CoP 과제 기술서는 5W1H에 의거하여 작성되었는가?	3	
3. 현상 파악 및 목표 설정	① 주제 해결을 위한 데이터 수집, 정리를 통해 문제의 근본 원인을 정확히 파악하였는가?	5	15
	② CoP 주제를 대변하는 구체적, 측정가능한 성과 지표와 기준은 설정되었는가?	3	
	③ 현 수준과 이상 수준에 대한 비교를 통해 CoP활동으로서 도전적 목표를 설정하였는가?	4	
	④ 개선 목표에 대한 현재 상황과 학습해야 할 것이 무엇인지 CoP 조원 전체가 공유하고 있는가?	3	
4. 개선 기회 도출 및 개선안 실시	① 개선 기회(개선 대안에 대한 탐색)는 다양한 시각에서 도출되고, 잠재적 개선 기회에 대한 검토는 충분하였는가?	4	15
	② 개선 기회는 중요도, 개선 가능성 등을 기준으로 평가되고, 우선 순위화하여 선정하였는가?	3	
	③ 개선 기회는 창조적 아이디어에 의해 최적 대안이 선정되고, 개선 계획은 목표 달성이 가능하도록 수립되었는가?	5	
	④ 개선안 실행에 대한 장애 요인은 파악되고, 적절히 대응하여 개선안을 실행하였는가?	3	
5. 효과 파악 및 성과 공유	① CoP 활동을 통해 만족할만한 성과를 도출하였는가?	7	20
	② 경영 개선 효과와 학습 효과를 구분하여 구체적 · 객관적으로 효과를 파악하고 있는가?	5	
	③ 개선 성과 유지를 위한 표준화, 관리 계획은 수립되고 적절한가?	4	
	④ 과제 해결 과정에서 얻은 지식과 교훈에 대한 전사 전파 및 공유는 적절히 시행되었는가?	4	
6. 원고 작성 및 발표의 충실성	① 경영진 및 지원 부서의 관심도는 어떠한가?	3	15
	② 작성 체제와 내용이 충실하여 모범사례로의 활용 가치가 있는가?	4	
	③ 원고 내용 및 발표 내용은 이해가 쉽고, 성실하게 표현돼 있는가?	2	
	④ 발표자는 공장을 포함하며, 발표 내용을 전달하는 데 있어 청중을 이해시키려 노력하고 있는가?	3	
	⑤ 질문에 정확한 이해와 답변을 하였는가?	3	
계		100	

* SMART(Specific, Measurable, Attainable, Relevant, Time Bound)

1.11 트리즈(TRIZ) : 자유 형식 부문으로 통합 평가

심 사 항 목	착 안 사 항	배 점	
0. 공 통	① 주제, 문제의 해결 방법과 내용의 표절 여부	[등외결정가능]	
	② 해당 분임조원의 발표 여부		
	③ 발표 부문과의 적합성 여부	감점(-5)	
1. 주제 선정	① 주제 선정을 위한 안건 제출이 명확한가?	2	9
	② 주제 선정 이유가 타당하고, 구체적 근거가 있는가?	3	
	③ 분임조원의 역할 분담 및 참여도가 높은가?	4	
2. 문제 분석	① 선정한 주제의 현상을 multi-screen thinking 방법을 활용하여 시스템적으로 진행하였는가?	9	28
	② 근본 원인을 체계적으로 규명하였는가?	9	
	③ 문제 분석을 통해 해결해야 할 과제가 적절히 선정되었는가?	10	
3. 해결안 도출	① 자원 분석 및 이상적 해결안(IFR)에 대한 개념을 활용하였는가?	10	35
	② 창의적인 아이디어가 도출되었는가? (※ 해결안을 도출하는 1,2,3 방법 중에서 한 가지 또는 몇 가지 방법을 이용하여 아이디어를 도출할 수 있다)	15	
	③ 해결안이 다양하게 도출되었는가?	10	
4. 해결안 평가 및 적용	① 도출한 해결안들의 평가는 적절하게 진행되었는가?	12	18
	② 유형 효과와 무형 효과를 명확히 구분하여 구체적, 객관적으로 파악하고 있는가?	6	
5. 원고 작성 및 발표의 충실성	① 경영진 및 지원 부서의 관심도는 어떠한가?	3	10
	② 작성 체제와 내용이 충실하여 모범사례로서의 활용 가치가 있는가?	2	
	③ 원고 내용 및 발표 내용은 이해하기 쉽고, 성실하게 표현되어 있는가?	1	
	④ 발표자는 조장을 포함하며, 흥미롭게 전달하여 청중을 이해시키려 노력하고 있는가?	1	
	⑤ 질문에 정확한 이해와 답변을 하였는가?	3	
계		100	

1.12 제안 사례 부문

심 사 항 목	착 안 사 항	배 점	
0. 공 통	① 제안 주제, 문제 해결 방법과 내용에 있어 표절 여부	[등외결정가능]	
	② 고유 업무가 아닌 제안으로서의 진실성 여부		
	③ 제안자의 발표 여부		
1. 제안 제도 운영시스템	① 활동에 대한 경영진의 의지는 명확한가?	5	20
	② 제안 제도 운영 프로세스는 어떠한가?	5	
	③ 제안 활성화를 위한 독창적인 운영 제도는 무엇인가?	5	
	④ 제안의 실적 관리 및 홍보는 잘 되고 있는가?	5	
2. 문제 도출 및 개선 아이디어	① 문제를 찾기 위해 노력하였는가?	5	20
	② 도출된 문제점을 누구나 일목요연하게 정리하였는가?	5	
	③ 개선안 도출은 위한 아이디어 발상은 적절한가?	5	
	④ 즉시 실시할 수 있도록 개선 방안이 구체적으로 정리되었는가?	5	
3. 개선 및 평가	① 개선을 위한 계획 수립은 적절한가?	3	30
	② 개선 과정은 실행 단계별로 충실히 기술되었는가?	10	
	③ 개선 활동 기간 및 내용은 적절한가?	5	
	④ 필요 시 관련부서 협조는 잘 이루어졌는가?	2	
	⑤ 개선 결과에 대한 효과는 파악되었는가?	5	
	⑥ 개선 완료된 제안(서)에 대한 평가 방법은 적절한가?	5	
4. 표준화 및 사후관리	① 개선 결과는 표준화 되었는가?	10	20
	② 파급이 필요한 사항은 수평 전개가 실시되었는가?	5	
	③ 개선 효과의 유효성을 모니터링하고 있는가?	5	
5. 원고 작성 및 발표의 충실성	① 경영진 및 지원 부서의 관심도는 어떠한가?	2	10
	② 작성 체계와 내용이 충실하여 모범사례로서의 활용 가치가 있는가?	2	
	③ 원고 내용 및 발표 내용은 이해하기 쉽고, 성실하게 표현되어 있는가?	1	
	④ 발표자는 발표 내용을 잘 숙지하고 있으며, 청중의 이해를 돕고 있는가?	2	
	⑤ 질문에 정확한 이해와 답변을 하였는가?	3	
계		100	

부록2 / 분임조 현지 심사 기준

2.1 현지 심사 기준[학습조직(CoP), 제안 사례 제외]

구 분	평가 항목	평가내용	확인자료	배점	평가 기준 1.0	0.8	0.6	0.4	0.2	평점
출전분임조 평가 60%	인프라 조성	① 사외 교육 훈련 실적 *1인당 연간 평균 교육 시간 =(Σ교육 시간/분임조원 수)	- 교육 수료증 - 교육 일정표	10	20Hr 이상	15Hr 이상	10Hr 이상	5Hr 이상	5Hr 미만	
		② 사내 교육 훈련 실적 *1인당 연간 평균 교육 시간 =(Σ교육 시간/분임조원 수)	- 사내 교육 일정표 - 교육 일지 - 강의 교안	10	20Hr 이상	15Hr 이상	10Hr 이상	5Hr 이상	5Hr 미만	
	개선 활동	③ 활동의 충실성 및 진실성 - 모든 조원의 참석 - 모든 조원의 의견 제출 - 조원의 업무 분담 적정성 - 조원수의 적정성 - 정기 회합 준수 - 적극적인 상사의 관심과 코멘트 - 회의록과 발표 원고의 일치성 - 개선 주제의 출전 분야 적합성	- 출전 주제에 대한 분임조 회의록 (전자 기록 포함)	30	7개 이상 해당	5개 이상 해당	3개 이상 해당	1개 이상 해당	0개	
		④ 개선 내용 표준화 - PDCA내용 표준 등록 - 기타 표준화 필요사항	- 표준등록대장 - 제·개정 신청서 - 제·개정 표준서	10	80% 이상	60% 이상	40% 이상	20% 이상	20% 미만	
회사 평가 40%	지원 및 관리	⑤ 사내 분임조 경진대회 (사외대회 참관으로 내체가능)	- 대회 개최(참관) 문서 및 사진	10	2회 이상은 '1.0'으로 평가		1회는 '0.6'으로 평가		없음	
		⑥ 사내 분임조 심사원 양성 (사내분임조 활성화 실적)	- 교육 수료증 - 교육 일정표	5	유/무(2년 기준)					
		⑦ 분임조 편성률 =품질경영추진사무국 등록인원 / 총인원	- 품질경영추진본부 등록증	10	80% 이상	60% 이상	40% 이상	20% 이상	20% 미만	
		⑧ 분임조활동 지원 금액 *인당 지원 금액=(Σ지원 금액/분임조 편성 인원) - 분임조 회의비, 테마 해결비, 포상금, 조장 수당 등	- 관련 비용 집행 품의서	10	20 만원 이상	15 만원 이상	10 만원 이상	5 만원 이상	5 만원 미만	
		⑨ 분임조 관련 국내·외 연수 실시 (해외 연수는 국내 연수 횟수×2)	- 관련 품의서, 사진	5	2회 이상은 '1.0'으로 평가		1회는 '0.6'으로 평가		없음	
계				100						

비 고 ※ 위의 실적 자료는 발표일 전년도 1월 1일~12월 31일 기준임
※ 위의 총 인원수는 사업장 내 노동부 4대 보험 가입자 총 인원임
※ 모든 실적은 현지 심사 시 반드시 증명해야 함
※ 사내외 교육 훈련은 품질경영 활동 전반의 직무 교육을 포함

2.2 학습조직(CoP)사례 현지 심사 기준

구 분	평가 항목	평가내용	확인자료	배점	평가 기준					평점
					1.0	0.8	0.6	0.4	0.2	
출전분임조 평가 60%	인프라 조성	① 사외 교육 훈련 실적 * 1인당 연간 평균 교육 시간 = (Σ교육 시간/분임조원 수)	- 교육 수료증 - 교육 일정표	10	20Hr 이상	15Hr 이상	10Hr 이상	5Hr 이상	5Hr 미만	
		② 사내 교육 훈련 실적 * 1인당 연간 평균 교육 시간 = (Σ교육 시간/분임조원 수)	- 사내 교육 일정표 - 교육 일지 - 강의 교안	10	20Hr 이상	15Hr 이상	10Hr 이상	5Hr 이상	5Hr 미만	
	개선 활동	③ 활동의 충실성 및 진실성 - 모든 조원의 참석 - 모든 조원의 의견 제출 - 조원의 업무 분담 적정성 - 조원수의 적정성 - 정기 회합 준수 - 적극적인 상사의 관심과 코멘트 - 회의록과 발표 원고의 일치성 - 개선 주제의 출전 분야 적합성	- 출전 주제에 대한 CoP 회의록 (전자 기록 포함)	30	7개 이상 해당	5개 이상 해당	3개 이상 해당	1개 이상 해당	0개	
		④ 개선 내용 표준화 - PDCA 내용 표준 등록 - 기타 표준화 필요사항	- 표준 등록대장 - 제·개정 신청서 - 제·개정 표준서	10	80% 이상	60% 이상	40% 이상	20% 이상	20% 미만	
회사 평가 40%	지원 및 관리	⑤ 사내 CoP 경진대회 (사외대회 참관으로 대체가능)	- 대회 개최 문서 및 사진 - 대회 참관 관련 문서 및 사진	10	2회 이상은 '1.0'으로 평가		1회는 '0.6'으로 평가		없음	
		⑥ 사내 시스템 구축	- 온라인 구축 및 등록건수(직원대비)	5	2 이상	1.5 이상	1 이상	0.5 미만	없음	
		⑦ CoP 편성률 = CoP 등록인원/ 총인원	- CoP 편성 관련 기록물 (전자 기록 포함)	10	80% 이상	60% 이상	40% 이상	20% 이상	20% 미만	
		⑧ CoP 활동 지원 금액 * 인당 지원 금액 = Σ지원 금액/CoP 등록 인원) - CoP 회의비, 테마 해결비, 포상금, 조장 수당 등	- 관련 비용 집행 품의서	10	20 만원 이상	15 만원 이상	10 만원 이상	5 만원 이상	5 만원 미만	
		⑨ CoP관련 국내·외 연수 실시 (해외 연수는 국내 연수 횟수×2)	- 관련 품의서, 사진	5	2회 이상은 '1.0'으로 평가		1회는 '0.6'으로 평가		없음	
계				100						

비 고　※ 위의 실적 자료는 발표일 전년도 1월 1일~12월 31일 기준임
　　　※ 위의 총 인원수는 사업장 내 노동부 4대 보험 가입자 총 인원
　　　※ 모든 실적은 현지 심사 시 반드시 증명해야 함
　　　※ 사내외 교육 훈련은 품질경영 활동 전반의 직무 교육을 포함

2.3 제안 사례 현지 심사 기준(최근 3년간 실적)

구 분	평가 항목	평가내용	확인자료	배점	평가 기준 1.0	0.8	0.6	0.4	0.2	평점
제안자 평가 70%	제안 건수	① 제안 제출건수	- 사내 제안관리 시스템 - 제안 평가 자료	20	1,500건 이상	1,000건 이상	500건 이상	300건 이상	100건 미만	
		② 제안 채택률 (채택건수 ÷ 제안건수 × 100)		20	25% 이상	20% 이상	15% 이상	10% 이상	5% 미만	
	제안 기여도	③ 제안 실시 효과 - 효과 금액(원가절감 등)	- 사내 제안관리 시스템 - 효과 금액의 근거 자료	20	2천 만원 이상	1.6천 만원 이상	1.2천 만원 이상	8백 만원 이상	4백 만원 미만	
	우수 제안 수상 실적	④ 사내 수상 실적	- 사내 제안관리 시스템 - 우수제안 상장	5	15건 이상	10건 이상	5건 이상	3건 이상	3건 미만	
		⑤ 사외 수상 실적 ※ 특허 취득으로 대체할 수 있음		5	유 '1.0'으로 평가		무 '0.6'으로 평가			
회사 평가 30%	제안 관리	⑥ 제안관리 규정 및 전산 시스템 유·무	- 사내 제안관리 시스템	10	유 '1.0'으로 평가		무 '0.6'으로 평가			
		⑦ 제안 심의위원회 및 제안 제도 운영의 지속성	- 심의위원회 회의록 등 관련 증빙 자료	10	3년간 정기적으로 지속 운영 '1.0'으로 평가		정기적이지 않으며 지속 운영하지 않은 경우 '0.6'으로 평가			
		⑧ 우수 제안자 포상 여부 - 포상금 지급 또는 국내·외 연수 등	- 사내 제안관리 시스템 - 기타 증빙자료	10	여 '1.0'으로 평가		부 '0.6'으로 평가			
계				100						

비 고 ※ 위의 실적 자료는 '14. 5. 1∼'17. 4. 30일 기준임
　　　 ※ 모든 실적은 현지 심사 시 반드시 증명해야 함(허위일 경우 탈락)

부록3 / 2016년도 전국 품질분임조 경진대회 우수 사례

3.1 삼성전자 무선사업부 파인더분임조

제42회 전국품질분임조경진대회

갤럭시 S6 SMD 도포공정 개선으로 부적합품률 감소

파인더 | 삼성전자㈜ 무선사업부

좌로부터 : 박혜정, 김현주, 김성호, 박병철, 이현민, 김창민, 구지언, 김예슬

주   소 : 경상북도 구미시 3공단 3로 302

전 화 번 호 : 054-479-5780

분임조원수 : 8명

결 성 일 자 : 2008년 03월 19일(등록번호 : Q20110531-0143)

발 표 자 : 김창민, 구지언

1. 사업부 소개

1.1 사업부 현황

[기준 : '16.07]

사 업 부 명	삼성전자(주) 무선사업부
설 립 연 도	1986년 10월
소 재 지	경북 구미시 3공단 3로 302
매 출 액	100.5조
근 무 인 원	9.030명
분 임 조 수	529개

주요 생산품

[갤럭시 S] [갤럭시 노트] [기어 S] [기어 VR]

1.2 사업부 연혁

- 1980' S → '86.10 : 삼성전자(주) 무선사업부 설립
- 1990' S → '94.10 : 애니콜 브랜드 휴대폰 출시
  '96.04 : 세계 최초 CDMA단말기 생산
- 2000' S → '02.11 : 국가품질경영대회 "한국품질 대상" 수상
  '05.12 : 휴대폰 연간 생산 억대 시대 진입
  '09.11 : 휴대폰 누계 생산 10억대 달성
- 2010' S → '12.04 : 휴대폰 세계시장 점유율 1위 달성
  '14.06 : 국가 고객만족도[NCSI] 17년 연속 1위 수상
  '15.10 : 글로벌 브랜드 가치 7위 달성

1.3 사업부 비전

Intelligence 시대 최고의 제품과 서비스로 고객의 사랑을 받는

No.1 Mobile Innovator

Innovation/Improvement (혁신/개선)
Collaboration (협력)
Challenge (도전)
Adaptation (적용)
파트너와 상호 존중
임직원으로부터 신뢰
고객으로부터 사랑

1.4 사업부 품질 방침

Work Together, Proactive & Detailed Practice, Passion

연간체감 부적합품율 **% 개선
품질 비용 **% 절감
비고장 **% 감소 SCSI 1위

품질 / 비용 / 서비스

제품 품질 경쟁력 확보	품질비용 절감 극대화	서비스 인입건 감축
고객중심 품질관리 체계운영 신제품 Early Sensing 만족회 생산법인 품질 성장 문화화	수리 자재비 개선 서비스 비용 Operation 강화 Refurbish 운영 효율화	고객지향 콘텐츠 철저 제고 서비스 Tool 고도화 해외 AS서비스 개선

1.5 부서 방침

Build Up Smart Factory

품질 / 생산 / 원가 / 환경·안전

품질
- 신제품 초기 부적합품 집중 개선
- Shift Left 검사 확대
- 2D 바코드 활용 Fool Proof 검사 운영

생산
- 메인공정 자동화 라인 확대
- 무정지 기종 변경 추진
- IOT기반 관제 센터 운영

원가
- 지그 구매/수선 비용 반감화
- 생산 소모품 절감 활동
- 스페어파츠 국산화 추진

환경·안전
- 진동, 소음, 설비 팬 시각화 시스템 개발
- 전사원 안전의 날 운영
- 환경 안전 전문가 양성

※ Smart Factory : 전 세계 삼성 휴대폰 생산법인 중 글로벌 제조 경쟁력 확보를 위한 끊임없는 혁신의 리더가 되자는 의미

1.6 제조 문화

Work SMART 문화

지속적인 학습과 긍정적 사고의 제조문화 실현
Study Mind Action Relation Ship
열정적인 행동과 신뢰를 바탕으로 세계 1위 달성

Work Smart 문화를 바탕으로 창조, 혁신, 열정, 신뢰, 성장 비전이 재시된 현장 구현

다함께 행복한 정과 인간미 문화
배우고 공부하는 학습 조직 문화
세계를 리드하는 PRO 최고 문화

1.7 자주관리 활동 지원 체계

구분	항목	시 상 금	기 타
분임조	주제해결	2만원 ~ 5천원/인당 (A ~ C급)	-
	제조그룹대회	30만원 ~ 10만원	사업부대회 출전
	사업부대회	50만원 ~ 30만원	상위 평가
	지역대회	70만원 ~ 50만원	국내 연수
	전국대회	500만원 ~ 200만원	해외 연수
제안	개선제안	1급 (30만원) ~ 8급 (5백원)	-
	연말포장	1,500만원 ~ 100만원	1년특진,인사가점
	기 타	나눔제안 실행(0 ~ 50%)→저소득층 장학금 마련	

구분	항목	시 상 금	기 타
6시그마	과제해결	30만원 ~ 10만원/인 (A ~ C급)	-
	MBB,BB인증	인증 뱃지 (금 3.75g)	인사가점
	전시발표대회	100만원 ~ 50만원	
이벤트 활동	아이디어 발표회	10만원 ~ 1만원 (최우수 ~ 장려)	매월
	4대 천왕	5만원 (생산, 품질, 제안, 5S 우수자)	매월
	표어/포스터	30만원 ~ 1만원 (최우수 ~ 장려)	반기
	도전 골든벨	50만원 ~ 5만원 (1위 ~ 5위)	년

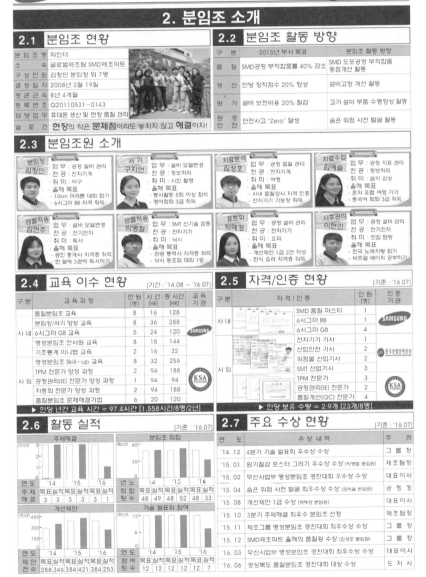

2. 분임조 소개

2.1 분임조 현황

분임조 명	파인더
소 속	글로벌제조팀 SMD제조파트
구성인원	김창민 분임장 외 7명
결성 일자	2008년 3월 19일
평균 근속	8년 4개월
등록 번호	Q20110531-0143
담당 업무	휴대폰 생산 및 현장 품질 관리
슬 로 건	현장의 작은 문제점이라도 놓치지 않고 해결하자!

2.2 분임조 활동 방향

구 분	2015년 부서 목표	분임조 활동 방향
품 질	SMD공정 부적합품률 40% 감소	SMD 도포공정 부적합품 중점개선 활동
생 산	인당 장착점수 20% 향상	설비고장 개선 활동
원 가	설비 보전비용 20% 절감	고가 설비 부품 수명향상 활동
환 경 안 전	안전사고 "Zero" 달성	숨은 위험 사전 발굴 활동

2.3 분임조원 소개

분임장 김창민	서기 구지언	자료분석 김성호	자료수집 김예슬
업 무 : 공정 설비 관리 전 공 : 전자기계 취 미 : 야구 올해 목표 • 10km 마라톤 대회 참가 • 6시그마 BB 자격 취득	업 무 : 설비 모델변경 전 공 : 정보처리 취 미 : 사진 촬영 올해 목표 • 봉사활동 5회 이상 참석 • 영어회화 3급 취득	업 무 : 공정 품질 관리 전 공 : 전자기계 취 미 : 여행 올해 목표 • 사내 품질장사 자격 인증 • 전자기기 기능장 취득	업 무 : 공정 지표 관리 전 공 : 정보처리 취 미 : 음악 감상 올해 목표 • 혼자 유럽 여행 가기 • 중국어 회화 3급 취득

샘플적용 김현주	샘플적용 박병철	표준화 박혜정	사후관리 이현민
업 무 : 설비 모델변경 전 공 : 전기전자 취 미 : 독서 올해 목표 • 공인 중개사 자격증 취득 • 한 달에 3권씩 독서하기	업 무 : SMT 신기술 검증 전 공 : 전자기기 취 미 : 낚시 올해 목표 • 관광 통역사 자격증 취득 • 낚시 동호회 대회 1등	업 무 : 공정 설비 관리 전 공 : 전자기기 취 미 : 요리 올해 목표 • 개선제안 1급 2건 적용 • 한식 요리 자격증 취득	업 무 : 공정 설비 관리 전 공 : 전자기기 취 미 : 맛집 탐방 올해 목표 • 전국 노래자랑 참가 • 비쥬얼 베이킹 공부하기

2.4 교육 이수 현황
[기간 : '14.08 ~ '16.07]

구분	교육 과정	인원[명]	시간[HR]	총시간[HR]	교육 기관
사 내	품질분임조 교육	8	16	128	SAMSUNG
	분임장/서기 양성 교육	8	36	288	
	6시그마 GB 교육	5	24	120	
	명성분임조 전사원 교육	8	18	144	
	기초통계 미니탭 교육	2	16	32	
	명성분임조 Skill-up 교육	8	32	256	
사 외	TPM 전문가 양성 과정	2	94	188	KSA
	공정관리(IE) 전문가 양성 과정	1	94	94	
	자동화 전문가 양성 과정	2	94	188	
	품질분임조 문제해결기법	6	20	120	

▶ 인당 년간 교육 시간 = 97.4시간 [1,558시간/8명/2년]

2.5 자격/인증 현황
[기준 : '16.07]

구분	자격 / 인증	인원[명]	인증 기관
사 내	SMD 품질 마스터	1	SAMSUNG
	6시그마 BB	1	
	6시그마 GB	4	
사 외	전자기기 기사	1	한국산업인력공단
	산업안전 기사	2	
	위험물 산업기사	2	
	SMT 산업기사	3	
	TPM 전문가	3	KSA
	공정관리(IE) 전문가	2	
	품질개선(QC) 전문가	3	

▶ 인당 보유 수량 = 2.9개 [23개/8명]

2.6 활동 실적
[기준 : '16.07]

주제해결

연도	'14		'15		'16	
주제해결	목표	실적	목표	실적	목표	실적
	3	3	3	3	3	1

분임조 회합

연도	'14		'15		'16	
회합횟수	목표	실적	목표	실적	목표	실적
	48	49	48	52	48	33

개선제안

연도	'14		'15		'16	
제안건수	목표	실적	목표	실적	목표	실적
	288	346	384	421	384	253

기술 발표회 참여

연도	'14		'15		'16	
참여횟수	목표	실적	목표	실적	목표	실적
	12	12	12	12	12	7

2.7 주요 수상 현황
[기준 : '16.07]

연 도	수 상 내 역	주 관
'14. 12	4분기 기술 발표회 우수상 수상	그 룹 장
'15. 01	원가절감 포스터 그리기 우수상 수상 (박병철 분임원)	제조팀장
'15. 02	무선사업부 명성분임조 경진대회 우수상 수상	대표이사
'15. 04	숨은 위험 사전 발굴 최우수상 수상 (김예슬 분임원)	공 장 장
'15. 08	개선제안 1급 수상 (박혜정 분임원)	대표이사
'15. 10	3분기 주제해결 최우수 분임조 선정	제조팀장
'15. 11	제조그룹 명성분임조 경진대회 최우수상 수상	그 룹 장
'15. 12	SMD제조파트 올해의 품질왕 수상 (김성호 분임원)	그 룹 장
'16. 03	무선사업부 명성분임조 경진대회 최우수상 수상	대표이사
'16. 06	경상북도 품질분임조 경진대회 대상 수상	도 지 사

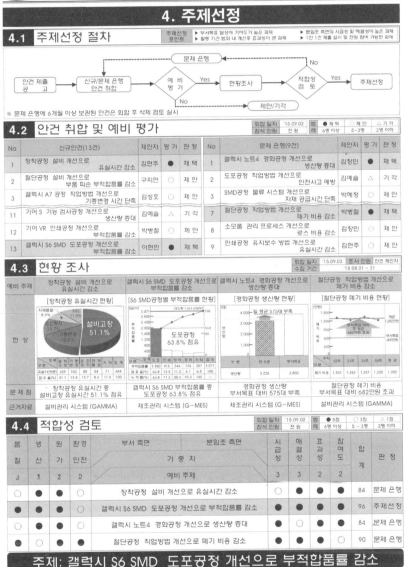

4. 주제선정

5. 활동계획 수립

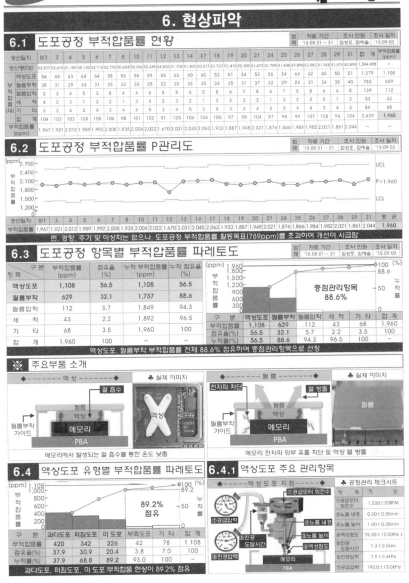

6. 현상파악

6.1 도포공정 부적합품률 현황

범례	자료 기간	조사 인원	조사 일자
	'15.08.01 ~ 31	김성호, 김예솔	'15.09.03

6.2 도포공정 부적합품률 P관리도

범례	자료 기간	조사 인원	조사 일자
	'15.08.01 ~ 31	김성호, 김예솔	'15.09.03

런, 경향, 주기 및 이상치는 없으나, 도포공정 부적합품률 활동목표(789ppm)를 초과하여 개선이 시급함

6.3 도포공정 항목별 부적합품률 파레토도

범례	자료 기간	조사 인원	조사 일자
	'15.08.01 ~ 31	김성호, 김예솔	'15.09.03

항목	부적합품률 (ppm)	점유율 (%)	누적 부적합품률 (ppm)	누적 점유율 (%)
액상도포	1,108	56.5	1,108	56.5
필름부착	629	32.1	1,737	88.6
필름압착	112	5.7	1,849	94.3
세 척	43	2.2	1,892	96.5
기 타	68	3.5	1,960	100
합 계	1,960			

중점관리항목 88.6%

구 분	액상도포	필름부착	필름압착	세 척	기 타	합 계
부적합품률	1,108	629	112	43	68	1,960
점유율(%)	56.5	32.1	5.7	2.2	3.5	100
누적률(%)	56.5	88.6	94.3	96.5	100	

액상도포, 필름부착 부적합품률 전체 88.6% 점유하여 중점관리항목으로 선정

※ 주요부품 소개

♣ 실제 이미지

메모리에서 발생되는 열 흡수를 통한 온도 낮춤

메모리 전자파 외부 유출 차단 및 액상 열 방출

6.4 액상도포 유형별 부적합품률 파레토도

구 분	과다도포	퍼짐도포	미 도포	부족도포	기 타	합 계
부적합품률	420	342	226	42	78	1,108
점유율(%)	37.9	30.9	20.4	3.8	7.0	100
누적률(%)	37.9	68.8	89.2	93.0	100	

과다도포, 퍼짐도포, 미 도포 부적합품 현상이 89.2% 점유

6.4.1 액상도포 주요 관리항목

항 목	기 준
①공급모터 회전수	1,500 ± 50RPM
②노즐 내경	0.30 ± 0.05mm
③노즐 높이	1.00 ± 0.05mm
④액상점도	75.00 ± 10.00Pa·s
⑤진공 도포시간	1.3 ± 0.2sec
⑥진공압력	7.5 ± 0.4kPa
⑦공급압력	190.0 ± 15.0kPa

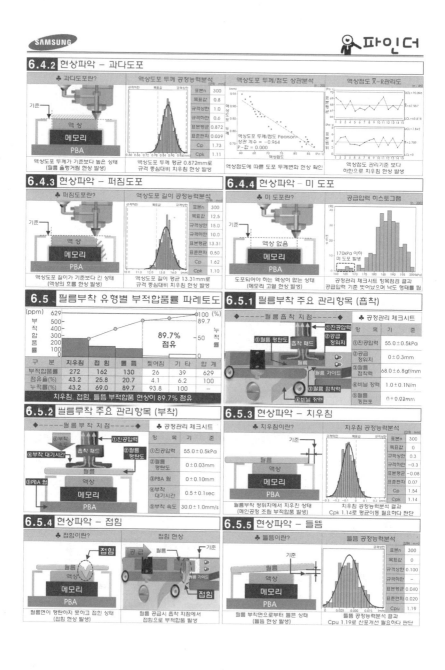

7. 원인분석

7.1 특성 요인도

조사 일자	'15.09.09	조사 인원	전 원
조사 방법		브레인스토밍	

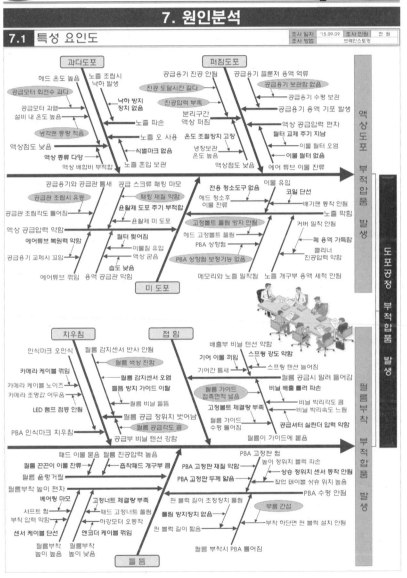

SAMSUNG 파인더

7.2 주요 요인 계통도

특성	유형	1차 요인	2차 요인	3차 요인	4차 요인
액상도포 부적합품 발생	과다도포	액상점도 낮음	헤드 온도 높음	공급모터 과열	공급모터 회전수 과다
				설비 내 온도 높음	냉각팬 풍량 적음
	퍼짐도포	분리구간 액상 퍼짐	공급용기 진공 안됨	진공 도달시간 길다	
				진공압력 부족	
		공급용기 용액 기포 발생	공급용기 플런저 용액 역류	공급용기 수평 보관	공급용기 보관함 없음
	미 도포	노즐 막힘	메모리와 노즐 밀착됨	헤드 고정볼트 풀림	고정볼트 풀림 방지 안됨
				PBA 상향됨	PBA 상향됨 보정기능 없음
		액상 공급압력 약함	공급용기와 공급관 틈새	공급관 조립각도 틀어짐	공급관 조립시 유동
			공급 스크류 패킹 마모	패킹 재질 약함	
필름부착 부적합품 발생	치 우 침	필름 공급 정위치 벗어남	필름 감지센서 반사 안됨	필름 색상 진함	
			공급부 비닐 텐션 강함	필름 공급각도 큼	
	접 힘	필름 공급시 말려 들어감	필름이 가이드에 붙음	필름 가이드 접촉면적 넓음	
	틀 뜸	PBA 수평 안됨	필름 부착시 PBA 틀어짐	부착 하단면 밀 블럭 설치 안됨	부품 간섭

8. 목표설정

8.1 개선 목표

회합 일자 '15.09.25 · 참석 인원 전원

도포공정 부적합품률 — 59.7% 감소

구 분	개선전	목 표
부적합품률	1,960	789

액상도포 부적합품률 — 67.4% 감소

구 분	개선전	목 표
부적합품률	1,108	361

과다도포 부적합품률 — 75.5% 감소

구 분	개선전	목 표
부적합품률	420	103

퍼짐도포 부적합품률 — 75.7% 감소

구 분	개선전	목 표
부적합품률	342	83

미 도포 부적합품률 — 75.7% 감소

구 분	개선전	목 표
부적합품률	226	55

필름부착 부적합품률 — 67.4% 감소

구 분	개선전	목 표
부적합품률	629	205

치우침 부적합품률 — 75.0% 감소

구 분	개선전	목 표
부적합품률	272	68

접힘 부적합품률 — 75.3% 감소

구 분	개선전	목 표
부적합품률	162	40

틀뜸 부적합품률 — 75.4% 감소

구 분	개선전	목 표
부적합품률	130	32

8.2 목표설정 근거

공정	항목	유형	최종 요인	개선 방향	개선전	목 표	감소값
도포공정	액상도포	과다도포	공급모터 회전수 과다 / 냉각팬 풍량 적음	공급모터 회전수 변경 / 냉각팬 풍량 변경	420	103	317
		퍼짐도포	진공 도달시간 길다 / 진공압력 부족 / 공급용기 보관함 없음	진공 도달시간 변경 / 진공압력 변경 / 공급용기 보관함 설치	342	83	259
		미 도포	고정볼트 풀림 방지 안됨 / PBA 상향됨 보정기능 없음 / 공급관 조립시 유동 / 패킹 재질 약함	고정볼트 풀림 방지 / PBA 상향됨 보정기능 추가 / 공급관 조립시 유동 제거 / 패킹 재질 변경	226	55	171
		부족도포/기타	–	–	120	120	–
		소 계			1,108	361	747
	필름부착	치우침	필름 색상 진함 / 필름 공급각도 큼	필름 색상 변경 / 필름 공급각도 변경	272	68	204
		접 힘	필름 가이드 접촉면적 넓음	필름 가이드 접촉면적 최소화	162	40	122
		틀 뜸	부품 간섭	부품 간섭 제거	130	32	98
		찢어짐/기타	–	–	65	65	–
		소 계			629	205	424
	필름압착/세척/기타				223	223	–
	합 계				1,960	789	1,171

목표설정 세부 근거
- 도포공정 부적합품률 활동목표 789ppm 달성을 위해 1,171ppm을 균등 비례 추출법으로 액상도포, 필름부착 67.4%씩 감소 필요함
- 필름압착/세척/기타 223ppm을 제외한 액상도포 361ppm, 필름부착 205ppm 달성을 세부 목표로 설정함

SAMSUNG   파인더

9. 대책수립

9.1 대책수립 계통도

회합 일자	'15.09.30	범례	● 5점 ○ 3점 △ 1점	— 합계 점수가 10점 이상일때 채택하여 실시(사내표준 DGH1-0004K 의거)
참석 인원	전 원		6명 이상 5 - 3명 2명 이하	— 채택원 수단에 대한 해결 난이도를 분임조 자체적으로 검토하여 측개선 선정

목적	유형	최종 요인	1차 수단	2차 수단	경제성	기술성	작업성	점수	채택 여부	비고
액상도포 부적합품 감소	과다도포	공급모터 회전수 과다	공급모터 회전수 변경	공급모터 회전수, 냉각팬 회전수/크기 최적화	●	●	●	15	채택	대책실시1
		냉각팬 풍량 적음	냉각팬 풍량 변경							
	퍼짐도포	진공 도달시간 길다	진공 도달시간 변경	진공 도달시간/압력 최적화	●	●	●	15	채택	대책실시2
		진공압력 부족	진공압력 변경							
	미도포	공급용기 보관함 없음	공급용기 보관함 설치		○	●	●	13	채택	측개선1
		고정볼트 풀림 방지 안됨	고정볼트 풀림 방지	고정볼트 V 타입 적용	○	●	○	11	채택	측개선2
				고정볼트 핀 타입 적용	○	△	△	5	불채택	
		PBA 상향휨 보정기능 없음	PBA 상향휨 보정기능 추가	높이측정 레이저 센서 적용	○	●	○	11	채택	측개선3
		공급관 조립시 유동	공급관 조립시 유동 제거	공급관 구조 변경	●	○	●	13	채택	대책실시3
		패킹 재질 약함	패킹 재질 변경		●	○	●	13	채택	측개선4
필름부착 부적합품 감소	치우침	필름 색상 진함	필름 색상 변경		○	●	○	11	채택	측개선5
		필름 공급각도 큼	필름 공급각도 변경	필름 공급 롤러 추가	△	○	○	7	불채택	
				필름 공급각도 최적화	●	○	●	15	채택	대책실시4
	접힘	필름 가이드 접촉면적 넓음	필름 가이드 접촉면적 최소화	필름 공급 속도 변경	○	○	○	9	불채택	
				필름 가이드 형상 변경	○	●	●	13	채택	대책실시5
				필름 가이드 높이 변경	○	○	○		불채택	
	들뜸	부품 간섭	부품 간섭 제거	핀 블럭 구조 변경	○	●	●	13	채택	측개선6
				핀 블럭 위치 변경	○	○	○	7	불채택	

9.2 대책실시 세부 일정 계획

회합 일자	'15.09.30	범례	계획 □ ('15.10.05 ~ 11.20)
참석 인원	전 원		실시 ■ ('15.10.05 ~ 11.20)

구분	대책명	10월 2주	3주	4주	5주	11월 1주	2주	3주	담당자
측개선 1.2.3.4.5.6	측1) 공급용기 보관함 설치 측2) 고정볼트 V 타입 적용 측3) 높이측정 레이저 센서 적용 측4) 패킹 재질 변경 측5) 필름 색상 변경 측6) 핀 블럭 구조 변경		'15.10.05 ~ 10.23 측1.2.3 '15.10.05 ~ 10.16	측4.5.6 '15.10.12 ~ 10.23					김창민, 김성호 박병철, 구지언
대책실시 1	공급모터 회전수, 냉각팬 회전수/크기 최적화		'15.10.05 ~ 10.30						김창민, 김현주
대책실시 2	진공 도달시간/입력 최적화		'15.10.05 ~ 10.30						박예정, 이현민
대책실시 3	공급관 구조 변경				'15.10.19 ~ 11.13				구지언, 김성호
대책실시 4	필름 공급각도 최적화				'15.10.19 ~ 11.13				박병철, 김예슬
대책실시 5	필름 가이드 형상 변경					'15.10.26 ~ 11.20			김현주, 이현민

SAMSUNG　🔍파인더

10. 대책실시

10.1 즉개선 사례

[기간: '15.10.05 ~ 23]

구분	문제점	대책명	개선 전	개선 후	개선 효과 및 표준화	담당자
즉개선 1	공급용기 플런저 용액 역류로 기포 발생되어 퍼짐도포 부적합품 발생	공급용기 보관함 설치	기포 / 플런저 / [공급용기 보관함 없음]	공급용기 보관함 / [공급용기 보관함 설치]	공급용기 보관함 설치로 플런저 용액 역류 제거되어 퍼짐도포 부적합품 감소 / 도포공정 설비 표준서 개정 요청 (DGHE-0245K)	박병철 구지언
즉개선 2	헤드 고정볼트 풀림으로 메모리와 노즐 밀착되어 미 도포 부적합품 발생	고정볼트 V 타입 적용	헤드 커버 / [평 볼트]	홈 가공 / 헤드 커버 / [V 볼트]	고정볼트 V 타입 적용으로 헤드 고정볼트 풀림 방지돼 미 도포 부적합품 감소 / 도포공정 설비 표준서 개정 요청 (DGHE-0245K)	박병철 구지언
즉개선 3	PBA 상향휨으로 메모리와 노즐 밀착되어 미 도포 부적합품 발생	높이측정 레이저 센서 적용	높이측정 안함 / 정상 도포 높이 / 미정상 도포 높이 / 메모리 / PBA / [높이측정 안함]	높이측정 / 정상 도포 높이 / 높이 측정 / 메모리 / PBA / [센서 이용 높이측정]	높이측정 레이저 센서 적용으로 PBA 상향휨 보정돼 미 도포 부적합품 감소 / 도포공정 설비 표준서 개정 요청 (DGHE-0245K)	김창민 김성호
즉개선 4	공급 스크류 패킹 마모로 액상 공급압력 약해 미 도포 부적합품 발생	패킹 재질 변경	패킹 / [고무]	패킹 / [테프론]	패킹 재질 변경으로 공급 스크류 패킹 마모 제거되어 미 도포 부적합품 감소 / 도포공정 설비 표준서 개정 요청 (DGHE-0245K)	김창민 김성호
즉개선 5	필름 감지센서 반사 안돼 공급 정위치 벗어나 치우침 부적합품 발생	필름 색상 변경	필름 / [검정색]	필름 / [주황색]	필름 색상 변경으로 필름 감지센서 반사되어 치우침 부적합품 감소 / 신규 자재코드 등록 요청 (IMK-4802428530)	박병철 구지언
즉개선 6	필름 부착시 PBA 들어져 수평 안됨으로 인해 들뜸 부적합품 발생	핀 블럭 구조 변경	핀 블럭 / [핀 블럭 구조]	충격 흡수패드 / [패드 블럭 구조]	핀 블럭 구조 변경으로 필름 부착시 PBA 들어짐 제거되어 필름 부적합품 감소 (130 → 27ppm) (Cpu 1.19 → 1.84 향상) / 도포공정 설비 표준서 개정 요청 (DGHE-0245K)	김창민 김성호

파인더

10.2 대책실시 1 : 공급모터 회전수, 냉각팬 회전수/크기 최적화 (과다도포)

- 문 제 점 : 헤드 온도 높아 액상점도 낮음
- 최종 원인 : 공급모터 회전수 과다, 냉각팬 풍량 적음
- 개선 방향 : 공급모터 회전수, 냉각팬 회전수/크기 변경하자

P

- 누 가 : 김창민, 김현주
- 어 디 서 : 도포공정
- 어 떻 게 : 3인자 2수준 공급모터 회전수, 냉각팬 회전수/크기 변경으로 최적의 액상도포 두께 조건을 선정
- 언 제 : '15.10.05 ~ 10.30
- 무 엇 을 : 액상도포 두께 (망목특성)

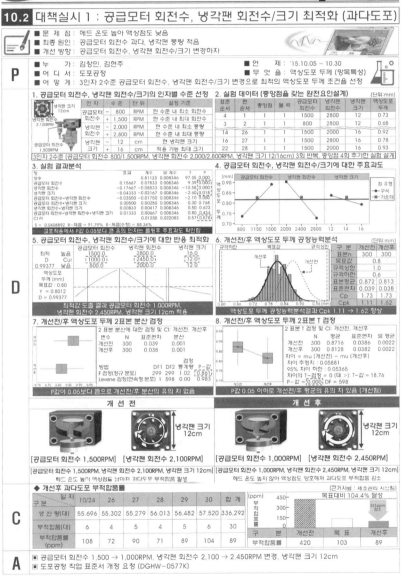

D

5. 최적값 도출 결과 공급모터 회전수 1,000RPM, 냉각팬 회전수 2,450RPM, 냉각팬 크기 12/16cm

6. 개선전/후 액상도포 두께 공정능력분석결과 Cpk 1.11 → 1.62 향상

7. P값이 0.05보다 큼으로 개선전/후 분산의 유의 차 없음

8. P값 0.05 이하로 개선전/후 평균의 유의 차 있음 (개선됨)

개 선 전
[공급모터 회전수 1,500RPM] [냉각팬 회전수 2,100RPM]

개 선 후
냉각팬 크기 12cm
[공급모터 회전수 1,000RPM] [냉각팬 회전수 2,450RPM]

[공급모터 회전수 1,500RPM, 냉각팬 회전수 2,100RPM, 냉각팬 크기 12cm]
헤드 온도 높아 액상점도 낮아져 과다도포 부적합품 발생

[공급모터 회전수 1,000RPM, 냉각팬 회전수 2,450RPM, 냉각팬 크기 12cm]
헤드 온도 높지 않아 액상점도 양호해져 과다도포 부적합품 감소

C

◆ 개선후 과다도포 부적합품률

구 분 \ 일자	10/24	26	27	28	29	30	합 계
생 산 량(대)	55,696	55,302	55,279	56,013	56,482	57,520	336,292
부적합품(대)	6	4	5	4	5	6	30
부적합품률(ppm)	108	72	90	71	89	104	89

목표대비 104.4% 달성

구 분	개선전	목 표	개선후
부적합품률	420	103	89

A

- 공급모터 회전수 1,500 → 1,000RPM, 냉각팬 회전수 2,100 → 2,450RPM 변경, 냉각팬 크기 12cm
- 도포공정 작업 표준서 개정 요청 (DGHW-0577K)

10.3 대책실시 2 : 진공 도달시간/압력 최적화 (퍼짐도포)

- 문 제 점 : 공급용기 진공 안돼 분리구간 액상 퍼짐
- 최종 원인 : 진공 도달시간 길다, 진공압력 부족
- 개선 방향 : 진공 도달시간/압력 변경으로 액상 퍼짐을 최소화 하자

P

- 누 가 : 박혜정, 이현민
- 어 디 서 : 도포공정
- 어 떻 게 : 2인자 2수준 진공 도달시간/압력을 반응표면 설계하여 액상 퍼짐이 최소화되는 조건을 선정하자
- 언 제 : '15.10.05 ~ 10.30
- 무 엇 을 : 액상도포 길이 (망목특성)

1. 진공 도달시간/압력의 인자별 수준 선정

인자	수준	단위	설정 기준
진공 도달 시간	- 0.50	sec	현 수준 내 최소 진공 도달시간
	+ 1.50	sec	현 수준 내 최대 진공 도달시간
진공 압력	- 7.0	kPa	현 수준 내 최소 진공압력
	+ 13.0	kPa	현 수준 내 최대 진공압력

2인자 2수준 (진공 도달시간 0.50/1.50sec, 진공압력 7.0/13.0kPa) 실험 설계

2. 실험 데이터 (면 중심 합성 반응표면 설계) (단위 : mm)

표준순서	런 순서	점 유형	블럭	진공압력	진공 도달시간	액상도포 길이
1	1	1	1	0.50	7.0	14.3
8	2	-1	1	1.00	13.0	14.2
4	3	1	1	1.50	13.0	15.3
12	11	0	1	1.00	10.0	12.3
11	12	0	1	1.00	10.0	12.2
7	13	-1	1	1.00	7.0	13.7

3. 실험 결과분석

항	계수	SE 계수	T	P
상수	12.5000	0.08750	142.860	0.000
진공 도달시간	0.2333	0.08603	2.712	0.030
진공압력	0.3000	0.08603	3.487	0.010
진공 도달시간*진공 도달시간	0.8000	0.12680	6.309	0.000
진공압력*진공압력	1.5000	0.12680	11.830	0.000
진공 도달시간*진공압력	-0.0250	0.10536	-0.237	0.819

S = 0.210724 R-제곱 = 97.69% R-제곱(수정) = 96.04%

출처	DF	Seq SS	Adj SS	Adj MS	F	P
회귀 분석	5	13.1599	13.1599	2.63199	59.27	0.000
선형	2	0.8667	0.8667	0.43333	9.76	0.009
제곱	2	12.2908	12.2908	6.14538	138.39	0.000
교호작용	1	0.0025	0.0025	0.00250	0.06	0.819
잔차 오차	7	0.3108	0.3108	0.04440		
적합성 결여	3	0.0628	0.0628	0.02094	0.34	0.800
순수 오차	4	0.2480	0.2480	0.06200		
합계	12	13.4708				

D

4. 진공 도달시간/압력에 대한 등고선/표면도 및 반응 최적화

5. 개선전/후 액상도포 길이 공정능력분석   (단위 : mm)

구 분	개선전	개선후
표본n	300	300
목표값	12.5	
규격상한	15.0	
규격하한	10.0	
표본평균	13.31	12.43
표준편차	0.50	0.48
Cp	1.62	1.77
Cpk	1.10	1.72

최적값 도출결과 진공 도달시간 0.93sec, 진공압력 9.7kPa 적용

액상도포 길이 공정능력분석결과 Cpk 1.10 → 1.72 향상

6. 개선전/후 액상도포 길이 2표본 분산 검정

2표본 분산에 대한 검정 및 CI: 개선전, 개선후

변수	N	표준편차	분산
개선전	300	0.497	0.247
개선후	300	0.478	0.228

방법	DF1	DF2	검정통계량	P-값
F 검정(정규 분포)	299	299	1.08	0.504
Levene 검정(연속형 분포)	1	598	0.15	0.696

P값이 0.05보다 큼으로 개선전/후 분산의 유의 차 없음

7. 개선전/후 액상도포 길이 2표본 T검정

2표본 T 검정 및 CI: 개선전, 개선후

	N	평균	표준편차	SE 평균
개선전	300	13.311	0.497	0.014
개선후	300	12.427	0.478	0.028

차이 = mu (개선전) - mu (개선후)
차이 추정치: 0.8829
95% 차이 하한: 0.8173
차이의 T-검정 = 0 (대 >): T-값 = 22.19
P-값 = 0.000 DF = 598

P값 0.05 이하로 개선전/후 평균의 유의 차 있음 (개선됨)

개 선 전

진공 도달시간 1.30sec

노즐

진공압력 7.5kPa

액상 퍼짐

[진공 도달시간 1.30sec, 진공압력 7.5kPa]
공급용기 진공 안돼 분리구간 액상 퍼짐도로 퍼짐도포 부적합품 발생

개 선 후

진공 도달시간 0.93sec

노즐

진공압력 9.7kPa

[진공 도달시간 0.93sec, 진공압력 9.7kPa]
공급용기 진공되어 분리구간 액상 안퍼져 퍼짐도포 부적합품 감소

◆ 개선후 퍼짐도포 부적합품률

(근거자료 : 제조관리 시스템)

C

구 분 \ 일 자	10/24	26	27	28	29	30	합 계
생산량(대)	55,696	55,302	55,279	56,013	56,482	57,520	336,292
부적합품(대)	1	1	0	1	1	2	6
부적합품률 (ppm)	18	18	0	18	18	35	18

목표대비 125.1% 달성

324ppm 감소

구 분	개선전	목 표	개선후
부적합품률	342	83	18

A

- 진공 도달시간 1.30 → 0.93sec, 진공압력 7.5 → 9.7kPa 변경
- 도포공정 작업 표준서 개정 요청 (DGHW-0577K)

🔍 파인더

10.4 대책실시 3 : 공급관 구조 변경 (미 도포)

- 문 제 점 : 공급관 조립각도 틀어져 공급용기와 틈새로 인해 액상 공급압력 약함
- 최종 원인 : 공급관 조립시 유동
- 개선 방향 : 공급관 조립시 유동 없는 Fool Proof 아이디어를 선정하자

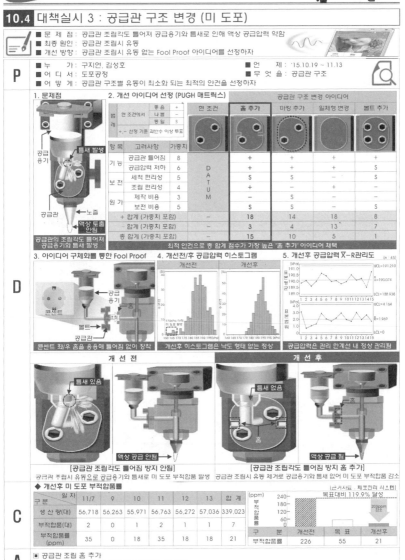

10.5 대책실시 4 : 필름 공급각도 최적화 (치우침)

- 문 제 점: 공급부 비닐 텐션 강해 필름 공급 정위치 벗어남
- 최종 원인: 필름 공급각도 큼
- 개선 방향: 필름 공급각도를 변경하여 최적의 조건을 선정하자

P

- 누 가: 박병철, 김예슬
- 어 디 서: 도포공정
- 어 떻 게: 일원 분산 분석을 통한 필름 치우침이 가장 적은 최적의 각도를 선정하자
- 언 제: '15.10.19 ~ 11.13
- 무 엇 을: 치우침 (망목특성)

1. 현 작업 방법 및 필름 공급각도 변경 안

필름 공급각도를 5˚씩 올려 치우침이 가장 적은 각도를 선정

※ 80˚ 이상 각도로 공급시 비닐 울렁거림 발생

2. 필름 공급 각도별 치우침 실험 데이터

(단위 : mm)

각도	45°	50°	55°	60°	65°	70°	75°
1	-0.19	-0.07	-0.06	-0.06	-0.03	-0.01	-0.05
2	-0.08	-0.13	-0.05	-0.02	-0.04	0.02	-0.07
49	-0.13	-0.10	-0.07	-0.05	-0.03	-0.04	-0.08
50	-0.21	-0.07	-0.04	-0.04	0.01	-0.02	-0.03

3. 필름 공급각도 변경에 대한 등분산 검정

P값이 0.05보다 큼으로 각도별 분산의 유의 차 없음

4. 필름 공급각도 변경에 대한 일원 분산 분석

P값 0.05 이하로 각도별 치우침 차이 있음
치우침이 가장 적은 70° 선정

D

5. 필름 공급각도(70°) 변경 후 치우침 데이터 (n : 300. 단위 : mm)

-0.02	-0.03	-0.07	0.01	-0.04	-0.02
-0.03	-0.05	0.01	-0.08	0.02	0.01
-0.01	0.02	-0.04	-0.05	-0.04	-0.01
-0.04	-0.04	-0.05	-0.04	0.02	0.03
-0.01	-0.08	-0.12	-0.04	-0.02	0.01
-0.02	-0.06	-0.04	-0.02	0.02	-0.03
-0.02	-0.01	-0.06	-0.07	-0.01	-0.05

6. 개선전/후 치우침 공정능력분석

(단위 : mm)

구 분	개선전	개선후
표본n	300	300
목표값	0	
규격상한	0.3	
규격하한	-0.3	
표본평균	-0.08	-0.02
표준편차	0.07	0.05
Cp	1.54	1.81
Cpk	1.14	1.68

치우침 공정능력분석결과 Cpk 1.14 → 1.68 향상

7. 개선전/후 치우침 2표본 분산 검정

P값 0.05 이하로 개선전/후 분산의 유의 있음 (개선됨)

8. 개선전/후 치우침 2표본 T 검정

P값 0.05 이하로 개선전/후 평균의 유의 차 있음 (개선됨)

개 선 전

비닐 텐션 강함 / 치우침 / 기준 / 45° 공급 / 비닐 배출

[필름 공급각도 45°]
필름 공급각도 커 공급부 비닐 텐션 강해 치우침 부적합품 발생

개 선 후

비닐 텐션 양호 / 기준 / 70° 공급 / 비닐 배출

[필름 공급각도 70°]
필름 공급각도 최적화로 공급부 비닐 텐션 양호해 치우침 부적합품 감소

◆ 개선후 치우침 부적합품률

(근거자료 : 제조관리 시스템)

C

구분 \ 일자	11/7	9	10	11	12	13	합계
생산량(대)	56,718	56,263	55,971	56,763	56,272	57,036	339,023
부적합품(대)	0	1	1	0	1	0	3
부적합품률 (ppm)	0	18	18	0	18	0	9

목표대비 128.9% 달성

구 분	개선전	목표	개선후
부적합품률	272	68	9

A

- 필름 공급각도 45 → 70° 변경
- 도포공정 작업 표준서 개정 요청 (DGHW-0577K)

10.6 대책실시 5 : 필름 가이드 형상 변경 (접힘)

- 문 제 점: 필름이 가이드에 붙어 공급시 말려 들어감
- 최종 원인: 필름 가이드 접촉면적 넓음
- 개선 방향: 필름 가이드 접촉면적 최소화 되도록 최적의 형상으로 변경하자

P

- 누 가: 김현주, 이현민
- 어 디 서: 도포공정
- 어 떻 게: 필름 가이드 형태별 접촉면적이 최소화되는 아이디어를 도출하여 최적의 형상 안건 선정
- 언 제: '15.10.26 ~ 11.20
- 무 엇 을: 필름 가이드

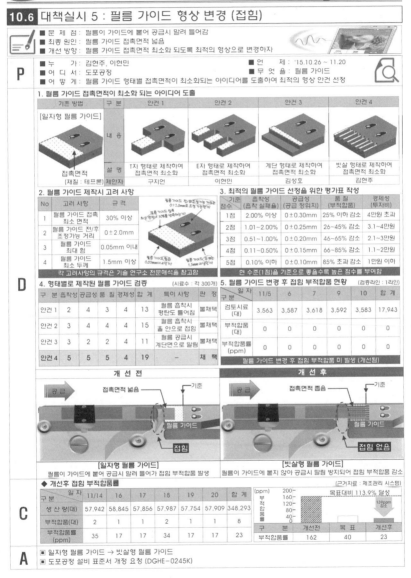

1. 필름 가이드 접촉면적이 최소화 되는 아이디어 도출

기존 방법	구 분	안건 1	안건 2	안건 3	안건 4
[일자형 필름 가이드] 접촉면적 (재질 : 테프론)	내 용 / 설 명 / 제안자	T자 형태로 제작하여 접촉면적 최소화 / 구지언	E자 형태로 제작하여 접촉면적 최소화 / 이현민	계단 형태로 제작하여 접촉면적 최소화 / 김성호	빗살 형태로 제작하여 접촉면적 최소화 / 김현주

2. 필름 가이드 제작시 고려 사항

No	고려 사항	규격
1	필름 가이드 접촉 최소 면적	30% 이상
2	필름 가이드 전/후 조정가능 거리	0±2.0mm
3	필름 가이드 최대 휨	0.05mm 이내
4	필름 가이드 최소 두께	1.5mm 이상

각 고려사항의 규격은 기술 연구소 전문해석을 참고함

3. 최적의 필름 가이드 선정을 위한 평가표 작성

기준 점수	흡착성 (흡착 실패율)	공급성 (공급 정위치)	품질 (부적합품)	경제성 (투자비)
1점	2.00% 이상	0±0.30mm	25% 이하 감소	4만원 초과
2점	1.01~2.00%	0±0.25mm	26~45% 감소	3.1~4만원
3점	0.51~1.00%	0±0.20mm	46~65% 감소	2.1~3만원
4점	0.11~0.50%	0±0.15mm	66~85% 감소	1.1~2만원
5점	0.10% 이하	0±0.10mm	85% 초과 감소	1만원 이하

현 수준(1점)을 기준으로 좋을수록 높은 점수를 부여함

D

4. 형태별로 제작된 필름 가이드 검증

(시료수 : 각 300개)

구 분	흡착성	공급성	품 질	경제성	합 계	특이 사항	판 정
안건 1	2	4	3	4	13	필름 흡착시 평탄도 틀어짐	불채택
안건 2	3	4	4	4	15	필름 흡착시 홀 안으로 접힘	불채택
안건 3	3	3	2	2	11	필름 공급시 계단면으로 말림	불채택
안건 4	5	5	5	4	19	–	채택

5. 필름 가이드 변경 후 접힘 부적합품 현황

(검증라인 : 1라인)

일자 구분	11/5	6	7	9	10	합 계
검토시료 (대)	3,563	3,587	3,618	3,592	3,583	17,943
부적합품 (대)	0	0	0	0	0	0
부적합품률 (ppm)	0	0	0	0	0	0

필름 가이드 변경 후 접힘 부적합품 미 발생 (개선됨)

개 선 전

접촉면적 넓음 / 기준 / 공급 / 필름 가이드 / 접힘

[일자형 필름 가이드]
필름이 가이드에 붙어 공급시 말려 들어가 접힘 부적합품 발생

개 선 후

접촉면적 좁음 / 기준 / 공급 / 필름 가이드 / 접힘 없음

[빗살형 필름 가이드]
필름이 가이드에 붙지 않아 공급시 말림 방지되어 접힘 부적합품 감소

C

◆ 개선후 접힘 부적합품률

(근거자료 : 제조관리 시스템)

구분 일자	11/14	16	17	18	19	20	합 계
생산량(대)	57,942	58,845	57,856	57,987	57,754	57,909	348,293
부적합품(대)	2	1	1	2	1	1	8
부적합품률 (ppm)	35	17	17	34	17	17	23

목표대비 113.9% 달성
139ppm 감소

구 분	개선전	목 표	개선후
부적합품률	162	40	23

A

- 일자형 필름 가이드 → 빗살형 필름 가이드
- 도포공정 설비 표준서 개정 요청 (DGHE-0245K)

SAMSUNG 파인더

11. 결과분석

11.1 개선후 도포공정 부적합품률 현황

범례	자료 기간	조사 인원	조사 일자
	'15.11.23 ~ 12.19	김성호, 김예슬	'15.12.19

생산일자	11/23	24	25	26	27	28	30	12/1	2	3	4	5	7	8	9	10	11	12	14	15	16	17	18	19	합 계	부적합품률(ppm)
생산형(대)	53,701	54,160	54,397	55,463	58,264	59,695	55,783	55,402	56,765	52,457	56,901	56,334	51,547	58,993	51,985	53,942	54,418	58,968	51,763	53,773	55,951	60,393	55,589	59,366	1,336,010	
부적합품(대) 액상도포	16	13	14	15	11	17	11	12	14	12	13	9	11	13	15	15	18	11	14	15	17	13	16	328		246
필름부착	7	7	5	8	9	6	7	8	6	5	7	5	5	8	5	8	8	6	4	5	9	4		157		118
필름압착	5	6	4	8	6	8	6	7	6	7	7	6	3	5	6	5	6	4	5	6	4	9		146		109
세 척	2	2	2	1	3	2	2	2	3	2	3	3	2	2	3	2	3	2	2	4	3	5		55		41
기 타	3	5	3	4	5	3	4	2	5	5	4	4	5	4	5	4	5	4	5	4	3	4		99		74
합 계	33	33	30	32	35	36	33	31	35	31	28	27	28	35	34	37	785							588		
부적합품률	615	609	552	577	601	603	592	578	581	610	615	550	543	458	539	649	643	526	599	632	572	629	612	623		

11.2 개선전/후 도포공정 부적합품률 P관리도

범례	자료 기간	조사 인원	조사 일자
	'15.11.23 ~ 12.19	김성호, 김예슬	'15.12.19

개선후 P관리도 확인 결과 이상치는 없으며, 도포공정 부적합품률이 개선전보다 낮게 관리 되고 있음

11.3 개선전/후 도포공정 항목별 부적합품률 파레토도

개 선 전

중점관리항목 88.6%

구 분	액상도포	필름부착	필름압착	세 척	기 타	합 계
부적합품률	1,108	629	112	43	68	1,960
점유율(%)	56.5	32.1	5.7	2.2	3.5	100
누적률(%)	56.5	88.6	94.3	96.5	100	

개 선 후 — 70.0% 감소

구 분	액상도포	필름부착	필름압착	세 척	기 타	합 계
부적합품률	246	118	109	41	74	588
점유율(%)	41.8	20.1	18.5	7.0	12.6	100
누적률(%)	41.8	61.9	80.4	87.4	100	

11.4 개선전/후 액상노포 유형별 부적합품률 파레토도

개 선 전

89.2% 점유

구 분	과다도포	퍼짐도포	미 도포	부족도포	기 타	합 계
부적합품률	420	342	226	42	78	1,108
점유율(%)	37.9	30.9	20.4	3.8	7.0	100
누적률(%)	37.9	68.8	89.2	93.0	100	-

개 선 후 — 77.8% 감소

구 분	과다도포	부족도포	미 도포	퍼짐도포	기 타	합 계
부적합품률	87	40	20	15	84	246
점유율(%)	35.4	16.3	8.1	6.1	34.1	100
누적률(%)	35.4	51.7	59.8	65.9	100	

11.5 개선전/후 필름부착 유형별 부적합품률 파레토도

개 선 전

89.7% 점유

구 분	치우침	접 임	들 뜸	찢어짐	기 타	합 계
부적합품률	272	162	130	26	39	629
점유율(%)	43.2	25.8	20.7	4.1	6.2	100
누적률(%)	43.2	69.0	89.7	93.8	100	-

개 선 후 — 81.2% 감소

구 분	찢어짐	들 뜸	접 임	치우침	기 타	합 계
부적합품률	25	23	22	7	41	118
점유율(%)	21.2	19.5	18.6	5.9	34.8	100
누적률(%)	21.2	40.7	59.3	65.2	100	

11.6 목표 대비 실적

산출 일자 '15.12.19
산출 인원 김성호, 김예슬

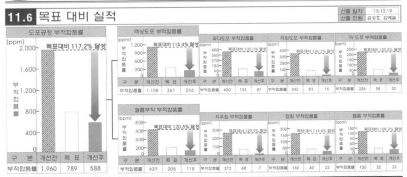

구 분	개선전	목 표	개선후
부적합품률	1,960	789	588

도포공정 부적합품률 — 목표대비 117.2% 달성

구 분	개선전	목 표	개선후
부적합품률	1,108	361	246

액상도포 부적합품률 — 목표대비 115.4% 달성

구 분	개선전	목 표	개선후
부적합품률	420	103	87

과다도포 부적합품률 — 목표대비 124.3% 달성

구 분	개선전	목 표	개선후
부적합품률	342	83	15

퍼짐도포 부적합품률 — 목표대비 124.3% 달성

구 분	개선전	목 표	개선후
부적합품률	226	55	20

미 도포 부적합품률 — 목표대비 120.5% 달성

구 분	개선전	목 표	개선후
부적합품률	629	205	118

볼륨부착 부적합품률 — 목표대비 120.5% 달성

구 분	개선전	목 표	개선후
부적합품률	272	68	7

치우침 부적합품률 — 목표대비 120.9% 달성

구 분	개선전	목 표	개선후
부적합품률	162	40	22

겹침 부적합품률 — 목표대비 114.8% 달성

구 분	개선전	목 표	개선후
부적합품률	130	32	23

틀림 부적합품률 — 목표대비 109.2% 달성

12. 효과파악

12.1 유형효과 및 무형효과

산출 일자 '15.12.19
산출 인원 김성호, 김예슬

구 분	항 목	산출 근거	금 액(원)
절감금액	산출공식	(개선전 - 개선후 부적합품률)/1,000,000 X 생산수(대) X 12개월 X 수리시간(분) X 임률(원)	231,968,745원/년
	과다도포	(420 - 87)/1,000,000 X 1,336,010대 X 12개월 X 15분 X 700원 = 56,056,308원	
	퍼짐도포	(342 - 15)/1,000,000 X 1,336,010대 X 12개월 X 15분 X 700원 = 55,046,284원	
	미 도포	(226 - 20)/1,000,000 X 1,336,010대 X 12개월 X 15분 X 700원 = 34,677,476원	
	치우침	(272 - 7)/1,000,000 X 1,336,010대 X 12개월 X 15분 X 700원 = 44,609,374원	
	겹 침	(162 - 22)/1,000,000 X 1,336,010대 X 12개월 X 15분 X 700원 = 23,567,216원	
	틀 림	(130 - 23)/1,000,000 X 1,336,010대 X 12개월 X 15분 X 700원 = 18,012,087원	
투자금액	공급용기 보관함	단가 X 설치수량(개) X 연 교체 횟수 = 15,000원 X 8개 X 1회 = 120,000원	6,974,400원
	V 볼트	단가 X 설치수량(개) X 연 교체 횟수 = 2,100원 X 8개 X 1회 = 16,800원	
	레이저 센서	초기 설치 비용 X 설치 수량(개) = 600,000원 X 8개 = 4,800,000원	
	테프론 패킹	단가 X 설치수량(개) X 연 교체 횟수 = 5,500원 X 8개 X 2회 = 88,000원	
	충격 흡수패드	단가 X 설치수량(개) X 연 교체 횟수 = 31,300원 X 32개 X 1회 = 1,001,600원	
	액상 공급관	대당 가격(구형 버전) 비용 X 설치 수량(개) = 102,500원 X 8개 = 820,000원	
	볼륨 가이드	대당 개조(구형 버전) 비용 X 설치 수량(개) = 16,000원 X 8개 = 128,000원	

효과금액 : 절감금액 - 투자금액 = 224,994,345원/년

회사 측면	분임조 측면
◆ 내부 고객 요구사항 개선으로 우수 품질의 제품 생산	◆ 부적합품 수리를 위한 안전 보호구 착용이 줄어 업무 피로도 감소
◆ 세계 휴대폰 시장 점유율 2015년 1위 달성 기여	◆ 공급용기 보관함 설치로 보관이 용이해져 업무 능률 향상
◆ 신 제품의 고객 만족도 향상으로 회사 인지도 상승	◆ 도포공정 지식 수준 향상으로 타 분임조 노하우 전파 기여
◆ 한국 사업장 우수사례 전파로 해외 법인 실적 향상	◆ 부적합품률 목표 대비 초과 감소로 차기 주제해결 자신감 상승

12.2 파급 효과

구 분	적용원 개선사례				파급 효과	해외 개선 사진
☑ 중국	☑ 대책실시 1 ☑ 대책실시 2 ☑ 즉개선 1 ☑ 즉개선 2 ☑ 대책실시 3 ☑ 대책실시 4 ☑ 즉개선 3 ☑ 즉개선 4 ☑ 대책실시 5 ☑ 즉개선 5 ☑ 즉개선 6				(2,431-595)/1,000,000×1,503,168대 ×12개월×15분×550원-10,461,000원 = 262,760,828원/년	
☑ 베트남	☑ 대책실시 1 ☑ 대책실시 2 ☑ 즉개선 1 ☑ 즉개선 2 ☑ 대책실시 3 ☑ 대책실시 4 ☑ 즉개선 3 ☑ 즉개선 4 ☑ 대책실시 5 ☑ 즉개선 5 ☑ 즉개선 6				(3,139-621)/1,000,000×3,340,025대 ×12개월×15분×400원-17,436,000원 = 588,097,172원/년	

13. 표준화

13.1 표준화 등록 및 개정

		등록 일자	'15.12.23
		등록 인원	박혜정, 이현민

표준명	도포공정 설비 표준서 (DGHE-0245K)	도포공정 작업 표준서 (DGHW-0577K)	신규 자재코드 (IMK-4802428530)
표준내용	즉개선 1 2 3 4 6 대책실시 1 3 5	즉개선 1 2 3 4 5 6 대책실시 1 2 4	즉개선 1 2 3 4 5 5 대책실시 1 2 3 4 5

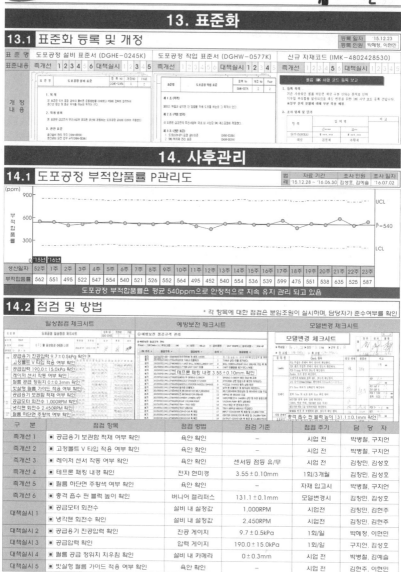

14. 사후관리

14.1 도포공정 부적합품률 P관리도

범례	자료 기간	조사 인원	조사 일자
	'15.12.28 ~ '16.06.30	김성호, 김예슬	'16.07.02

도포공정 부적합품률은 평균 540ppm으로 안정적으로 지속 유지 관리 되고 있음

생산일자	52주	1주	2주	3주	4주	5주	6주	7주	8주	9주	10주	11주	12주	13주	14주	15주	16주	17주	18주	19주	20주	21주	22주	23주
부적합품률	562	551	495	522	547	554	540	521	526	552	564	495	452	540	554	536	539	599	475	551	538	635	525	587

14.2 점검 및 방법

* 각 항목에 대한 점검은 분임조원이 실시하며, 담당자가 준수여부를 확인

구 분	점검 항목	점검 방법	점검 기준	점검 주기	담 당 자
즉개선 1	■ 공급용기 보관함 적재 여부 확인	육안 확인	–	시업 전	박병철, 구지언
즉개선 2	■ 고정볼트 V 타입 적용 여부 확인	육안 확인	–	시업 전	박병철, 구지언
즉개선 3	■ 레이저 센서 작동 여부 확인	육안 확인	센서등 점등 유/무	시업 전	김창민, 김성호
즉개선 4	■ 테프론 패킹 내경 여부 확인	전자 현미경	3.55±0.10mm	1회/3개월	김창민, 김성호
즉개선 5	■ 필름 하단면 주황색 여부 확인	육안 확인	–	자재 입고시	김창민, 김성호
즉개선 6	■ 충격 흡수 핀 블럭 높이 확인	버니어 캘리퍼스	131.1±0.1mm	모델변경시	박병철, 김성호
대책실시 1	■ 공급모터 회전수	설비 내 설정값	1,000RPM	시업전	김창민, 김현주
	■ 냉각팬 회전수 확인	설비 내 설정값	2.450RPM	시업전	김창민, 김현주
대책실시 2	■ 공급용기 진공압력 확인	진공 게이지	9.7±0.5kPa	1회/일	박혜정, 이현민
대책실시 3	■ 공급압력 확인	압력 게이지	190.0±15.0kPa	1회/일	구지언, 김성호
대책실시 4	■ 필름 공급 정위치 지우침 확인	설비 내 카메라	0±0.3mm	시업 전	박병철, 김예슬
대책실시 5	■ 빗살형 필름 가이드 적용 여부 확인	육안 확인	–	시업 전	김현주, 이현민

SAMSUNG 파인더

15. 반성 및 향후 계획

15.1 활동 진단 평가

회합 일자	'15.12.30	범례	활동전 ●━━●	매우우수	우 수	보 통	미 흡	매우미흡
조사 인원	전 원		활동후 ◆--◆	10~9점	8~7점	6~5점	4~3점	2~1점

문 항	평가 내용	배 점	활동전	활동후	증 감
①	역할 분담이 적절하였는가?	10	8.1	9.0	▲ 0.9
②	본인의 업무능력은 향상 되었는가?	10	8.1	8.5	▲ 0.4
③	부서 목표와 분임조 목표를 고려하였는가?	10	8.3	9.1	▲ 0.8
④	데이터 수집과 아이디어가 적절하였는가?	10	8.2	8.7	▲ 0.5
⑤	주요 요인에 대한 개선 수단이 적절하였는가?	10	8.3	9.2	▲ 0.9
⑥	지도부서의 관심도는?	10	8.1	9.3	▲ 1.2
⑦	기대 수준보다 큰 효과를 얻었는가?	10	8.5	9.3	▲ 0.8
⑧	사후관리 방법은 적절한가?	10	8.5	8.9	▲ 0.4
	합 계	80	66.1	72.0	▲ 5.9

레이더 차트

활동 진단 평가결과 평균 5.9점 향상되었으며 특히 역할 분담 적절성, 지도부서 관심도 높아짐

15.2 활동 단계별 반성 및 개선 방향

구 분	잘했던 점	반성할 점	개선 방향
주제선정	현 주력 생산품목과 부서목표에 많은 영향을 주는 문제를 주제로 선정했던 점		
현상파악	제조관리 시스템을 활용하여 정확한 데이터를 취합했던 점	제조관리 시스템에 자주 사용되는 메뉴가 분산되어 있어 찾는 데 오래 걸렸던 점	제조관리 시스템에 자주 사용되는 메뉴를 모아 놓도록 즐겨찾기 기능 추가 요청
원인분석	정확한 근본원인을 찾기 위해 일정하고 분석하고 토의한 점	특성요인도 작성 시 원인에 대한 내용이 모이지 않아 임시회합이 있었던 점	신규공정에 대한 지식수준 향상을 위한 글로벌 제조센터의 분기별 기술 교류회 요청
대책수립 및 실시	체계적인 일정 관리로 각 개선사례를 완료 예상일에 맞춰 실시했던 점	대책실시 1에서 공급모터 회전수 설정을 다섯 자리 이상 입력하여 설비고장이 났었던 점	공급모터 회전수 설정시 다섯 자리 이상 입력 되지 않도록 설비 UI 개선 요청
결과분석 효과파악	개선후 SMD공정 부적합품률 감소와 목표대비 큰 개선효과를 얻었던 점		지속적인 개선 활동을 통한 100ppm 및 Single ppm 달성에 도전
표준화 및 사후관리	표준화원 사항이 해외법인에 전파되어 품질향상에 기여했었던 점	예방보전 체크시트 작성시 전/후 비교를 위해 촬영된 사진을 PC 문서에 누락했었던 점	모바일 PDA를 활용해 제조관리 시스템에 촬영된 사진이 즉시 업로드 되도록 요청

15.3 활동 소감

힘들었던 기억

◆ 초고속카메라 촬영 각도가 잘 안 나와, 이리저리 많이 돌려가면서 시간을 허비하였고 설비 정지시간이 길어졌고 반장님 눈치를 보며 구지언 서기가 식은땀을 흘렸던 점

즐거웠던 기억

◆ 김예슬 분임원이 개인 업무가 바뀌고 퇴근시간이 늦어지자 분임원 모두가 회사에 늦게까지 남아 해결해주고 퇴근길에 시원한 맥주 한잔한 사진을 SNS에 올렸더니 타 부서원이 "가족 같은 분위기 부러워요~"라고 댓글을 달아 줬었던 점

15.4 향후 계획

[기준 : '16.07] 범례 ● 완료 ◐ 진행중 ○ 계획

No	구 분	내 용	목표	1Q	2Q	3Q	4Q	세부 활동 내용
1	분임조 활동	주제해결	3건/년	●	●	○	○	부적합품 데이터 검색 및 설비 문제점 해결
		개선제안	384건/년	●	●	◐	○	제조관리 시스템 UI 및 기능관련 개선 아이디어 도출
		기술 발표회	12회/년	●	●	◐	○	신규공정 지식 함양을 위한 글로벌 제조센터와 기술 교류
2	교육	직무향상	2회/년 인	●	–	◐	–	공정 자동화를 위한 신기술 학습
		자기계발	지 속	●	●	●	●	전기/전자관련 기사/기능장 자격증, 영어외와 등급 취득
3	이벤트	봉사활동	6회/년.전원	●	●	◐	○	나눔 워킹 모금액으로 한부모 가정 쌀 전달
		GWP활동	4회/년.전원	●	●	◐	○	1박 2일 캠핑 여행을 통한 분임원 팀력 향상

◆ 현재 활동 단계 : 장착공정 설비 개선으로 유실시간 감소 [대책실시 진행 중]

15.5 활동을 마치며

우리는 살면서 **많은 도전**을 하게 됩니다.
새로운 일이 주어지면 지레 겁먹고 **포기**하기도 하고, 나아가 여러 문제점들로 인해 **혼란**과 **시련**이 오기도 합니다.
하지만! 어렵고, 힘들다라는 생각의 틀에 "**우리는 할 수 있다**" 라는 생각의 변화를 더해 끝없이 **도전**하는 분임조!
미래를 **선도**의 주역이 되기 위해 저의 **파인더**는 무선사업부 최고의 분임조가 되는 그 날까지 늘 함께 할 것입니다.

3.2 삼영잉크페인트제조 은가비분임조

제42회 전국품질분임조경진대회

광학용 점착제 프로세스 개선으로
검사시간 단축

은가비 | 삼영잉크페인트제조㈜

뒷줄 좌로부터 : 최봉주, 고창수, 윤희식, 김재현
앞줄 좌로부터 : 양정우, 강찬선, 유동선, 이현규

주　　　소 : 경기도 평택시 포승읍 포승공단로 176

전 화 번 호 : 031-686-7745

분임조원수 : 8명

결 성 일 자 : 2008년 08월 20일(등록번호 : Q20120480-0008)

발　표　자 : 최봉주, 김재현

1. 회사소개

1.1 회사개요

회 사 명	삼양잉크페인트제조㈜
설 립 일	1971년 3월 15일
소 재 지	경기도 평택시 포승읍 내기리
종업원수	151명
분임조수	14개
주요제품	GR INK /금속INK /제관도료 /점착제 /접착제 /UV /Ink Jet
주요고객	LG화학 LOTTE ALUMIHUM 율촌화학 DS LG하우시스 samhwa HITEJINRO

1.2 회사연혁

1971.03	삼양잉크제조 주식회사 설립
1974.01	OFFSET INK 및 금속INK 생산 개시
1980.07	삼성페인트 잉크제조㈜와 합병 군포공장 개설 (삼영잉크페인트제조㈜로 회사명 변경)
1984.11	인천공장 군포공장으로 이전 통합
1991.06	점착제 및 용제형 URETHANE 수지 생산개시
2000.06	점착제 생산 개시
2005.01	평택 공장 준공(군포공장 평택으로 이전)
2006.11	광학용 점착제 생산 개시
2011.07	Ink Jet INK 생산 개시
2014.04	Color PASTE INK 생산 개시
2015.10	Color PASTE INK 생산 확대

1.3 회사 경영이념

1.4 회사 경영방침

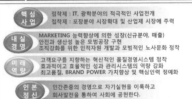

1.5 품질방침

1.6 분임조 운영 SYSTEM

1.7 개선활동 지원 제도

1.7.1 경영자/부서장 역할 및 책임

책임자	역할 및 활동내용	주기
사장	- 임원진 혁신 문화 전파회의	월 1회
	- 혁신활동 방향 설정	년 1회
	- 우수사례 과제 격려/포상	년 2회
경영 본부장	- 혁신활동 총괄 지원	수 시
	- 분임활동 기울체계 구축	년 2회
	- 우수기업 벤치마킹 추진	년 2회
공장 본부장	- 혁신활동 총괄 지원	년 1회
	- 우수사례 과제 발굴 및 격려	년 4회
	- 분임조 간담회를 통한 지원	월 1회
팀장	- 팀내 분임조 커뮤니티 활성화	수 시
	- 이관부서 업조 및 지원팀 운영	수 시
	- 분임조 목표 설정	년 2회
분임장	- 지료관리 및 교육지원	월 1회
	- 분임원 교육 및 포상지원	월 1회

1.7.2 분임조 활동

항목	등급	포상지원	대상
분임조 회 합	회합비	10,000원/인당	과제등록 분임조
사내 경진대회	금상	500,000원	1팀
	은상	300,000원	1팀
	동상	200,000원	2팀
사외 경진대회	금상	1,000,000원, 해외여행 1호봉 승급 및 마일리지200점	
	은상	500,000원 및 마일리지100점	
	동상	300,000원 및 마일리지50점	

1.7.3 제안활동

항목	포상지원	주기	대상
제안제도 건별포상	개선 30,000원 노력 10,000원 참가 5,000원	월	제안자
최다개선 제안자	200,000원	반기	최우수
	100,000원		우수
제안 우수자	300,000원		최우수
	100,000원		우수
제안 우수부서	500,000원		최우수
	300,000원		우수

2. 분임조 소개

2.1 분임조 구성

분임조명	은 가 비
소 속	공장본부 QA팀
구성인원	최봉주 외 7명
등록번호	Q20120480-0008
결성일자	2008. 08. 20
평균연령	38.3세
평균근속	13년 1개월
담당업무	품질관리 / EMS, QMS SYSTEM 유지 관리
분임조설명	"은은한 가운데 빛을 발한다!"라는 뜻의 순 우리말

2.2 분임조 조직도

분임조장 최봉주 / 서기 이현규
자료수집 김재현 / 자료분석 윤희식 / 개선진행 강찬선 / 표준관리 고창수
유동선 / 양정우

2.3 분임조 활동의 목표

항목	2015년 활동 방향	2015년 활동 목표
원가 절감	교정비용 절감	· 교정숙련도 향상 · 자체교정으로 전환
품질 향상	제품 사후관리 철저	· 제품별 이력관리 · 통계적기법 활용
생산성 향상	1인당 생산성 10% 향상	작업 환경 개선으로 잔업 시간 축소
핵심 인재육성	1인당 30hr/년 이상 교육 이수	사내/외 교육 적극 참여
안전	365일 무재해 달성	안전교육 아침체조 활동

2.4 분임조 활동 실적

 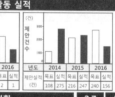

년도	2014		2015		2016	
주제해결	목표	실적	목표	실적	목표	실적
(건)	2	2	2	2	2	2

년도	2014		2015		2016	
제안실적	목표	실적	목표	실적	목표	실적
(건)	108	275	247	247	240	156

년도	2014		2015		2016	
회합실적	목표	실적	목표	실적	목표	실적
(건)	48	48	96	96	96	48

2.5 자격증 보유현황 [2016.04.30]

자격종류	보유인원	인증기관
품질경영기사	1 명	
산업안전기사	1 명	
소방설비기사 1급(전기)	1 명	
정보기기운용기능사	2 명	
환경 기능사	3 명	한국산업인력공단
화학분석 기능사	4 명	
수질환경 기능사	2 명	
고압가스 기능사	1 명	
인당 자격증 보유수량	15개/8명 = 1.9개/인	

2.6 교육현황 [2015.01.01~12.31]

교육과정명				교육기관
사내	품질경영지도	4	8	32	
	분임조 레벨업지도	4	40	160	KSA한국표준협회
	통계적 품질관리 기초교육	5	8	40	
	3정 5S 교육	8	2	16	삼영잉크
사외	분임조 문제해결 기법	2	24	48	
	사례로 배우는 현장개선	2	16	32	KSA한국표준협회
	품질 도전 연수	1	16	16	
	개선활동 분임조 교육	2	24	48	
	품질문제 해결5단계	1	24	24	KSB
인당 교육시간	52.0 Hr/인 (416시간)				

2.7 수상실적 [2010~2016]

년도	수상내용	내용	상격	비고
2010	제안우수부서	우수상	본부장	
2011	제안우수자	우수상	본부장	
2011	사내분임조대회	금상	사장	
2012	전국분임조대회	동상	대통령	
2013	전국분임조대회	은상	대통령	
2014	사내분임조대회	은상	사장	
2015	사내분임조대회	금상	사장	
2016	경기도분임조대회	대상	도지사	

2.8 분임조 변회 과정

구 분	도 입 기	성장기	발 전 기
활동기간	2008년	2009년 ~ 2011년	2012년 ~ 현재
목 표	분임조 활동 기반조성 및 교육실시	분임조 활동 활성화	분임조 활동 확산화
활동내용	* 분임조 결성 * 분임조 기초 교육 * 개선활동 교육 및 전파 * 사내경진대회 참석	* 6시그마 교육 * QC 기법 교육 * 사외 분임조 경진대회 출전 * 품질 개선활동 생활화 * 사내,사외 교육 적극 참여	* 개선능력 향상 * 고객가치 품질 경영 추진 * 자주적 품질활동 * 우수품질 개선사례 대.내외 발표
성 과	* 분임조에 대한 이해 * 개선활동 참여의식 향상 * 품질경영 지식 향상	* 품질기법 활용한 문제해결 능력 향상 * 지속적 개선활동 적극참여	* 체계적인 표준화 * 전사적 품질활동 확산

2.9 주제활동 현황

구 분	주제명	효과금액 (천원)
2014	성적서 발행방법 개선으로 원가절감	19,639
2014	GC 검사 관리방법 개선으로 재검사를 감소	27,481
2015	경화제 포장 및 세척 개선으로 트러블 발생 예방	34,875
2015	침작색 인무프로세스 개선으로 검사시간 단축	66,731
2016	G/R 검사프로세스 개선으로 재검사율 감소	진행 중

2.10 분임조 활성화 활동

춘계 등산(년 1회)	분임조 단합대회(년 4회)	추계 체육대회(년 1회)	사내 개선사례 발표(년 2회)	봉사활동(년 4회)

3. 프로세스 소개

3.1 광학용 점착제 제조 프로세스

순서	1	2	3	4	5	6	7	8
도시기호	▽	⇨	◇	◇	◇	☐		▽
프로세스명	원료입고	원료출고	배합	제품제조	조정	포장	최종검사	제품창고입고
사진								
설명	작업될 제품의 원료 입고	작업될 제품의 원료 출고	작업지도서에 따른 원료 배합	열매, 냉각, 교반등을 통한 제품제조	제품 규격에 맞추기 위한 조정	규격에 들어간 제품 포장	1,2차 검사 규격 확인	최종 합격 제품 창고 저장

3.2 광학용 점착제 최종검사 프로세스

순서	7-1	7-2	7-3	7-4	7-5	7-6	7-7	7-8
도시기호	◇	◇	◇	◇	◇	◇	◇	▽
프로세스명	외관검사	전처리	고형분	점도	물성검사	기기분석	유지력	샘플보관
사진								
설명	포장시 제품의 이물 및 외관검사	시험을 위한 시약 및 기구준비	제품 구성분 중 비휘발성 물질의 중량비 확인	제품의 점성 확인	제품을 필름화하여 점착력을 수치화 확인	물리적 화학적 특성을 측정하여 확인	필름화된 제품이 어느 정도 상온까지 버티는지 확인	거래업체 납품된 제품의 샘플보관

3.3 점착제 제품 소개

기능성 광학용 점착제[광학용 점착제]

삼영잉크 점착제 제품군

LCD 편광판, 핸드폰 보호 필름용 / 레이저 마킹용 및 코팅제

산업용 필름, 양면용 / 의료용 아크릴계, 우레탄계

산업용 의료용 점착제[일반 점착제]

광학용 점착제

광학용 점착제란 ?
· 제품에 직접 사용되지 않으며 주로 납품업체 생산라인 공정 이동 시 제품 손상을 방지하기 위한 보호필름에 사용된다.

일반 점착제

일반 점착제란 ?
· 일상 생활에서 사용되는 테이프, 포스트잇 등에 사용되며, 광학용 점착제보다 강한 부착성을 요하는 제품에 사용된다.

3.4 주요 용어 소개

명칭	PET	SUS	시편	어플리케이터	컬럼	이동상
사진						
설명	코팅 작업때 시료를 도포하여 시편을 만드는 원료	인장강도 측정 시 시편을 부착하는데 쓰이는 원료	제품을 테스트하기 위해 만드는 필름	코팅작업시 시편에 점착제를 도포하기 위해 사용	컬럼을 통과하면 흡착되어 성분이 검출되게 하는 장치	시료를 검출할 수 있도록 기기에 흐르는 기체 혹은 액체

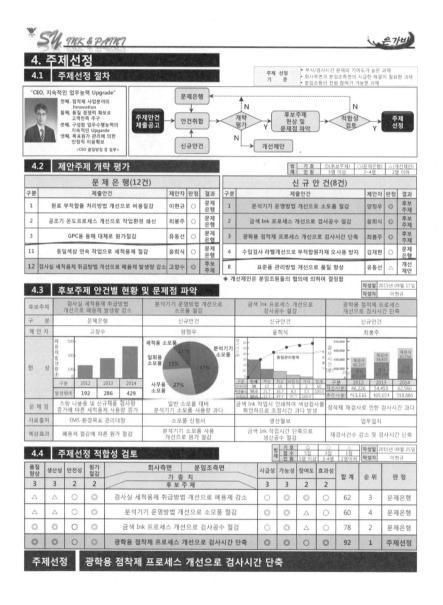

4.5 주제선정 동기

4.5.1 자사 제품 생산량 증가 현황 [기준 : 2012~2014년]

점착제 생산량이 지속적으로 증가추세

구분	2012				2013				2014			
제품	G/R	금속	점착제	도료	G/R	금속	점착제	도료	G/R	금속	점착제	도료
생산량(Ton)	3,584	542	11,609	2,677	3,585	535	12,315	2,925	3,907	586	14,176	2,976

점착제 생산량이 매년 큰 폭으로 증가

4.5.2 광학용 점착제 생산량 증가 [기준 : 2012~2014년]

구분	2012년		2013년		2014년	
	일반점착제	광학용점착제	일반점착제	광학용점착제	일반점착제	광학용점착제
생산량(Ton)	5,621	5,988	5,878	6,437	5,973	8,743

2014년 일반점착제에 비해 광학용점착제 생산량 급증

4.5.3 광학용 점착제 검사건수 증가 [기준 : 2012~2014년]

지속적인 검사건수 증가추세

구분	2012	2013	2014
검사건수	1,536	1,893	2,256

고객사 요구사항이 증가함에 따라 검사건수 증가

4.5.4 광학용 점착제 검사시간 관리그래프 [기준 : 2014년]

검사시간 [518,880 분] X̄=43,240
부서관리목표 [456,324 분] X̄=38,027

구분	1월	2월	3월	4월	5월	9월	10월	11월	12월	합계
검사건수	209	192	189	221	193	203	179	186	198	2,256
검사시간(분)	48,070	44,160	43,470	50,830	44,390	46,690	41,170	42,780	45,540	518,880

점착제 검사시간이 과다발생

4.5.5 광학용 점착제 세부검사시간 점유현황 [기준 : 2014년]

물성검사	코팅, 점착력, 인쇄, 가공시험, 퍼짐성
기기분석	GC, 전위차측정기, GPC, 수분측정기, FTIR 입도분포제
외관검사	액상외관, 고상외관
기타업무	전처리, 샘플보관

물성검사	기기분석	외관검사	기타업무
35.1 %	31.6 %	19.5 %	13.8 %

점착제 검사업무 중 물성검사, 분석기기 검사부분이 66.7%로 가장 많음.
점차 분석기기 사용 증가추세

4.5.6 주제 선정 동기 요약

회사측면	점착제 검사시간이 점점 더 증가하여 회사관리목표 대비 잔업시간이 과다하게 발생함.
부서측면	고객사 요구사항이 증가함에 따라 검사건수, 검사(재검사)시간 과다하게 발생하여 개선이 필요함.
분임조측면	점착제 검사시간 중 물성검사와 분석기기가 66.7%로 높은 비율을 차지하는 것으로 판단되어 개선이 시급함.
데이터 측면	점착제 검사는 계절/월별 등에 영향을 받지 않음.

5. 활동 계획 수립

범례 계획 / 실시   작성일 2015년 09월 29일 작성자 이현규

일 정 단 계	2015년												2016년								담당자	적용기법
	10월				11월				12월				1월				2월					
	1주	2주	3주	4주	5주	1주	2주	3주	4주	1주	2주	3주	4주	1주	2주	3주	4주	1주	2주	3주	4주	최봉주 김재현	Data Sheet, 층별, 추이도, Flow Chart, 파레토도
현상파악																							
원인분석																						전원	연관도, FMEA
목표설정																						전원	막대그래프
대책수립 및 실시																						전원	PDCA Cycle, 추이도, Flow Chart, 막대그래프
결과분석 및 효과파악																						최봉주 김재현	Data Sheet, 층별, 추이도, Flow Chart, 파레토도
표준화 및 사후관리																						양정우 유동선	추이도
반성 및 향후 계획																						전원	체크시트

6. 현상파악

6.1 광학용 점착제 검사시간 현황

조사기간	2015년 9월1일 ~ 9월30일
작성자	이여규
단위	4 MAN MIN

구분		09월 01일	02일	03일	04일	07일	08일	09일	22일	23일	24일	25일	28일	29일	30일	합계	일평균	1인 평균
프로세스	전처리	120	114	122	124	138	118	123	116	115	107	118	128	119	127	2,569	122	30.5
	고형분	241	199	215	220	197	219	186	222	202	200	200	203	153	242	4,321	206	51
	점도	188	170	155	168	184	158	188	194	189	169	172	178	198	173	3,678	175	43
	물성검사	1,214	893	1,069	1,035	855	1,038	1,040	1,114	1,031	1,091	1,056	883	1,062	1,094	22,480	1,070	267
	기기분석	915	875	915	909	904	884	898	911	910	872	893	923	906	910	18,919	901	225
	유지력	249	295	240	376	248	266	308	279	248	307	169	261	236	269	5,488	261	65
	기타	44	40	48	49	40	42	44	47	54	44	42	47	39	48	934	45	11
	합계	2,971	2,586	2,764	2,881	2,566	2,725	2,787	2,883	2,749	2,790	2,650	2,623	2,713	2,863	58,389	2,780	695

6.2 광학용 점착제 검사시간 관리그래프

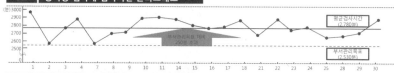

6.3 광학용 점착제 검사시간 파레토도

구분	일 평균 (분)	점유율 (%)	누적율 (%)
물성검사	1,070	38.5	38.5
기기분석	901	32.4	70.9
유지력	261	9.4	80.3
고형분	206	7.4	87.7
점도	175	6.3	94.0
전처리	122	4.4	98.4
기타	45	1.6	100.0
합계	2,780	100.0	

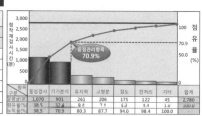

항목	물성검사	기기분석	유지력	고형분	점도	전처리	기타	합계
일평균(분)	1,070	901	261	206	175	122	45	2,780
점유율(%)	38.5	32.4	9.4	7.4	6.3	4.4	1.6	100.0
누적율(%)	38.5	70.9	80.3	87.7	94.0	98.4	100.0	

6.4 광학용 점착제 검사 흐름도

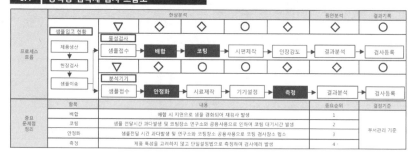

구분	항목	내용	중요순위	결정기준
중요 문제점 정리	배합	배합 시 지연으로 셀물 경화되어 재검사 발생	1	부서관리 기준
	코팅	셀물 전달시간 과다발생 및 코팅장소 연구소와 공용사용으로 인하여 코팅 대기시간 발생	2	
	안정화	셀물전달 시간 과다발생 및 연구소와 코팅장소 공용사용으로 코팅 검사장소 협소	3	
	측정	제품 특성을 고려하지 않고 단일설정법으로 측정하여 검사에러 발생	4	

6.5 물성검사시간 현황

조사기간	2015년 9월1일 ~ 9월30일
작성자	이현규
단위	4 MAN MIN

구분		09월(01일)	02일	03일	04일	07일	08일	09일	22일	23일	24일	25일	28일	29일	30일	합계	일평균	1인평균
프로세스	배합	450	351	446	441	364	386	496	465	449	354	414	437	439	467	9,307	443	111
	코팅	330	311	233	288	315	304	296	341	311	285	299	311	343	246	6,632	316	79
	시편제작	289	75	213	153	0	194	87	161	93	280	172	0	156	232	3,327	158	39
	인장강도	111	120	143	118	154	126	137	114	137	146	143	97	101	133	2,585	123	31
	기타	34	36	34	35	22	28	24	33	41	26	28	38	23	16	629	30	7
	합계	1,214	893	1,069	1,035	855	1,038	1,040	1,114	1,031	1,091	1,056	883	1,062	1,094	22,480	1,070	267

6.6 물성검사시간 추이도

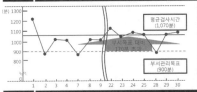

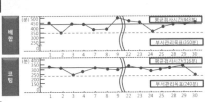

6.7 물성검사시간 파레토도

구분	일평균(분)	점유율(%)	누적율(%)
배합	443	41.4	41.4
코팅	316	29.5	70.9
시편제작	158	14.8	85.7
인장강도	123	11.5	97.2
기타	30	2.8	100.0
합계	1,070	100.0	

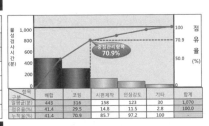

항목\구분	배합	코팅	시편제작	인장강도	기타	합계
일평균(분)	443	316	158	123	30	1,070
점유율(%)	41.4	29.5	14.8	11.5	2.8	100.0
누적율(%)	41.4	70.9	85.7	97.2	100	

6.8 물성검사 중점관리 검사항목 소개

구분	배합
사진	
설명	코팅을 위해 점착제와 경화제를 일정한 비율로 섞고 교반하는 작업

구분	코팅
사진	
설명	PET 표면에 점착제를 어플리케이터로 얇게 도포하여 오븐에 건조 후 이형 처리된 Film에 합지하여 시편을 만드는 작업

6.9 기기분석 검사시간 현황

조사기간	2015년 9월1일 ~ 9월30일
작성자	이현규
단위	4 MAN MIN

구분		09월01일	02일	03일	04일	07일	08일	09일	22일	23일	24일	25일	28일	29일	30일	합계	일평균	1인평균
프로세스	기기설정	99	130	163	134	89	138	121	126	122	151	102	125	79	95	2,535	121	30
	안정화	439	386	336	330	411	421	420	348	398	450	439	430	335	8,268	394	98
	측정	275	160	240	251	278	280	234	241	250	239	245	241	211	267	5,203	248	62
	시료제작	78	126	109	98	84	37	73	144	87	134	84	76	73	35	1,816	86	21
	기타	24	73	67	96	42	8	50	52	53	52	12	42	113	35	1,097	52	13
	합계	915	875	915	909	904	884	898	911	910	872	893	923	906	910	18,919	901	225

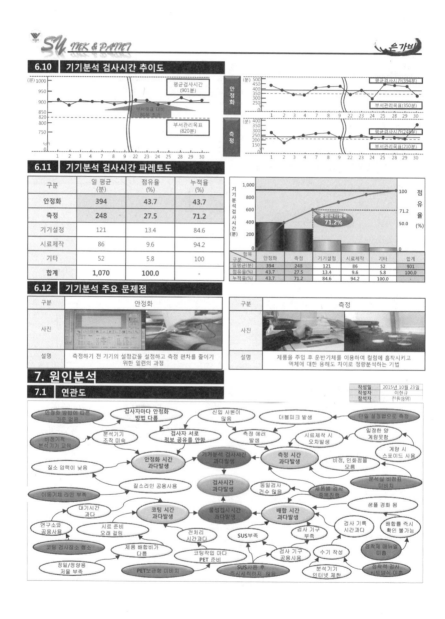

6.10 기기분석 검사시간 추이도

6.11 기기분석 검사시간 파레토도

구분	일 평균 (분)	점유율 (%)	누적율 (%)
안정화	394	43.7	43.7
측정	248	27.5	71.2
기기설정	121	13.4	84.6
시료제작	86	9.6	94.2
기타	52	5.8	100
합계	1,070	100.0	-

항목	안정화	측정	기기설정	시료제작	기타	합계
일평균(분)	394	248	121	86	52	901
점유율(%)	43.7	27.5	13.4	9.6	5.8	100.0
누적율(%)	43.7	71.2	84.6	94.2	100.0	

6.12 기기분석 주요 문제점

구분	안정화
사진	
설명	측정하기 전 기기의 설정값을 설정하고 측정 편차를 줄이기 위한 일련의 과정

구분	측정
사진	
설명	제품을 주입 후 운반기체를 이용하여 컬럼에 흡착시키고 액체에 대한 용해도 차이로 정량분석하는 기법

7. 원인분석

7.1 연관도

작성일	2015년 10월 23일
작성자	이현규
참석자	전원(8명)

작성일	2015년10월 29일
작성자	이현규
참석자	전원(8명)

7.2 FMEA

FMEA 평가기준					
심각도 (1~10)	평가기준	발생도 (1~10)	평가기준	검출도 (1~10)	평가기준
10	사망 또는 중부상 발생	10	항상 발생	10	확인불가
9	건강상 유해	9	매우 높음	9	검사 평가능
8	제품에 심각한 손상 발생	8	조금 높음	8	비주기적 선별검사(계측기)
7	경미한 불친 발생	7	높음	7	비주기적 선별검사(계측기)
6	품질 저하가 발생	6	비정상	6	선별검사
5	고객사의 불만접수·증가	5	매우 낮음	5	선별검사 후 사후확인(외관검사)
4	불량률에 영향이 적으나 사용상 불편	4	초금 낮음	4	선별검사 후 사후확인(계측기)
3	인지 가능하지만, 사용상 문제없음	3	낮음	3	전수검사
2	내부적으로 인지가능	2	거의 없음	2	전수검사 후 사후확인(외관검사)
1	영향없음	1	없음	1	전수검사 후 사후확인(계측기)

Failure Mode and Effects Analysis

◆ 작성 기준◆
RPN=심각도 X 발생도 X 검출도
RPN 1000이상 채택

유형	공수 과다유형		잠재적 원인	심각도 (1~10)	발생도 (1~10)	검출도 (1~10)	현 프로세스 관리상태	RPN	채택여부
물성검사 과다발생 검사시간 과다발생	배합	점착력 검사 시트양식 미흡		6	5	4	없음	120	채택
		점착제 매뉴얼 미흡		6	4	7	없음	168	채택
		SUS 부족		4	8	2	SUS공용사용	64	불채택
		분석기기 인터넷 제한		1	3	6	작업절차서	18	불채택
		제품별 검사 중복진행		6	5	4	없음	120	채택
		SUS 사용 후 즉시 세척하지 않음		3	9	5	SUS공용사용	135	채택
	코팅	코팅 검사장소 협소		4	10	5	작업절차서	200	채택
		칭밀/정량용 저울 부족		8	2	4	작업절차서	64	불채택
		PET 보관함 미비치		4	9	3	없음	108	채택
기기분석 과다발생	안정화	안정화 방법에 따른 기준서 없음		6	4	5	없음	120	채택
		비정기적 분석기기 교육		4	5	5	없음	100	채택
		이동기체 라인 부족		6	9	4	개별사용	216	채택
	측정	단일 설정법으로 측정		8	3	8	없음	192	채택
		계량식 스포이드 사용		2	7	3	작업절차서	42	불채택
		분석실 비정표 미비치		6	7	4	없음	168	채택
		제품별 검사 중복진행		6	5	4	없음	120	채택

8. 목표설정

8.1 개선목표

작성일	2015년10월 29일
작성자	이현규
참석자	전원(8명)

세부 중점 관리 항목별 목표 설정

광학용 점착제 검사시간 — 32.0% 감소

구분	개선전	목표
일평균 검사시간(분)	2,780	2,150

물성검사 — 52.7% 감소

구분	개선전	목표
일평균 검사시간(분)	1,070	670

기기분석 — 35.8% 감소

구분	개선전	목표
일평균 검사시간(분)	901	671

물성검사

배합 — 55.8% 감소

구분	개선전	목표
일평균 검사시간(분)	443	196

코팅 — 48.4% 감소

구분	개선전	목표
일평균 검사시간(분)	316	163

기기분석

안정화 — 38.6% 감소

구분	개선전	목표
일평균 검사시간(분)	394	242

측정 — 31.5% 감소

구분	개선전	목표
일평균 검사시간(분)	248	170

8.2 목표설정근거

주요원인		개선방향	개선전 (일평균)	목표 (일평균)	감소율(%)
물성 검사	배합	점착제 매뉴얼 개선	443분	196분	55.8
	코팅	코팅검사 프로세스 변경	316분	163분	48.4
기기 분석	안정화	이동기체 배관 증축	394분	242분	38.6
	측정	분석기기 설정 시스템 구축	248분	170분	31.5

<세부설정근거>
■ 현상파악 및 주요요인을 근거로 개선 목표 설정
- 광학용점착제 검사시간 : **부서목표(2,530분)의 15% 감소를 목표로 32.0%로 설정**
- 물성검사시간 감소 목표설정은 2개 중점관리항목 70.9% 개선적용하여 52.7%로 석정함
- 기기분석 검사시간 감소 목표설정은 2개 물성관리항목 71.2% 개선적용하여 35.8%로 설정함

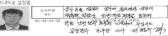

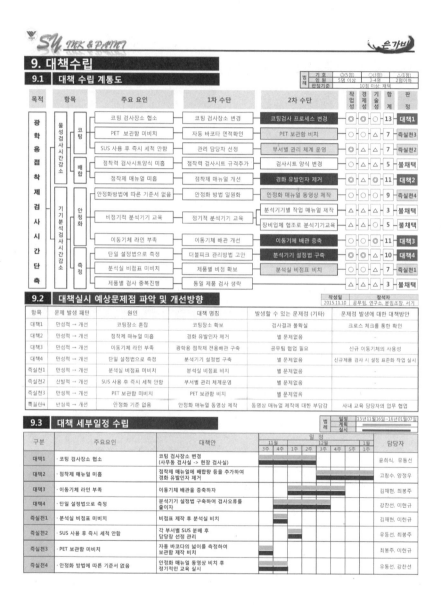

9. 대책수립

9.1 대책 수립 계통도

범례: 기호 ◎(5점) ○(3점) △(1점) / 인원 5명 이상 3~4명 2명 이하 / 판정기준 10점 이상: 채택

목적	항목			주요 요인	1차 수단	2차 수단	작업성	경제성	기술성	합계	판정
광학용 점착제 검사 시간 단축	물성검사 시간 감소	코팅		코팅 검사장소 협소	코팅 검사장소 변경	코팅검사 프로세스 변경	◎	◎	○	13	대책1
				PET 보관함 미비치	자동 바코타 면적확인	PET 보관함 비치	○	○	△	7	즉실천3
				SUS 사용 후 즉시 세척 안함	관리 담당자 선정	부서별 관리 체계 운영	○	○	△	7	즉실천2
		배합		점착력 검사시트양식 미흡	점착력 검사시트 규격추가	검사시트 양식 변경	△	○	△	5	불채택
				점착제 매뉴얼 미흡	점착제 매뉴얼 개선	경화 유발인자 제거	◎	○	◎	11	대책2
	기기분석검사 시간 감소	안정화		안정화방법에 따른 기준서 없음	안정화 방법 일원화	안정화 매뉴얼 동영상 제작	○	○	◎	9	즉실천4
				비정기적 분석기기 교육	정기적 분석기기 교육	분석기기별 작업 매뉴얼 제작	△	△	△	3	불채택
						장비업체 협조로 분석기기교육	△	△	△	5	불채택
		측정		이동기체 라인 부족	이동기체 배관 개선	이동기체 배관 증축	◎	△	◎	11	대책3
				단일 설정법으로 측정	더블피크 관리방법 고안	분석기기 설정법 구축	◎	△	○	10	대책4
				분석실 비점표 미비치	제품별 비점 확보	분석실 비점표 비치	○	○	△	7	즉실천1
				제품별 검사 중복진행	동일 제품 검사 생략		△	△	△	3	불채택

9.2 대책실시 예상문제점 파악 및 개선방향

작성일 2015.11.10 / 작성자 공무팀, 연구소, 분임조장 서기

항목	문제 발생 패턴	원인	대책 명칭	발생할 수 있는 문제점 (기타)	문제점 발생에 대한 대책방안
대책1	만성적 → 개선	코팅장소 혼잡	코팅장소 확보	검사결과 불확실	크로스 체크를 통한 확인
대책2	만성적 → 개선	점착제 매뉴얼 미흡	경화 유발인자 제거	별 문제없음	
대책3	만성적 → 개선	이동기체 라인 부족	광학용 점착제 전용배관 구축	공무팀 협업 필요	신규 이동기체의 사용성
대책4	만성적 → 개선	단일 설정법으로 측정	분석기기 설정법 구축	별 문제없음	신규제품 검사 시 설정 표준화 작업 실시
즉실천1	만성적 → 개선	분석실 비점표 미비치	분석실 비점표 비치	별 문제없음	
즉실천2	산발적 → 개선	SUS 사용 후 즉시 세척 안함	부서별 관리 체계운영	별 문제없음	
즉실천3	만성적 → 개선	PET 보관함 미비치	PET 보관함 비치	별 문제없음	
즉실천4	반정적 → 개선	안정화 기준 없음	안정화 매뉴얼 동영상 제작	동영상 매뉴얼 제작에 대한 부담감	사내 교육 담당자의 업무 협업

9.3 대책 세부일정 수립

범례: 일정 계획 / 실시 — 15년 11월 16일~16년 01월 07일

구분	주요요인	대책안	11월 3주	11월 4주	11월 1주	12월 2주	12월 3주	12월 4주	12월 5주	1월 1주	담당자
대책1	·코팅 검사장소 협소	코팅 검사장소 변경 (사무동 검사실 -> 현장 검사실)									윤희식, 유동선
대책2	·점착제 매뉴얼 미흡	점착제 매뉴얼에 배합량 등을 추가하여 경화 유발인자 제거									고창수, 양정우
대책3	·이동기체 라인 부족	이동기체 배관을 증축하자									김재현, 최봉주
대책4	·단일 설정법으로 측정	분석기기 설정법 구축하여 검사오류를 줄이자									강찬선, 이현규
즉실천1	·분석실 비점표 미비치	비점표 제작 후 분석실 비치									김재현, 이현규
즉실천2	·SUS 사용 후 즉시 세척 안함	각 부서별 SUS 분배 후 담당장 선정 관리									유동선, 최봉주
즉실천3	·PET 보관함 미비치	자동 바코다의 넓이를 측정하여 보관함 제작 비치									최봉주, 이현규
즉실천4	·안정화 방법에 따른 기준서 없음	안정화 매뉴얼 동영상 비치 후 정기적인 교육 실시									유동선, 강찬선

10. 대책실시

10.1 | 대책1 – 코팅 검사 프로세스 변경

P	문제점	샘플전달 시간 과다발생 및 연구소와 코팅장소 공용사용으로 코팅 검사장소 협소			제안자
	누가	윤희식 / 유동선	언제	2015년 11월 16일 ~ 2015년 12월 10일	
	어디서	수지동 검사실	무엇을	코팅검사 대기시간	
	어떻게	샘플 전달시간 감소로 코팅검사 대기시간 감소			유동선

1. 샘플 대기건수 과다 발생

날짜	11/16	11/17	11/18	11/19	11/20	11/23	11/24
샘플 대기건수(건)	5	10	5	7	15	8	12

- 현장 샘플보관장소와 사무동검사실과의 거리가 멀고
  코팅 장소 공용사용으로 인한 코팅대기시간이 과다 발생

2.아이디어 회의

범례	◎ 5명 이상 5	○ 3~4명 3	△ 2명 이하 1

No.	내 용	효과성	작업성	점수	판정
1	부서별 사용시간을 구분하자	○	△	4	불채택
2	현장검사실에서 코팅검사를 진행하여 샘플 전달시간을 줄이자	◎	◎	10	채택
3	자동 바코타 추가 구매하자	○	○	6	불채택

* 선정기준:최고점수획득

D 개선전

구분 프로세스

	현장 검사실				연구소			
	샘플접수	외관검사	고형분	점도	샘플전달	배합	코팅	AGING
	1	2	3	4	5	6	7	8

개선후

구분 프로세스

	현장 검사실						
	샘플접수	외관검사	고형분	점도	배합	코팅	AGING
	1	2	3	4	5	6	7

C

개선 전/후 코팅검사시간

날짜(9월)	09월01일	02일	03일	04일	07일	08일	09일	25일	28일	29일	30일	평균
개선 전 코팅시간(분)	330	311	233	288	315	304	296	299	311	343	246	316

날짜(11~12월)	11월25일	26일	27일	30일	12월01일	02일	03일	07일	08일	09일	10일	평균
개선 후 코팅시간(분)	183	142	167	129	184	171	152	163	132	164	181	160

작성자 이현규 / 작성일자 2015.12.11 / 자료대상기간 2015.11.25~12.10

49.4% 감소

구분	개선전	목표	개선후
검사시간(분)	316	163	160

A

표준번호	표준화 항목	표준화 내용
SGQ-14-10	점착제 검사 프로세스 변경	물성검사 코팅 프로세스 개정

10. 대책실시

10.2 대책2 – 경화 유발인자 제거

P	문제점	배합 시 지연으로 샘플 경화되어 재검사 발생			제안자
	누가	고창수 / 양정우	언제	2015년 12월 14 ~ 2016년 1월 4일	
	어디서	사무동 실험실	무엇을	샘플 경화 유발인자	
	어떻게	샘플 경화를 유발하는 인자를 제거하자			고 창 수

D

1. 배합 실수로 인한 재배합 건수 증가

날짜	12/14	12/15	12/16	12/17	12/18	12/21	12/22
배합(건)	7	11	9	5	14	10	10
재배합(건)	3	4	4	5	3	3	5

* 코팅 검사 시 경화제 타입 확인 어려워 배합 실수

2. 아이디어 회의

범례: 7열 이상 5 / 4~6명 3 / 3명 이하 1

No	내용	효과성	작업성	점수	판정
1	점착제 별 경화제에 색스티커 부착하자	○	△	4	불채택
2	매뉴얼에 배합량 등을 추가하여 비치하자	◎	◎	10	채택
3	샘플병에 배합 삽입하자	○	△	4	불채택
4	배합작업 시 경화제별 샘플 분류하자	◎	○	8	채택

3. 점착제 매뉴얼 강화

기존 점착제 매뉴얼에 배합량, 어플리케이터, 내열조건, 규격, 건조온도 추가

프로세스 개선전: 샘플 접수 → 배합량 확인 → 배합 → 코팅 → SUS에 시편 부착 →N 인장강도 측정 →N 검사등록 Y

프로세스 개선후: 샘플 접수 → 경화제별 샘플 분류 → 배합 → 코팅 → SUS에 시편 부착 → 인장강도 측정 → 검사등록

■ 샘플 접수 시 경화제 타입별 분류로 배합 실수 방지

C

개선 전/후 배합시간 현황

작성자: 이현규 / 작성일자: 2016.01.08 / 자료대상기간: 2015.12.23~2016.01.07

날짜(9월)	09일 01일	02일	03일	04일	07일	08일	09일	25일	28일	29일	30일	평균
개선 전 배합시간(분)	450	351	446	441	364	386	496	414	437	439	467	443

날짜(12~1월)	12월 23일	24일	25일	28일	29일	30일	31일	01월 04일	05일	06일	07일	평균
개선 후 배합시간(분)	237	159	171	208	183	241	212	239	236	194	205	192

55.7% 감소

구분	개선전	목표	개선후
검사시간(분)	443	196	192

A	표준번호	표준화 항목	표준화 내용
	SGQ-14-10	점착제 검사 프로세스 변경	물성검사 배합 프로세스 개정

10. 대책실시

10.3 대책3 – 이동기체 배관 증축

P

문제점	분석기기 질소라인 공용사용으로 압력이 낮아 안정화시간 과다발생		
누가	김재현 / 최봉주	언제	2015년 12월 01일 ~ 2015년 12월 24일
어디서	사무동 분석실	무엇을	질소라인
어떻게	초 고순도 질소라인 추가로 안정화 시간 감소		

제안자 유동선

D

1. 질소라인 공용사용으로 인한 문제점

(PSI) 표준 PSI

날짜	12/01	12/02	12/03	12/04	12/07	12/08
질소라인 압력변화	5	6	7	5	6	7

- 분석기기 측정시 측정기기별 표준압력을 고려하지 않고 질소라인 공통
설비로 측정기기 동시 사용시 압력이 낮아 안정화 시간이 과다발생

2.아이디어 회의

범례	◎ 5명 이상	○ 3~4명	△ 2명 이하
	5	3	1

No.	내용	효과성	작업성	점수	판정
1	이동기체 배관라인을 추가하자	○	△	4	불채택
2	적정 배관크기를 조사하자	△	△	2	불채택
3	광학용 점착제 전용 배관을 구축하자	◎	◎	10	채택

* 선정기준-최고점수획득

개선전

샘플 접수 → 제품특성 확인 → 공통질소라인 → 안정화 (평균 2시간) → 데이터 분석 → 보고서 작성 → 분석완료 (평균 1시간)

문제점
: 연구소와 질소라인 공용사용으로 압력이 불안정해 안정화시간이 길고 주요 고객사의 요구사항에 부합하기 힘듦

질소라인 공용사용으로 인한 압력저하로 안정화시간 과다

개선후

샘플 접수 → 제품특성 확인 → 질소 / 초 고순도 질소 → 안정화 (평균 1시간) → 데이터 분석 → 보고서 작성 → 분석완료 (평균 1시간)

개선점
: 광학용 점착제 전용 초 고순도 질소라인을 증축하여 고객사의 요구사항에 부합하고, 안정화 시간 단축

광학용 점착제 전용 배관 증축으로 안정화 시 압력이 일정

C

개선 전/후 분석기기 안정화시간 현황

작성자	작성일자	자료대상기간
이현라	2015.12.28	2015.12.09~12.24

날짜(9월)	09월 01일	02일	03일	04일	07일	08일	09일	25일	28일	29일	30일	평균
개선 전 안정화 시간(분)	439	386	336	330	411	421	420	450	439	430	335	394

날짜(12월)	12월 09일	10일	11일	14일	15일	16일	17일	21일	22일	23일	24일	평균
개선 후 안정화 시간(분)	248	204	238	209	265	251	249	238	251	255	245	236

40.1% 감소

구분	개선전	목표	개선후
검사시간(분)	394	242	236

A

표준번호	표준화 항목	표준화 내용
SGQ-14-10	점착제 검사 프로세스 변경	분석기기 안정화 프로세스 개정

10. 대책실시

10.4 | 대책4 – 분석기기 설정법 구축

P

문제점	제품 특성을 고려하지 않고 단일설정법으로 측정하여 검사에러 발생		
누가	강찬선 / 이현규	언제	2015년 11월 23일 ~ 2015년 12월 17일
어디서	사무동 분석실	무엇을	더블피크 발생
어떻게	타입 별 설정법을 구축하여 더블피크 발생을 억제하자		

제안자 강찬선

1. 분석기기 측정 단일 설정법 문제점

범례: 더블피크 / 측정

구분	11/23	11/24	11/25	11/26	11/27	11/30	12/01
측정(건)	15	12	15	12	11	12	11
더블피크(건)	3	2	3	2	1	2	1

- 분석기기 측정 시, 제품의 특성을 고려하지 않고 단일
설정법으로 측정하여 더블피크 발생

2.아이디어 회의

범례	◎ 5명 이상 5	○ 3~4명 3	△ 2명 이하 1

No.	내용	효과성	작업성	점수	판정
1	타입별 설정법을 파일철로 분석실에 비치	○	○	6	불채택
2	타입별 설정법을 PC에 저장하자	◎	◎	10	채택
3	설정별 분석기기 구매하자	△	○	4	불채택

* 선정기준:최고점수획득

D

개선 전

샘플 입수 → 시료 제작 → 단일 설정 → 분석기기 측정 → 데이터 정리

더블피크
온도(℃) 75 90 105 120 135 150 165 180

* 불서용과 건나용의 GC설별 구분이 없음

샘플 입수 후 한가지 설정법으로 측정

개선 후

샘플 입수 → 시료 제작 → 에폭시 / 우레탄 / 아크릴 → 분석기기 측정 → 데이터 정리

온도(℃) 75 80 85 90 95 100

제품 특성을 고려한 타입별 설정법 PC저장

C

개선 전/후 분석기기 측정시간 현황

작성자	작성일자	자료대상기간
이현규	2015.12.18	2015.12.02~12.17

날짜(9월)	09월01일	02일	03일	04일	07일	08일	09일	25일	28일	29일	30일	평균
개선 전 측정시간(분)	275	160	240	251	278	280	234	245	241	211	267	248

날짜(12월)	12월02일	03일	04일	07일	08일	09일	10일	14일	15일	16일	17일	평균
개선 후 측정시간(분)	158	137	161	132	145	120	136	169	164	122	147	144

41.9% 감소

구분	개선전	목표	개선후
검사시간(분)	248	170	144

A

표준번호	표준화 항목	표준화 내용
SGQ-14-10	점착제 검사 프로세스 변경	분석기기 재측정 프로세스 개정

10.5 즉실천

즉실천1	분석실 비점표 비치			
문제점	분석실 비점표 미비치	담당자		김재현
개 선 전	개 선 후	상세 실시 내용		
		구분	내용	
분석 시 제품의 비점, 인화점 미비치		관리 항목	·비점 ·인화점	
		효과파악	미지시료 측정시 비점, 인화점 확인가능	
	비점표 제작 후, 분석실 비치	비 고	매주 회합 시에 변동 사항 정리 후 내용 공유	

즉실천2	SUS 관리 담당자 선정 관리			
문제점	SUS 사용 후 즉시 세척 안함	담당자		최봉주
개 선 전	개 선 후	상세 실시 내용		
		구분	내용	
SUS 공용사용으로 검사기구 관리가 이루어지지 않음		관리 항목	- SUS 표면 손상률 - SUS 세척상태	
		효과파악	부서별 SUS 사용으로 관리수월	
	각 부서별 SUS 분배 후 담당자 선정 관리	비 고	측정 후 수량확인 및 SUS 사용량 관리	

즉실천3	PET 보관함 비치			
문제점	PET 보관함 미비치	담당자		최봉주
개 선 전	개 선 후	상세 실시 내용		
		구분	내용	
코팅 시 PET의 보관이 용이하지 않아 오염		관리 항목	- PET두께 별 분류	
		효과파악	코팅시 PET표면 오염 감소	
	자동 바코타의 넓이를 측정하여 보관함 제작 비치	비 고	코팅 후 PET수량 확인 후 재단하여 여분 준비	

즉실천4	안정화 매뉴얼 동영상 제작			
문제점	안정화 기준 부재	담당자		강찬선
개 선 전	개 선 후	상세 실시 내용		
		구분	내용	
검사자 마다 안정화 방법이 조금씩 달라 대기 시간발생	안정화 매뉴얼 동영상	교육 기간	월 2회 실시 (매월 2,4주 목요일)	
		교육 장소	분석실 내 장비 분석실 내 교육실	
		효과파악	신입사원 기기분석시 안정화시간 감소	
		비 고	교육 자료 정리 후 QAT 신입사원교육 활용	

11. 결과분석 및 효과파악

11.1 결과분석

11.1.1 개선 전·후 광학용 점착제 검사시간 현황

	조사기간	2016년01월04일 ~ 02월04일
	작 성 자	이현규
	단 위	4 MAN MIN

개선 전

구분		09월01일	02일	05일	06일	25일	28일	29일	30일	합계	평균	1인평균
프로세스	전처리	120	114	122	124	118	128	119	127	2,569	122	31
	고형분	241	199	215	220	200	203	153	242	4,321	206	51
	점도	188	170	155	168	172	178	198	173	3,678	175	43
	물성검사	1,214	893	1,069	1,035	1,056	883	1,062	1,094	22,480	1,070	267
	기기분석	915	875	915	909	893	923	906	910	18,919	901	225
	유지액	249	295	240	376	169	261	236	269	5,488	261	65
	기타	44	40	48	49	42	47	39	48	934	45	11
	합계	2,971	2,586	2,764	2,881	2,650	2,623	2,713	2,863	58,389	2,780	695

개선 후

구분		01월04일	05일	06일	07일	02월01일	02일	03일	04일	합계	평균	1인평균
프로세스	전처리	137	182	163	171	140	164	163	160	3,066	146	37
	고형분	192	267	221	206	182	207	205	203	4,321	206	51
	점도	161	239	197	187	167	192	178	187	3,801	181	45
	물성검사	705	644	586	717	589	534	617	689	13,540	645	161
	기기분석	531	647	750	586	614	579	786	604	12,490	595	149
	유지액	264	314	254	269	219	245	232	248	4,914	234	58
	기타	46	44	42	44	48	49	46	41	924	44	11
	합계	2,036	2,337	2,213	2,180	1,959	1,970	2,227	2,132	43,056	2,051	503

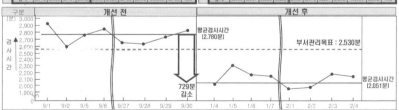

구분	개선 전	개선 후

평균검사시간 [2,780분]

부서관리목표 : 2,530분

729분 감소

평균검사시간 [2,051분]

11.1.2 개선전·후 광학용 점착제 검사시간 파레토도

개선 전

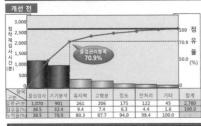

점착제 검사시간(분) / 점유율(%)

출점관리항목 70.9%

구분	물성검사	기기분석	유지력	고형분	점도	전처리	기타	합계
1인평균/분	1,070	901	261	206	175	122	45	2,780
점유율(%)	38.5	32.4	9.4	7.4	6.3	4.4	1.6	100.0
누적율(%)	38.5	70.9	80.3	87.7	94.0	98.4	100.0	-

개선 후

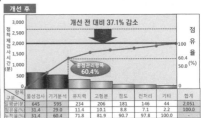

개선 전 대비 37.1% 감소

점착제 검사시간(분) / 점유율(%)

출점관리항목 60.4%

구분	물성검사	기기분석	유지력	고형분	점도	전처리	기타	합계
1인평균/분	645	595	234	206	181	146	44	2,051
점유율(%)	31.4	29.0	11.4	10.1	8.8	7.1	2.2	100.0
누적율(%)	31.4	60.4	71.8	81.9	90.7	97.8	100.0	-

11.2.1 개선전·후 물성검사시간 현황

조사기간	2016년01월04일 ~ 02월04일
작성자	이현규
단위	4 MAN MIN

개선 전

구분		09월01일	02일	05일	06일	25일	28일	29일	30일	합계	평균	1인평균
프로세스	배합	450	351	446	441	414	437	439	467	9,307	443	111
	코팅	330	311	233	288	299	311	343	246	6,632	316	79
	시편제작	289	75	213	153	172	0	156	232	3,327	158	39
	인장강도	111	120	143	118	143	97	101	133	2,585	123	31
	기타	34	36	34	35	28	38	23	16	629	30	7
	합계	1,214	893	1,069	1,035	1,056	883	1,062	1,094	22,480	1,070	267

개선 후

구분		01월04일	05일	06일	07일	02월01일	02일	03일	04일	합계	평균	1인평균
프로세스	배합	189	168	181	182	173	166	174	187	3,717	177	44
	코팅	163	154	162	141	154	159	142	165	3,218	157	39
	시편제작	153	124	142	169	133	148	135	153	3,195	152	38
	인장강도	108	123	134	96	123	109	124	102	2,629	122	31
	기타	37	26	50	46	56	31	48	57	781	37	9
	합계	660	615	679	654	649	613	633	674	13,540	645	161

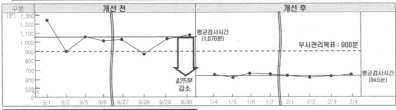

평균검사시간 (1,070분) / 부서관리목표 : 900분 / 평균검사시간 (645분) / 425분 감소

11.2.2 개선전·후 배합시간 관리그래프

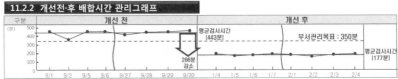

평균검사시간 (443분) / 부서관리목표 : 350분 / 평균검사시간 (177분) / 266분 감소

11.2.3 개선전·후 코팅검사 관리그래프

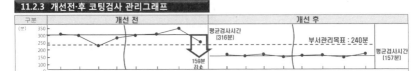

평균검사시간 (316분) / 부서관리목표 : 240분 / 평균검사시간 (157분) / 159분 감소

11.2.4 개선전·후 물성검사시간 파레토도

개선 전

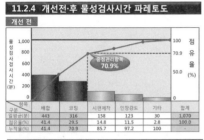

중점관리항목 70.9%

구분	배합	코팅	시편제작	인장강도	기타	합계
일평균(분)	443	316	158	123	30	1,070
점유율(%)	41.4	29.5	14.8	11.5	2.8	100.0
누적율(%)	41.4	70.9	85.7	97.2	100	-

개선 후

개선 전 대비 56.0% 감소

중점관리항목 51.8%

구분	배합	코팅	시편제작	인장강도	기타	합계
일평균(분)	177	157	152	122	37	645
점유율(%)	27.5	24.3	23.6	18.9	5.7	100.0
누적율(%)	27.5	51.8	75.4	94.3	100	-

11.3.1 개선전·후 기기분석 검사시간 현황

조사기간	2016년01월04일 ~ 02월04일
작성자	이현규
단 위	4 MAN MIN

개선 전

구분	09월 01일	02일	05일	06일	25일	28일	29일	30일	합계	평균	1인평균
기기설정	99	130	163	134	102	125	79	95	2,535	121	30
안정화	439	386	336	330	450	439	430	335	8,268	394	98
측정	275	160	240	251	245	241	211	380	5,203	248	62
시료제작	78	126	109	98	84	76	73	65	1,816	86	21
기타	24	73	67	96	12	42	113	35	1,097	52	13
합계	915	875	915	909	893	923	906	910	18,919	901	225

개선 후

구분	01월 04일	05일	06일	07일	02월 01일	02일	03일	04일	합계	평균	1인평균
기기설정	112	97	102	95	102	98	127	110	2,373	113	28
안정화	238	184	228	189	169	218	175	195	4,704	224	68
측정	180	149	173	144	161	156	123	129	2,856	136	38
시료제작	82	78	63	87	90	79	69	90	1,554	74	23
기타	62	53	64	63	45	64	58	42	1,008	48	14
합계	674	561	630	578	567	615	556	566	12,495	595	171

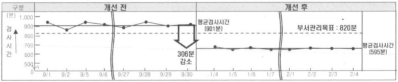

개선 전 / 개선 후

평균검사시간 [901분] 부서관리목표 : 820분 306분 감소 평균검사시간 [595분]

11.3.2 개선전·후 안정화 관리그래프

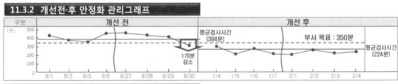

개선 전 / 개선 후

평균검사시간 [394분] 부서 목표 : 350분 170분 감소 평균검사시간 [224분]

11.3.3 개선전·후 측정 관리그래프

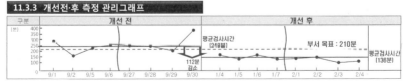

개선 전 / 개선 후

평균검사시간 [248분] 부서 목표 : 210분 112분 감소 평균검사시간 [136분]

11.3.4 개선전·후 기기분석 업무시간 파레토도

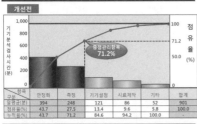

개선전

구분 항목	안정화	측정	기기설정	시료제작	기타	합계
일평균(분)	394	248	121	86	52	901
점유율(%)	43.7	27.5	13.4	9.6	5.8	100.0
누적율(%)	43.7	71.2	84.6	94.2	100.0	

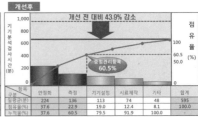

개선후

개선 전 대비 43.9% 감소

구분 항목	안정화	측정	기기설정	시료제작	기타	합계
일평균(분)	224	136	113	74	48	595
점유율(%)	37.6	22.9	19.0	12.4	8.1	100.0
누적율(%)	37.6	60.5	79.5	91.9	100.0	

11.4 개선전·후 대비 실적

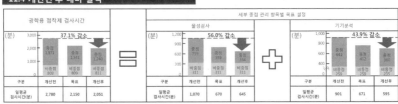

세부 중점 관리 항목별 목표 설정

광학용 점착제 검사시간 — 37.1% 감소

구분	개선전	목표	개선후
일평균 검사시간(분)	2,780	2,150	2,051

물성검사 — 56.0% 감소

구분	개선전	목표	개선후
일평균 검사시간(분)	1,070	670	645

기기분석 — 43.9% 감소

구분	개선전	목표	개선후
일평균 검사시간(분)	901	671	595

물성검사

배합 — 60.1% 감소

구분	개선전	목표	개선후
일평균 검사시간(분)	443	196	177

코팅 — 50.3% 감소

구분	개선전	목표	개선후
일평균 검사시간(분)	316	163	157

기기분석

안정화 — 43.2% 감소

구분	개선전	목표	개선후
일평균 검사시간(분)	394	242	224

측정 — 45.2% 감소

구분	개선전	목표	개선후
일평균 검사시간(분)	248	170	136

11.5 효과파악

11.5.1 유형효과

항목	세부항목	산출근거	합계
개선 절감금액	① 물성검사시간 감소	▶ [1.070분/일(개선 전 평균 물성검사시간) – 645분/일(개선 후 평균 물성검사시간)] * 21(일) * 12개월 * 455원(임율)	48,845,160원
	② 기기분석 검사시간 감소	▶ [901분/일(개선 전 평균 분석기기 검사시간) – 595분/일(개선 후 평균 분석기기 검사시간)] * 21(일) * 12개월 * 455원(임율)	35,085,960원
투자금액	③ 초 고순도 질소라인 시공 비용	▶ 120,000원(시공인력 단가) * 5명(시공인원) * 18일(시공시간)	10,800,000원
	④ 코팅장소 변경 비용	▶ 3,500,000원(오븐) + 1,500,000원(교반기) + 500,000원(어플리케이터) + 500,000원(누름판) + 400,000원(유리판)	6,400,000원
	연간 예상 효과 금액	① + ② - ③ - ④ = 83,931,120원 – 17,200,000	66,731,120원/년

11.5.2 무형효과

부서 측면	분임조 측면
■ 개선되지 않았던 고질적인 문제 해결	■ 고착화 되었던 업무 개선으로 자신감 고취
■ 점착제 검사시간 감소로 기타업무 능률향상	■ 개선 활동을 통한 공동체 의식 강화
■ 검사 적중률 향상으로 신뢰성 확보	■ 분임원 직무 관련 해결능력 향상
■ 검사 표준화로 업무확대	■ 전원 참여를 통한 문제해결 능력향상

12. 표준화 및 사후관리

12.1 표준화

				작성일	2016년 02월 15일
				작성자	양성우

표준번호	표준명	개선내용	개선 전	개선 후	등록일자
SGQ-14-10	점착제 검사 프로세스 변경	현재 코팅작업을 현장 검사실에서 실시하고 있으나. 코팅 검사시간 단축을 위해 현장 검사실로 코팅 작업 장소 변경			2016.02.19
SGQ-14-10	점착제 검사 프로세스 변경	코팅 작업 시 배합량 확인이 늦어 경화제가 굳어버리는 것을 방지하기 위해 매뉴얼에 배합률을 기입하여 배합검사시간 단축			2016.02.19
SGQ-14-10	점착제 검사 프로세스 변경	질소라인 공용사용으로 압력이 낮아 안정화 시간이 길었던 것을 초고순도 질소라인을 개별사용함으로 인해 안정화 시간 감소와 고객사 요구사항에 부합할 수 있게 됨			2016.02.19
SGQ-14-10	점착제 검사 프로세스 변경	분석기기 설정법을 기존 단일 설정법에서 타입별(에폭시, 우레탄, 아크릴)로 설정하여 검사오류 건수 감소와 재검사 시간 감소			2016.02.19

12.2 사후관리

12.2.1 광학용 점착제 검사시간 관리그래프

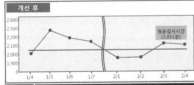 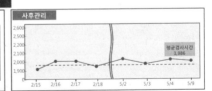

12.2.2 물성검사시간 관리그래프

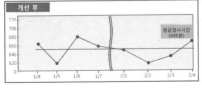 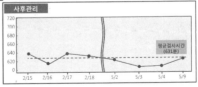

12.2.3 기기분석 검사시간 관리그래프

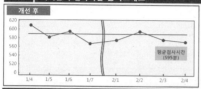 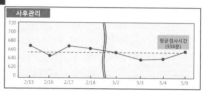

개선 후 — 평균검사시간 (595분) / 1/4 1/5 1/6 1/7 2/1 2/2 2/3 2/4

사후관리 — 평균검사시간 (556분) / 2/15 2/16 2/17 2/18 5/2 5/3 5/4 5/9

13. 반성 및 향후계획

13.1 활동 단계별 반성 및 대책

작성일	2016년 02월 30일
작성자	이현규
참석자	전원(8명)

구분	활동단계	잘했던 점	부족했던 점	대책안
1	주제선정	분임조원들의 자발적 참여	주제선정을 위한 접근 방식의 다양성 부족	벤치마킹 및 적절한 분석기법의 다양한 활용
2	현상파악	보유 자료의 충분한 활용	자료정리 및 수치 데이터의 표현력 부족	분임조 Level-Up 교육을 통한 능력 향상
3	원인분석	활발한 분임조 토의로 원인을 분석	분석기법 활용능력 부족	다양한 기법 사용을 위한 교육실시
4	대책수립 및 실시	다양한 착안과 토의를 가진 것	대책 실시 시 전원 참석 미흡했던 점	대책실시 전원참석 및 관련팀 업무 협조 추진
5	효과파악	목표설정보다 향상된 효과를 거둠	무형효과 파악 이해 부족	무형효과에 대한 교육실시
6	표준화 및 사후관리	전원 준수할 수 있는 표준화 마련	업무핑계로 표준화 관리 소홀	정/부 담당자 임명 후 지속적인 관리

13.2 분임조 활동 소감

즐거웠던 일	힘들었던 일
■ 문제해결이 어려웠을 때 전문강사를 통해 필요한 지식 습득으로 분임조원들의 만족도가 향상되었을 때 ■ 분임원들간의 관계가 더욱 더 돈독해져 분임활동의 진면목을 확인하였을 때 ■ 과제 수행하는 과정에서 상사로부터 관심,격려 및 칭찬을 받았을 때 ■ 분임조 단합 활동을 계기로 회식을 많이 하였을 때	■ 현상파악을 위한 브레인스토밍 진행 시 적극적인 의견제시가 안될 때 ■ 데이터분석 및 표현형식에 대한 이해부족으로 기법적용 시 어려움이 생겼을 때 ■ 업무와 분임조 활동을 병행하여 정신적, 신체적으로 힘들었을 때 ■ 문제해결을 위한 아이디어 도출의 어려움이 있었을 때

13.3 향후계획

범례 | 계획 / 실시

항목	추진내용	목표	2016년				실적	활 동 계 획
			1분기	2분기	3분기	4분기		
분임조 활동	테마 해결	년 2건					1건	매주 월목요일 정기회합 및 분임임 치킬직 삼어 유노
	제안	년 30건 (인당)					17.3건	전원 제안건수 목표 100% 달성
교육 활동	사외 교육	년 20Hr (인당)					12.3Hr	분임조 문제해결 기법 및 품질 분임조 교육 실시
	사내 교육	년 30Hr (인당)					16.9Hr	KSA 전문위원 초빙 및 교육자 OJT 교육실시
조 직 활성화	봉사 활동	년 4회					3회	1,4,7,9월 3째주 수요일 봉사활동 참여
	분임조 단합대회	년 6회					3회	야유회 및 체육활동을 통한 조직 활성화

차기주제	G/R 검사프로세스 개선으로 재검사율 감소

13.4 활동을 마치며

은가비라는 이름처럼 은은한 가운데 빛을 발하는
최고의 분임조가되도록 노력하겠으며
여기가 끝이 아닌 시작이라는 생각을 가지고
소통과 협력의 분임조!! 삼영잉크를 대표하는 분임조!!로
거듭나겠습니다

SY *TECH & PARTNER* 은가비

은가비 분임조 활동 단계별 요약

분임조명	은가비
활동 주제	**광학용 점착제 프로세스 개선으로 검사시간 단축**

구분	단계	단계별 활동 내역 요약
1	주제 선정	■ 주제선정 절차에 따라 신규안건 수집 및 개략평가 후 후보주제 4건을 선정함 ■ 주제 적합성 검토를 통해 **'광학용 점착제 프로세스 개선으로 검사시간 단축'** 을 채택함 ■ 미 채택된 안건들은 문제은행에 등록하여 추후에 개선 하도록 함
2	활동 계획 수립	■ 2015년 10월부터 2016년 2월까지 전 분임조원이 주 2회 회합을 갖고 주제에 대한 현상 파악부터 향후 계획까지 각 단계별 담당자를 선정하여 활동 계획을 수립함
3	현상 파악	■ 최근 1개월간(2015년 9월1일~30일) 점착제 검사 업무 시간을 조사해 본 결과 광학용 점착제 검사 시간이 과다발생 개선방안이 필요하다고 판단함 ■ 점착제 업무 검사 항목별 조사 결과 **'물성검사, 기기분석'** 이 70.9%로 큰 비중을 차지하여 중점 개선 항목으로 선정함
4	원인 분석	■ 분임조 전원이 참여한 가운데 연관도 및 FMEA로 주요 요인을 도출하여 선정함 **'코팅 검사장소 협소' 외 10건'** 이 주요 요인으로 분석됨
5	목표 설정	■ 점착제 총 검사 시간이 목표설정 전 평균 2,780분 이었으나, 부서목표 2,530분의 15%감소 목표설정<table><tr><td>중점 개선 항목</td><td>개선 전(분)</td><td>목표(분)</td><td>감소율(%)</td></tr><tr><td>총 검사</td><td>2,780</td><td>2,150</td><td>32.0%</td></tr><tr><td>물성검사</td><td>1,070</td><td>670</td><td>52.7%</td></tr><tr><td>기기분석</td><td>901</td><td>671</td><td>35.8%</td></tr></table>
6	대책 수립 및 실시	■ 대책수립 계통도로 주요 요인 별 작업성, 경제성, 기술성을 평가 후 우선 순위를 부여함 ■ 활동계획표에 준하여 대책실시(P→D→C→A)로 진행<table><tr><td>중점 개선 항목</td><td>문제점</td><td>대책</td><td>대책 내용</td><td>감소율(%)</td></tr><tr><td rowspan="2">물성검사</td><td>코팅 검사장소 협소</td><td>1</td><td>코팅검사 프로세스 개선</td><td>48.4%</td></tr><tr><td>점착제 매뉴얼 미흡</td><td>2</td><td>점착제 매뉴얼 강화로 경화 유발인자 제거</td><td>55.8%</td></tr><tr><td rowspan="2">기기분석</td><td>질소 압력이 낮음</td><td>3</td><td>광학용 점착제 전용배관 구축</td><td>38.6%</td></tr><tr><td>더블피크 발생</td><td>4</td><td>분석기기 설정법을 구축 하여 검사오류 감소</td><td>31.5%</td></tr></table>
7	결과 분석 및 효과 파악	■ 점착제 검사 시간 분석결과(2016.01.04~02.12) 개선 전 대비 37.1% 향상되었음<table><tr><td>구분</td><td>개선 전</td><td>목표</td><td>개선 후</td></tr><tr><td>총 검사시간(분)</td><td>2,780</td><td>2,150</td><td>2,051</td></tr><tr><td>물성검사(분)</td><td>1,070</td><td>670</td><td>645</td></tr><tr><td>기기분석(분)</td><td>901</td><td>671</td><td>595</td></tr></table>
8	표준화	■ 개선한 내용이 유지 관리될 수 있도록 **'코팅검사 프로세스 변경'** 을 포함하여 총 3가지 항목에 대하여 사내 표준 등록하여 관리
9	사후 관리	■ 개선내용에 대한 일별/주간별/월별 모니터링을 통하여 지속적인 만족도 관리 및 사후관리 시행 중에있음
10	반성 및 향후 계획	■ 분임조 활동 분석결과 참여도와 분임원의 개선의지가 높았으며, 창의력과 QC기법 활용능력 부분이 부족한 점으로 나타나 지속적인 관심과 교육활동을 통해 보완을 추진하며 소집단 활동을 활성화시켜 개선제안의 실적을 높임

참고문헌

- QC분임조활동요령 및 강령(한국표준협회, 1984)
- TQC에서의 문제해결법(한국표준협회, 1990)
- 바로 쓸 수 있는 QC 기법(한국표준협회, 1995)
- 신QC 7가지 도구(한국표준협회, 2000)
- 품질 그리고 창의(한국표준협회, 2001-2012)
- 품질경영의 이해(김광수, 한올출판사, 2007)
- 전국경진대회 수상분임조 따라잡기(김홍철, 송재근, 거목정보, 2009)

저자

양희중 서울대학교 조선공학과 학사
University of California, Berkeley 산업공학과 박사
Naval Post Graduate School 교환교수
Texas A & M University, Kingsville 교환교수
전국품질분임조 경진대회 심사위원
현) 청주대학교 산업공학과 교수
hjyang57@cju.ac.kr

김광수 동국대학교 산업공학과 학사, 석사, 박사
한국표준협회 지도실 지도위원
전국 품질분임조 경진대회 심사위원
제35회 국가품질경영대회 유공자 근정포장 수상
현) 한국교통대학교 산업경영공학과 교수
kskim@ut.ac.kr

송재근 성균관대학교 기계공학과 학사
한국방송통신대 경영학과 석사
충북대학교 경영학과 박사
공장관리 기술사
전국품질분임조 경진대회 심사위원
LG전자 OA사업부
한국표준협회 지도실 지도위원
현) 한국표준협회 수석전문위원
tqumsong@ksa.or.kr

현완순 경기대학교 산업공학과 학사
인하대학교 산업공학과 박사
공장관리 기술사
전국품질분임조 경진대회 심사위원
LG전자 중앙연구소 연구원
남서울대학교 산업공학과 겸임교수
현) 한국표준협회 수석전문위원
hyunos@ksa.or.kr

최고의 분임조는 어떻게 성과를 창출할까 ver.2

발 행 일   2018년 4월 20일 초판 1쇄
지 은 이   양희중, 김광수, 송재근, 현완순
발 행 인   권기수
발 행 처   한국표준협회미디어

출판등록   2004년 12월 23일(제2009-26호)
주   소   서울시 금천구 가산디지털1로 145,
          에이스하이엔드타워3 11층
전   화   02-2624-0361
팩   스   02-2624-0369
홈페이지   www.ksamedia.co.kr

ISBN   979-11-6010-022-8 93320
값   15,000원